W0245154

WERNER HEINRICHS
KULTURMANAGEMENT

WERNER HEINRICHS

KULTURMANAGEMENT

Eine praxisorientierte Einführung

2., grundlegend überarbeitete Auflage des Bandes
„Einführung in das Kulturmanagement"

PRIMUS
VERLAG

Einbandgestaltung: Jutta Schneider, Frankfurt

Die Deutsche Bibliothek – CIP-Einheitsaufnahme

Heinrichs, Werner:
Kulturmanagement: eine praxisorientierte
Einführung / Werner Heinrichs. – 2., grundlegend
überarb. Aufl. – Darmstadt: Primus Verl., 1999
    1. Aufl. u. d. T.: Heinrichs, Werner: Einführung in
    das Kulturmanagement
    ISBN 3-89678-146-4

Das Werk ist in allen seinen Teilen urheberrechtlich geschützt.
Jede Verwertung ist ohne Zustimmung des Verlages unzulässig.
Das gilt insbesondere für Vervielfältigungen,
Übersetzungen, Mikroverfilmungen und die Einspeicherung in
und Verarbeitung durch elektronische Systeme.

2., grundlegend überarbeitete Auflage
© 1999 by Wissenschaftliche Buchgesellschaft, Darmstadt
Gedruckt auf säurefreiem und alterungsbeständigem Werkdruckpapier
Printed in Germany

ISBN 3-89678-146-4

Inhalt

Wovon die Rede sein soll …

Schon Erich Kästner wußte: „Je üppiger die Pläne blüh'n, desto verwickelter wird die Tat!" Scheint dies nicht geradezu mustergültig auf den Kulturbetrieb zuzutreffen, der immer verzwickter und unüberschaubarer wird, obwohl wir doch seit etwa Mitte der achtziger Jahre auch im deutschsprachigen Raum von „Kulturmanagement" sprechen? Ist das systematisierte Planen, Organisieren, Führen und Kontrollieren der Managementlehre überhaupt unserer Kultur von Nutzen oder wird sie dadurch nicht vollends zu einer „verwickelten Tat"?

Anders als in jedem anderen Sachzusammenhang von Management muß sich das Kulturmanagement mit diesen und ähnlichen Fragen auseinandersetzen. Sie stehen deshalb am Anfang dieser Einführung, werden aber auch darüber hinaus den Text fortwährend begleiten. Nur ein Kulturmanagement, das in der Lage ist, Erich Kästner überzeugend zu widersprechen, kann Anspruch darauf erheben, den Zwecken von Kunst und Kultur zu dienen.

Kann diese Frage noch relativ losgelöst vom praktischen kulturellen Handeln gesehen werden, so ist der Kulturbetrieb mit seinen Rahmenbedingungen (Kapitel 2 und 3) nur in seiner konkreten Ausprägung darstellbar. Dabei wird sich sehr bald zeigen, daß der Kulturbetrieb durchaus nicht so homogen ist, wie er begrifflich auf den ersten Blick erscheint. Allein die Unterscheidung zwischen dem privatwirtschaftlichen und dem öffentlichen Kulturbetrieb deutet bereits an, daß es in der Zielsetzung von Kulturmanagement und in der Anwendung von Managementtechniken zumindest graduelle Unterschiede geben dürfte.

Der dritte Teil des Buches (Kapitel 4 und 5) versucht, die Anwendbarkeit von Managementtechniken im Kulturbetrieb aufzuzeigen. Dies kann freilich im Rahmen einer „Einführung" nicht in der wünschenswerten Ausführlichkeit geschehen. Wie in Publikationen dieser Art üblich, findet der Leser deshalb zahlreiche Literaturhinweise, die zu einem vertiefenden Studium von Teilbereichen des Kulturmanagements anregen sollen.

Diese Einführung verfolgt das Ziel, einerseits die Verbindung von Kultur und Management auf einer grundsätzlichen Ebene zu diskutieren wie andererseits für mehr betriebswirtschaftliches Management im Kulturbetrieb zu werben. „Ideale Leser" sind deshalb weniger betriebswirtschaftlich ausgebildete Manager mit kulturellem Interesse als vielmehr Berufsanfänger und Praktiker aus dem kulturwissenschaftlichen oder administrativen Umfeld, die ergänzende Kenntnisse aus der Managementlehre erwerben wollen. Gerade mit Blick auf solche Leser, die bereits über eine Berufserfahrung in der praktischen Kulturarbeit verfügen, wird hier von den

Managementfunktionen ausgegangen, die querschnittartig das Handeln im Kulturbetrieb durchziehen, nicht aber von den – vielleicht schon vertrauten – Sachfunktio-
nen wie Produktion, Finanzierung und Verkauf oder von bestimmten Angebotsfor-
men wie etwa der Soziokultur. Deshalb versteht sich das vorliegende Werk auch
nicht als Handbuch, das zeigen will, wie beispielsweise eine Ausstellung finanziert
werden kann. Es setzt vielmehr ein Stück weit vorher an, nämlich dort, wo die Steuerung kulturellen Handelns sinnvollerweise beginnen sollte.

Baden-Baden, im Januar 1993   W. H.

Vorwort zur zweiten Auflage

Während die erste Auflage 1992/93 noch sehr stark unter dem Eindruck entstand, daß Kulturmanagement sich gegenüber Vorurteilen und Vorbehalten durchzusetzen und zu bewähren hatte, konnte die zweite Auflage bereits in einem Umfeld weitgehender Akzeptanz entstehen. Die ersten Hochschulangebote zum Kulturmanagement feiern bereits ihr zehnjähriges Jubiläum und haben sich inzwischen auch in den Hochschulbetrieb integriert. Und nach anfänglicher Scheu mancher Arbeitgeber wird heute ganz gezielt in Ausschreibungen nach Kulturmanagern mit einer entsprechenden professionellen Kompetenz gesucht. Schneller als man es noch Anfang der neunziger Jahre erwarten konnte, hat sich Kulturmanagement als Ausbildungs- und Studienfach wie auch als Berufsbezeichnung und Berufsprofil etabliert.

Mit der zweiten Auflage der „Einführung" wird auf diese veränderte Situation reagiert. Zwar steht die Frage, ob Kultur Management brauche, immer noch am Anfang des Buches, doch nimmt sie im Gesamtkontext einen deutlich reduzierten Stellenwert ein. Im Vordergrund stehen nun berufspraktische Fragen wie beispielsweise die rechtlichen und ökonomischen Rahmenbedingungen von Kulturmanagement sowie die betriebswirtschaftlichen Funktionen, soweit sie für das Kulturmanagement in besonderem Maße von Bedeutung sind. Dies gilt vor allem für die zunehmend wichtiger werdenden Managementaufgaben wie Finanzierung, Projektmanagement und Controlling, die in der ersten Auflage zum Teil noch ausdrücklich ausgeklammert waren. Auch wurde das Management in kommerziellen Kulturbetrieben stärker berücksichtigt als in der ersten Auflage. Verlag und Autor hoffen, damit sowohl der Komplexität in Ausbildung und Studium als auch dem alltäglichen Bedarf in der Praxis des Kulturmanagements weiterhin gerecht werden zu können.

Baden-Baden, im Juni 1999   W. H.

1. Braucht Kultur Management?

Nur wenige Begriffe haben in den letzten Jahren im Kulturbetrieb eine solche Konjunktur erlebt wie das Wort „Kulturmanagement". Kaum eine einschlägige Publikation, die diesen Terminus nicht mit Eifer verwendet, kaum ein Ausstellungsmacher, Konzertvermittler oder Kulturreferent, der nicht unversehens die Berufsbezeichnung „Kulturmanager" für sich in Anspruch nimmt.

Nur allzu selten wird aber dabei die Frage gestellt, ob es sich hier nur um einen modischen Ausdruck handelt oder ob Kultur und Management in ihrer begrifflichen Einheit auch für etwas Neues stehen. Was kann die Managementlehre für die Kultur leisten oder – umgekehrt – welche Vorteile ergeben sich für die Kultur, wenn sie sich der Methoden und Techniken der Managementlehre bedient?

Die Frage scheint berechtigt zu sein, wenn man bedenkt, daß sich Kultur und Management doch in vieler Hinsicht gegenseitig ausschließen. Mit Kultur verbinden wir schöpferische Freiheit, Individualität und kreatives Chaos, während wir beim Wort Management an Effektivität, Produktivität und wirtschaftlichen Erfolg denken. Den Freiräumen zur künstlerischen Entfaltung steht scheinbar das Denken und Handeln in Plänen, Zahlen und Zielkontrollen gegenüber.

Doch so plausibel diese Abgrenzung auf den ersten Blick auch wirkt, so verkürzt und unzutreffend ist sie doch. Hier wird ein Gegensatz aufgebaut, der in die eine wie in die andere Richtung sehr stark von Vorurteilen bestimmt ist. Weder ist Management ausschließlich ein seelenloses Gewinnstreben, noch bewegt sich die Tätigkeit des Künstlers ausnahmslos in einer von zielgerichteten Interessen freien Idylle. Wenn also von Kulturmanagement die Rede sein soll, ist wohl auch die Bereitschaft erforderlich, sich von einigen Vorurteilen freizumachen. Dies soll hier in der Weise geschehen, daß über eine Diskussion der Begriffe der Zugang zu den gemeinsamen Inhalten von Kultur und Management gesucht wird.

1.1 Kultur und Management

„Kultur" und „Management" sind gleichermaßen Begriffe, die weit mehr umfassen, als es im angestrebten Zusammenhang sinnvoll ist. Das Wort „Management" hat sich fast zu einem „Allerweltsbegriff" (STEINMANN/SCHREYÖGG 1991: 5) entwickelt, der mit jeder Form von Organisation und Führung in Verbindung gebracht wird, die sich den Anstrich des Modernen und Zeitgemäßen geben will. Andererseits ist es geradezu Mode geworden, allem, was sich einer rationalen

Zweckmäßigkeit entzieht, den Begriff „Kultur" anzufügen. Doch, „wo alles Kultur ist, ist die Kultur nicht mehr erkennbar"[1]. Es besteht folglich Anlaß, eingangs über die verwendeten Begriffe zu sprechen, zumal sich bald zeigen wird, daß die Kultur des Kulturmanagements nicht identisch sein kann mit jedem beliebigen Kulturbegriff.

1.1.1 Management

Das Management kann die Führungsmannschaft eines Großunternehmens sein, es kann aber auch für die Techniken des Planens und Organisierens stehen oder aber für den sehr schwierigen Bereich der unmittelbaren Mitarbeiterführung. Folglich spielen im Management nicht nur rein betriebswirtschaftliche Aspekte eine Rolle, sondern auch psychologische, soziologische, soziale und soziokulturelle. Zu Recht spricht deshalb Grochla von „der interdisziplinären Komplexität des Management-Phänomens" (GROCHLA 1974: 11).

Doch auch die heutige Erscheinungsweise des Phänomens Management geht letztlich zurück auf das Grundproblem einer verbesserten Betriebsführung, wie es schon Anfang unseres Jahrhunderts diskutiert wurde (TAYLOR 1903). Von Beginn an spielte bei diesem Verständnis von Betriebsführung die Einwirkung auf Mitarbeiter zur Erreichung von Zielen eine entscheidende Rolle. Diese Einwirkung ist nicht als psychologische Beeinflussung zu verstehen, sondern als eine komplexe Organisations- und Steuerungstechnik, mit deren Hilfe Mitarbeitern die Möglichkeit eröffnet wird, vorgegebene Ziele zu erreichen. Die „American Management Association" definiert deshalb auch: „Managing is getting things done through others", was Korndörfer treffend übersetzt als „eine zielorientierte personelle Einwirkung auf das Verhalten von Menschen" (KORNDÖRFER 1979: 22).

Management ist ein Teil der Betriebswirtschaftslehre, der als „Unternehmensführung" gleichberechtigt neben anderen Bereichen wie „Materialwirtschaft", „Marketing", „Rechnungswesen" usw. steht. „Management ist ein Komplex von Steuerungsaufgaben, die bei der Leistungserstellung und -sicherung in arbeitsteiligen Systemen erbracht werden müssen. Diese Aufgaben stellen sich ihrer Natur nach als immer wiederkehrende Probleme dar, die im Prinzip in jeder Leistungsposition zu lösen sind, und zwar unabhängig davon, in welchem Ressort, auf welcher Hierarchieebene und gleichgültig auch, in welchem Unternehmen sie anfallen" (STEINMANN/ SCHREYÖGG 1991: 7). Diese Steuerungsaufgaben und -handlungen können höchst unterschiedlicher Art sein; sie können sich sowohl auf Prozesse als auch auf Personen beziehen.

Zum weiteren Verständnis von Management ist es sinnvoll, den Begriff differenziert zu verwenden:

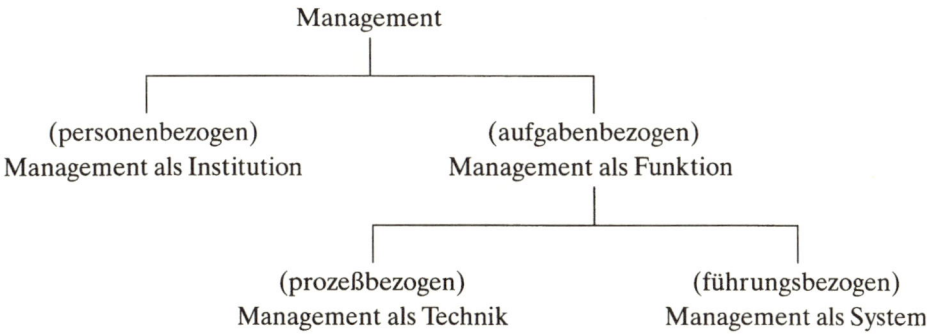

Abb. 1: Zum Begriff von Management.

„Als Institution beinhaltet das Management alle leitenden Instanzen, d. h. alle Aufgaben- bzw. Funktionsträger, die Entscheidungs- und Anordnungskompetenzen haben" (SCHIERENBECK 1987: 71). Dazu gehören in Wirtschaftsunternehmen zunächst einmal die Mitglieder des Vorstands – in großen Betrieben häufig als das „Top-Management" bezeichnet –, aber auch Geschäftsführer, Direktoren, Abteilungsleiter, Prokuristen usw. In der kommunalen Verwaltung ist an Bürgermeister/Stadtdirektor/Dezernenten, Amtsleiter sowie Abteilungsleiter/Institutsleiter zu denken.

Das Management als Funktion bezieht sich dagegen nicht auf Personen oder Personengruppen, sondern auf Aufgaben. Es faßt alle jene Aufgaben zusammen, die zur Steuerung einer Unternehmung notwendig sind. Diese Steuerungshandlungen sind deutlich abzusetzen von Aufgaben, die lediglich ausführender Natur sind. Sie umfassen im wesentlichen die Hauptfunktionen Zielsetzung, Planung, Organisation, Führung und Kontrolle.

Zur Wahrnehmung der Managementfunktionen stehen verschiedene Techniken zur Verfügung. Darunter sind „alle Instrumente, Methoden, Modelle und Verfahren zur Lösung von typischen Managementproblemen" (ebd. 135) zu verstehen. Die Liste solcher Managementtechniken ist außerordentlich umfangreich, die Fachliteratur hierzu (vor allem aus dem amerikanischen Bereich) nahezu unüberschaubar.

„Die Managementsysteme dienen der Realisierung derivativer Führungsaufgaben. Sie stellen methodische Empfehlungen für die Gestaltung von Teilsystemen und die Steuerung von Teilprozessen im Rahmen der Unternehmensführung dar. Das Schwergewicht der auch als ‚Management by-Prinzipien' bezeichneten Verfahren liegt im Bereich der sachrationalen Führungsfunktionen" (BESTMANN 1992: 129). Managementsysteme streben eine möglichst systematische Verflechtung der verschiedensten Funktionen und Techniken nach einem ausgewählten Grundprinzip an.

Im Kontext eines solchermaßen gegliederten Verständnisses von Management umfaßt Kulturmanagement vorwiegend die Methoden und Techniken, um Kultur zu

ermöglichen, also ein Management im funktionalen Sinne. Gerade die Managementfunktionen sind darauf ausgerichtet, unabhängig vom jeweiligen Betrieb und losgelöst vom konkreten Aufgabegebiet zur Anwendung zu kommen. Ein funktionales
Management ist demnach in einem Betrieb, der Industriegüter produziert, ebenso
anwendbar wie in einem Dienstleistungsunternehmen.

Folglich müßte es möglich sein, das funktionale Instrumentarium der Managementlehre ohne weiteres auch im kulturellen Bereich anzuwenden. Und in der Tat
bereitet es keine Probleme, beispielsweise für eine Kunstausstellung eine Ablauf-
ganisation zu erstellen oder für einen Theaterbetrieb ein betriebswirtschaftliches
Controlling zu konzipieren. Hier handelt es sich vorwiegend um technische Fragen,
zu deren Beantwortung auch im Kulturbereich betriebswirtschaftliche Handbücher
mit Gewinn herangezogen werden können.

Doch diese etwas unbekümmerte Übertragung der allgemeinen Managementlehre auf den Kulturbetrieb stößt leider sehr bald an Grenzen. Folglich versucht man,
eine eigene Theorie des Kulturmanagements (FUCHS 1993) zu entwickeln, und hat
nun auch im deutschsprachigen Raum an wissenschaftlichen Hochschulen entsprechende Studiengänge für Kulturmanagement eingerichtet.[2] Dabei stehen drei Argumente für eine eigenständige Lehre vom Kulturmanagement im Vordergrund:

1. Jedes Management ist in seiner funktionalen und technischen Anwendung zwar
   grundsätzlich losgelöst von seinem Objekt, aber in der Praxis beeinflußt doch die
   Steuerungshandlung sehr häufig das Produkt. In einer Automobilfabrik beispielsweise bestimmen nicht nur die Ingenieure und Designer das Aussehen und die
   Funktionalität eines Autos, sondern – häufig weit mehr – auch die Manager.

   Das gilt im Kulturbetrieb in gleichem Maße. Der Ausstellungsmacher sucht die
   Exponate seiner Kunstausstellung aus und trifft damit eine wesentliche Entscheidung über die Kunst, die Zugang zum Publikum findet. Der Kulturreferent einer
   Stadt wählt für sein Kulturangebot die Themen, die Künstler und die Darbietun-
   gen aus, was bedeutet, daß er häufig allein bestimmt, welche Art von Kunst und
   Kultur in seiner Stadt realisiert wird. Der Verleger entscheidet mit der Annahme
   oder der Ablehnung eines Manuskripts immer auch darüber, ob ein neues Werk
   zu einem Stück künftiger Literaturgeschichte wird oder nicht.

   Wie an anderer Stelle noch deutlicher werden wird (vgl. auch Abschnitt 1.2.1),
   ist das Kulturmanagement durch eine besonders enge Verbindung von Steuerungshandlung und Handlungsgegenstand gekennzeichnet. Darin liegt zugleich
   die große Gefahr für jeden Kulturmanager: nur allzu leicht kann er der Versu-
   chung erliegen, kulturelle Inhalte sekundären Vermittlungs- und Managementzie-
   len unterzuordnen.

   Deshalb muß Kulturmanagement auf den verantwortungsvollen Umgang mit
   künstlerischen und kulturellen Inhalten ausgerichtet sein. Ein solcher verantwor-
   tungsvoller Umgang mit Inhalten ist aber wohl nur möglich, wenn von den wichtigsten künstlerischen Sparten entsprechende Grundkenntnisse vorhanden sind.

Nicht zufällig sind viele Belletristik-Verleger exzellente Literaturkenner (der Name Siegfried Unseld mag hier beispielhaft genannt werden), Galeristen hervorragende Kunsthistoriker oder bisweilen auch städtische Kulturdezernenten Kulturwissenschaftler von beachtlichem Format (man denke beispielsweise an Hermann Glaser). Die Hochschulen, die das Studienfach Kulturmanagement anbieten, haben daraus die Konsequenz gezogen, daß neben der Managementlehre immer auch ein kulturwissenschaftliches Fach zum Pflichtprogramm gehört.

2. Management-Handeln ist durchaus nicht vorrangig ein gewinnorientiertes Handeln; es ist zuallererst immer ein zielorientiertes Handeln. Im Kulturmanagement steht in jedem Falle die Ermöglichung von Kunst und Kultur als oberstes Ziel im Vordergrund und dies sowohl im gemeinwirtschaftlichen (öffentlich-rechtlichen) als auch im privatwirtschaftlichen Kulturbetrieb. Erst in einer zweiten Stufe folgt im privatwirtschaftlichen Kulturbetrieb die Orientierung auf einen Unternehmensgewinn. Dem entspricht im öffentlich-rechtlichen Kulturbetrieb die Umsetzung und Realisierung kulturpolitischer Ziele.

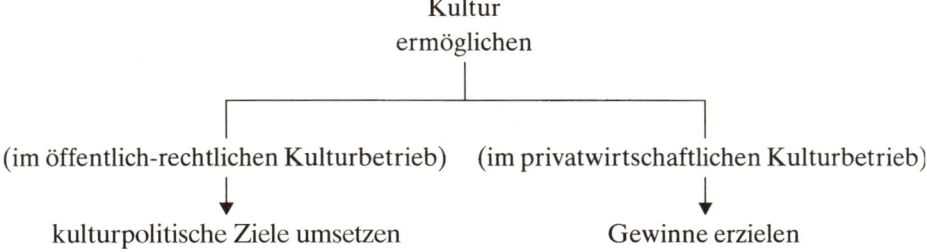

Abb. 2: Ziele des Kulturmanagements.

Weit stärker als diese Unterschiede zählt aber im Kulturbetrieb die Gemeinsamkeit, daß nämlich die Ermöglichung von Kultur im Vordergrund steht. Eine solche Gemeinsamkeit über die Grenzen unterschiedlicher Rechts- und Betriebsformen hinaus kennt man in anderen Bereichen nur selten. Das Management im Kulturbetrieb ist deshalb mit dem primären Ziel des Betriebs in besonderem Maße verbunden, was sich nicht selten auch in einer großen Affinität der Manager zur Arbeit im Kulturbetrieb niederschlägt. Die in anderen Branchen durchaus zu beobachtende Praxis, daß nämlich Manager relativ leicht von einer Branche zu einer völlig anderen wechseln und dort ebenso erfolgreich sein können wie in der vorhergehenden, ist im Kulturbereich die große Ausnahme.

Ein Grund für diese starke Branchenbindung dürfte darin bestehen, daß viele Künstler sich in ihrer Arbeit eher an Personen als an Institutionen binden. Langjährige Vertrauensverhältnisse zwischen Künstlern auf der einen Seite und Agenten, Galeristen, Regisseuren oder Kulturreferenten auf der anderen Seite zählen hier weit mehr als die vertragliche Bindung an eine anonyme Institution. Solche

Verbindungen aber – man spricht heute gern von Netzwerken – lassen sich nur über viele Jahre hinweg aufbauen und pflegen; ein Branchenwechsel in den Kulturbetrieb hinein würde deshalb einem völligen beruflichen Neuanfang gleichkommen. Das personenorientierte Management im Kulturbetrieb unterscheidet sich mithin ganz wesentlich vom produktorientierten Management in anderen Bereichen.[3]

3. Und nicht zuletzt ist die Art und Weise, wie wir Kultur ermöglichen, selbst schon ein Stück Kultur. Dies zeigt sich etwa darin, wie wir mit unseren Künstlern und der Kunst umgehen und wie ernst uns die Freiheit von Kunst und Kultur ist. Leben wir in einer Staatskultur oder – wie es das Bundesverfassungsgericht einmal formulierte – mit „einer Staatszielbestimmung als Kulturstaat" (BverfG E36/321 ff.)? Wodurch unterschied sich in ihrem Selbstverständnis etwa die Kultur der Bundesrepublik Deutschland von der der DDR? Hermann Glaser weist ganz richtig darauf hin, daß „die totalitären Staaten ... in der Kulturpolitik eines der wichtigsten Mittel der Manipulation (sehen); selbst in der Perversion wird so die Bedeutung des Kulturellen noch sichtbar" (GLASER 1974: 55).

Man kann das Argument sogar umkehren: Unser staatliches und gesellschaftliches Selbstverständnis ist ganz wesentlich durch den Grundsatz der Freiheit von Kunst und Kultur (Art. 5 des Grundgesetzes) geprägt. Dies wirft Fragen auf nicht nur hinsichtlich einer Manipulation durch Kultur, sondern auch hinsichtlich einer Instrumentalisierung von Kultur. Das Grundgesetz und das Bundesverfassungsgericht verstehen Kultur als einen eigenständigen Wert, der nicht vorrangig sekundären Zwecken dient. Eine Kultur, die beispielsweise nur als Wirtschaftsfaktor Chancen einer Realisierung hätte, unterschiede sich allein schon in der Art des Ermöglichens deutlich von einer Kulturstaatlichkeit im Sinne des Grundgesetzes. Nicht nur das Was, also die kulturellen Inhalte, sondern auch das Wie, nämlich die Art und Weise, wie wir Kultur politisch, finanziell oder gesellschaftlich möglich machen, ist eine Form von Kultur. Dies aber ist eine Verbindung zwischen Gegenstand und Handlungsweise, die es in anderen Zusammenhängen im betriebswirtschaftlichen Management nicht gibt.

Es sind mithin drei gewichtige Gründe, die gegen eine unbesehene Übertragung der Managementlehre auf den Kulturbetrieb sprechen. Kunst und Kultur sind sensible Bereiche; sie haben Anspruch darauf, daß wir auch die Art des Ermöglichens und des Vermittelns von Kultur mit der notwendigen Sensibilität betreiben.

1.1.2 Der Gegenstand von Kulturmanagement

So wenig ergiebig es ist, den zahlreichen Definitionen von Kultur (STEINBACHER 1976 und MÄCKLER 1987) eine weitere hinzuzufügen, so ist es doch unumgänglich, gewisse Abgrenzungen vorzunehmen. Der Kulturbegriff, der einem Kulturmanagement zugrunde liegt, kann weder ein weit gefaßter, anthropologischer sein, der das gesamte Handeln des Menschen umfaßte, noch ein – nun extrem eng ausgelegter – kunsthistorisch orientierter Begriff, der Kunst und Kultur zu Synonymen macht.

In den siebziger Jahren sprach man in der öffentlichen Kulturarbeit gern von einem „erweiterten Kulturbegriff", der der Tendenz der fünfziger und frühen sechziger Jahre, Kultur vorwiegend mit Kunst gleichzusetzen, entgegenwirken sollte. Es entstand so ein Kulturbegriff, der vor allem auch Elemente unserer Alltagskultur in unser Verständnis von Kultur einbezog. „Unter dem ‚erweiterten' Kulturbegriff wird all das gefaßt, wie der Mensch lebt und arbeitet, wie er wohnt, seine körperlichen und geistigen Fähigkeiten entwickeln kann, welche Kunst ihm zugänglich ist und welche er sich selbst schafft, wie er seine freie Zeit verbringt und wie er seine Beziehungen zu anderen Menschen gestalten kann" (GAU 1990: 18f.).

Daß dies kein realitätsfernes Programm war, sondern durchaus auch dem sich wandelnden Alltagsverständnis von Kultur entsprach, zeigen zwei Umfragen, die gleichsam zu Beginn (1981) und zum Ende (1991) dieser Umorientierungsphase gemacht wurden. Demnach ordneten folgende prozentualen Anteile der Bevölkerung (über 16 Jahre) in den alten Bundesländern die genannten Stichworte der Kultur zu (siehe Tab. 1):

„Vor 10 Jahren sahen nur 21 Prozent der westdeutschen Bevölkerung Mode als Bestandteil der Kultur, heute 37 Prozent. Der Anteil der Bevölkerung, der das Fernsehen in seinen Kulturbegriff einschließt, ist von 19 auf 26 Prozent gestiegen; am stärksten verändert hat sich die Neigung, die Kochkunst in das Kulturverständnis einzubeziehen. 1981 waren lediglich 14 Prozent der Bevölkerung dazu bereit, heute 33 Prozent. Auch die moderne Technik wird heute stärker in den Kulturbegriff einbezogen, doch gemessen an ihrer tatsächlichen Bedeutung für die gesellschaftliche und kulturelle Entwicklung nach wie vor unterbewertet. 1981 sahen 16 Prozent der westdeutschen Bevölkerung in der Technik einen Bestandteil von Kultur, heute 22 Prozent" (Institut für Demoskopie Allensbach 1991: 21; vgl. dazu auch ausführlich WOLF-CSANÁDY 1996).

So befreiend dieser erweiterte Kulturbegriff gegenüber dem vorausgegangenen Verständnis auch wirkt, so wenig eignet er sich doch als Gegenstand von Kulturmanagement.[4] Schließlich werden wir weite Bereiche unserer Alltagskultur – also beispielsweise die Wahl unserer Wohnungseinrichtung, die Bevorzugung bestimmter Speisen und Getränke, die Gestaltung unserer Freizeit oder die Auswahl des Urlaubsziels, der Umgang mit unseren Wohnungsnachbarn, die Pflege von Garten oder Balkon usw. – nicht von irgendeinem Kulturmanager organisieren lassen, sondern wollen dies selbst in die Hand nehmen. „Alltagskultur ist zunächst einmal Selbstorganisation, sie ist ein sich selbst regulierendes System. Alltagskultur lebt ohne Kulturanimation, sie braucht grundsätzlich kein kulturelles Management" (HUGGER 1989: 163).

Tab. 1: Umfrage zum Kulturbegriff

Erscheinungsformen von Kultur	1981	1991
Theater	84	90
Malerei	76	88
Geschichte	68	84
Bücher	72	83
Religion	52	57
Reisen	50	64
Schule	38	39
Mode	21	37
Naturwissenschaften	38	36
Kochen	14	33
Politik	23	30
Fernsehen	19	26
Technik	16	22
Medizin	20	19
Blumen	19	18
Mathematik	13	13
Telefon	7	10
Hochhäuser	6	10
Fußball	5	8
Auto fahren	5	8

(Quelle: Allensbacher Archiv, IfD-Umfragen 4001, 5053)

Das gilt in gleicher Weise für bestimmte kulturelle Betätigungen außerhalb der Alltagskultur wie beispielsweise Hausmusik, Hobbymalen oder auch für soziokulturelle Verhaltensweisen etwa bei der Organisation von Nachbarschaftsfesten. Offensichtlich beschränkt sich das Kulturmanagement auf die Kultur, die zum Publikum gebracht werden muß, nicht aber auf jenen Teil der Kultur, der einer solchen Vermittlung nicht bedarf. Schon diese Vorüberlegungen zeigen, daß wir wohl einen eigenständigen Kulturbegriff für Kulturmanagement benötigen oder doch zumindest eine genaue Beschreibung des Gegenstandes von Kulturmanagement.

Spätestens an dieser Stelle kann man eine gemeinsame Sicht beider Begriffe – Kultur und Management – nicht mehr umgehen. Management als Funktion – und nur davon soll künftig die Rede sein – wurde definiert als ein „Komplex von Steuerungshandlungen, die bei der Leistungserstellung und -sicherung in arbeitsteiligen Systemen erbracht werden müssen" (STEINMANN/SCHREYÖGG 1991: 7).

Management ist folglich vorrangig abgestellt auf Prozesse zur Erstellung oder Sicherung von Leistungen, und zwar von Gütern oder Dienstleistungen. Handelt es sich nicht um Leistungen, sondern um Beziehungen, Befindlichkeiten, Lebensformen usw., so mag es sich durchaus um eine Frage von Kultur handeln, aber wohl kaum um einen Gegenstand des Kulturmanagements. Da diese Prozesse zudem nicht gleichsam freischwebend im luftleeren Raum ablaufen, sondern innerhalb von Systemen und komplexen Umwelten, ist Kulturmanagement immer auch darauf ausgerichtet, die Rahmenbedingungen der Prozesse zu gestalten.

Folglich kann man festhalten, daß sich Kulturmanagement beschränkt auf
1. die Erstellung von institutionellen, rechtlichen, ökonomischen und organisatorischen Rahmenbedingungen, um Kultur ermöglichen zu können.

2. die Steuerung der Prozesse, die zu konkreten künstlerischen und kulturellen Leistungen (etwa in Form eines Kunstwerks oder eines kulturellen Projekts) führen,
   sowie
3. die Vermittlung künstlerischer und kultureller Leistungen an ein Publikum.

Kulturmanagement will Kultur ermöglichen, d. h., es dient der Kultur, ohne aber
die Kunst bzw. Kultur selbst zu schaffen. Auch bietet Kulturmanagement die Grundlagen und Rahmenbedingungen für kulturpädagogische, kultursoziale und andere
Sekundärziele, aber es wird nicht selbst in Form von Kulturpädagogik, kultureller
Sozialarbeit oder was auch immer tätig. Kulturmanagement würde – sowohl gegenüber der allgemeinen Managementlehre als auch gegenüber der Kulturpädagogik
und der „Kultursozialarbeit" (KOCH 1989) – unglaubwürdig, wenn es nun auch die
Inhalte und Wirkungen von Kultur selbst schaffen wollte. Kulturmanagement stellt
nur Steuerungshandlungen bereit; es will den Künsten, der Kulturpädagogik und der
„Sozialen Kulturarbeit" (FUCHS/SCHNIEDERS 1982 und ERMERT 1986) kein
Konkurrent sein. Das entbindet sie freilich nicht von der Notwendigkeit, sich mit
den Inhalten und den Wirkungen von Kultur intensiv auseinanderzusetzen.

1.2   Steuerungsbedarf im Kulturbetrieb

Wenn von Steuerungshandlungen im Kulturmanagement die Rede sein soll, muß
man sich zunächst darüber Klarheit verschaffen, wo ein Steuerungsbedarf besteht.
Mit einer solchen Fragestellung ist die etwas naive Vorstellung, Kunst und Kultur
entstünden als kreativer Impuls eines genialen Künstlers gleichsam von selbst, bereits ausgeschlossen, denn ein solches Verständnis vom Entstehen von Kunst und
Kultur bedürfte selbstverständlich keiner Steuerungshandlung.

In Wahrheit haben wir es im Kulturbetrieb mit einem höchst differenzierten Netz
von zusammenwirkenden Personen und Institutionen zu tun, die teilweise extrem
spezialisiert sind und die nur durch sehr gezielte und äußerst sensibel angelegte
Steuerungshandlungen zu einer erfolgreichen Kooperation bewegt werden können.
Ohne Steuerung dieses Zusammenwirkens ist häufig eine Realisierung von Kultur
nicht möglich. Dabei wird sich zeigen, daß die Steuerung gleichsam auf drei Koordinaten eines dreidimensionalen Systems zielen muß, an deren Schnittstelle Kulturmanagement zur Wirkung kommt.

1.2.1 Autor, Interpret und Rezipient

Am Anfang eines jeden Kunstwerks steht der Künstler als Autor.[5] Dabei sollte
der Autor nicht nur als Verfasser literarischer Texte verstanden werden, sondern –
im Sinne des lateinischen Wortes ‚auctor' – als der Urheber und Schöpfer eines

Kunstwerks überhaupt. Dieser Autor steht am Anfang eines Prozesses, an dessen Ende wir das realisierte Werk erwarten. Dieser Anfang ist vor allem durch die künstlerische Idee gekennzeichnet und durch den Impuls, der zur Umsetzung führen wird. Merkmale wie Originalität und Individualität, ästhetische Kategorien, Abbildungsfunktionen oder was auch immer man als Bewertungs- und Zuordnungskriterien anwendet, werden in erster Linie mit dem Autor verbunden. Dies gilt für den Maler und Komponisten gleichermaßen wie für den Schriftsteller oder Architekten.

Doch nur in den seltensten Fällen ist ein Kunstwerk allein durch das Wirken des Autors bereits zustande gekommen. Wir sehen heute viele Kunstwerke eher als einen Prozeß, an dem mehrere Personengruppen beteiligt sind. Fast immer bedarf ein Kunstwerk auch des Interpreten, damit es Zuhörer, Zuschauer, Betrachter usw., also den Rezipienten, erreicht.

Bereits im vergangenen Jahrhundert zeigte sich auch außerhalb des Theaters die Tendenz, zwischen dem Autor und dem Interpreten zu unterscheiden. Während im Theater schon immer Schauspieler spielten, die nur in den seltensten Fällen gleichzeitig Autoren waren, traten bis Mitte des vergangenen Jahrhunderts in Konzerten fast ausschließlich Musiker als Solisten oder Ensembleleiter auf, die ihre eigenen Kompositionen vorstellten. Erst mit der Wiederentdeckung und erstmaligen Wiederaufführung der 100 Jahre alten Bachschen „Matthäus-Passion" 1829 durch den damals zwanzigjährigen Felix Mendelssohn Bartholdy begann gleichsam die Geschichte der Interpreten. Ähnlich verlief die Entwicklung in der Bildenden Kunst, wo die Kunstvereine (also nicht die Künstler) ab etwa 1830 in regelmäßigen Abständen Ausstellungen zeigten. Bis dahin waren Kunstausstellungen im deutschsprachigen Raum nahezu unbekannt; der Künstler produzierte bei Bedarf für einen konkreten Auftraggeber (Fürsten, Kirchen oder reiche Bürger), nicht gleichsam „auf Vorrat" für eine Ausstellung. Erst das Mitte des 19. Jahrhunderts aufkommende Ausstellungswesen schuf die Institution des Ausstellungsmachers.

Diese interpretierende Tätigkeit hat auf das Kunstwerk erheblichen Einfluß. Dies wird besonders deutlich im Theater, wo Regisseure und Schauspieler, aber auch Bühnenbildner und – beim Musiktheater – Dirigent und Orchester einem Stück immer wieder ein anderes Verständnis geben können. Dies gilt aber auch für den Ausstellungsmacher, der ohne Mühe ein einzelnes Bild durch eine entsprechende Hängung auf- oder abwerten kann, der es in einen ausgewählten Kontext stellen und damit auch interpretieren kann. Selbst ein Bibliothekar – um einmal ein zunächst abwegig wirkendes Beispiel zu wählen – kann durch Auswahl, Plazierung und Katalogisierung eines Buches interpretierend tätig werden. So macht es beispielsweise einen Unterschied, ob Ibsens Schauspiel „Nora" im Schlagwortkatalog unter dem Stichwort „Nordische Literatur" oder „Frauenliteratur" oder „Sex and Crime" (man denke an die Erpressung Noras durch Krogstad) aufgeführt wird.

Die Rolle des Interpreten hat in unserem Jahrhundert so sehr an Stellenwert gewonnen, daß es fast zu einer Umkehrung der Rolle von Autor und Interpret gekommen ist. Unsere Konzerte beispielsweise betrachten wir fast nur noch als Musik-Museum, bei dem der Name des Interpreten weit interessanter ist als der des Komponisten. Und deshalb steht auch auf den CD-Covern ganz groß „Pavarotti" und etwas kleiner darunter „singt Verdi-Arien", obwohl es doch eigentlich umgekehrt sein müßte.

Aber auch dem Rezipienten von Kunst wächst in unserer Zeit ein eigener Stellenwert zu. Dies wird besonders deutlich im Verständnis vom „offenen Kunstwerk", das erstmals 1954 von Luigi Pareyson (PAREYSON 1954) dargelegt und später von Roland Barthes (BARTHES 1963, dort als „Disponibilität" bezeichnet) und vor allem von Umberto Eco (ECO 1963) weiterentwickelt wurde. Dieser Ansatz geht zurück auf die Unterscheidung des Strukturalismus zwischen Signifikat (Bedeutung/Sinn) und Signifikant (Bedeutungsträger/Name) (DE SAUSSURE 1916). Jeder Bedeutungsträger (z. B. ein Kunstwerk) kann demnach mehrere Bedeutungen haben.

Im Verständnis des „offenen Kunstwerks" heißt dies, daß „die Offenheit im Sinne einer fundamentalen Ambiguität der künstlerischen Botschaft eine Konstante jedes Werkes aus jeder Zeit ist" (ECO 1962: 11). Das hat zwangsläufig zur Folge, daß „offene" Kunstwerke „vom Interpreten im gleichen Augenblick, in dem er sie vermittelt, erst vollendet werden" (ebd. 29).

Dabei unterscheidet Eco nicht mehr zwischen dem Interpreten und dem Rezipienten: „Jede Rezeption ist ... eine Interpretation und eine Realisation, da bei jeder Rezeption das Werk in einer originellen Perspektive neu auflebt" (ebd. 30). „Jedes ‚Lesen', ‚Betrachten', ‚Genießen' eines Kunstwerks stellt eine, wenn auch stumme und private Form von ‚Ausführung' dar" (ebd. Anmerkung Seite 29).

Eine solche Gewichtung kam der Rezeption durchaus nicht immer zu: Die Kunstwerke der ägyptischen Königsgräber beispielsweise wurden zu ihrer Zeit nie von irgendeiner Öffentlichkeit gesehen. Die Friese antiker Tempel waren vom Betrachter so weit entfernt, daß sie im Detail nicht mehr erkennbar waren; sie waren für Götter, nicht für ein menschliches Publikum gemacht. Und selbst noch im Mittelalter wurden viele Kunstwerke geschaffen, die der Ehre Gottes dienten und die die Menschen nie zu Gesicht bekamen.

Nach unserem heutigen Verständnis aber ist die Kunst ganz wesentlich von der Möglichkeit bestimmt, Signifikat zu sein, also verschiedene Bedeutungen zu haben, und diese verschiedenen Signifikate auch für eine rezeptive Erprobung zur Verfügung zu stellen. Ein Roman, für die Schublade geschrieben, mag zwar dem Seelenleben des Autors dienen, aber Kunst im eben geschilderten Sinne wird er erst in der Begegnung mit dem Leser. Das gilt in gleichem Maße für den Hobbymaler, der sich im stillen Kämmerlein an seiner Leidenschaft erfreut. Erst in der Auseinandersetzung mit dem Publikum kann sein Hobby zur Kunst werden. Kunst ist immer auch Kommunikation, ist ein Sich-Austauschen, ein Mitteilen, etwas sagen wollen. Kommt diese Kommunikation nicht zustande, zögern wir sehr, ein Werk bereits als Kunst zu bezeichnen.[6] Ein Kunstwerk zum Publikum zu bringen ist demnach – vor allem im Sinne eines Kulturmanagements – eine existentielle Voraussetzung, um Kunst als „offen" zu erproben und damit als Kunst im heutigen Verständnis zu konstituieren.

Man ahnt es geradezu: zwischen Autor, Interpreten und Rezipienten bedarf es der Vermittlung und des Überbringens; das Kunstwerk erreicht sein Publikum nicht „automatisch". Oder um es in der Sprache der Managementlehre zu sagen: im Rahmen eines Prozesses zur Realisierung von Kunst bedarf es der Steuerungshandlungen, durch die zwischen Autor, Interpret und Rezipient vermittelt wird, und dies genau ist eine der wesentlichen Tätigkeiten des Kulturmanagers.

Während aber Autor, Interpret und Rezipient am künstlerischen Prozeß im engeren Sinne beteiligt sind, beschränkt sich der Manager – dem Grundsatz nach – nur auf die Rolle des nicht-künstlerischen Vermittlers. Hier allerdings gibt es bemerkenswerte Überschneidungen, auf die bereits hingewiesen wurde, als vom Zusammenhang zwischen Steuerungshandlung und Handlungsgegenstand die Rede war (vgl. Abschnitt 1.1.1).

Allein im Bereich der Bildenden Kunst haben wir es beispielsweise mit privatwirtschaftlichen Galerien, mit privaten Ausstellungsmachern, mit Kunstvereinen, Museen, kommunalen Galerien, mit Kunsthändlern, Kunstverlagen, Kunstkritikern und Kunstauktionen zu tun, die allesamt für die Kunst sowohl interpretierend (beispielsweise als Ausstellungsmacher) als auch vermittelnd tätig werden. Nicht anders ist es im Theaterbetrieb, wo vor allem die Dramaturgen in dieser Zwitterposition sind, und in vielen anderen Bereichen des Kunst- und Kulturbetriebs.

Angesichts vermittelnder Interpreten und interpretierender Vermittler erscheint es sinnvoll, statt von personeller und institutioneller Zuordnung besser von Funktionen zu sprechen. Ein und die gleiche Person oder Institution kann interpretierende und vermittelnde Funktionen wahrnehmen, ohne daß dies zwangsläufig zu einem schizophrenen Bewußtsein führen muß.

1.2.2 Kunst als arbeitsteilig erstelltes Produkt

Management ist ganz wesentlich geprägt durch zwei Aufgaben, nämlich erstens komplexe Vorgänge zu strukturieren und damit handhabbar zu machen sowie zweitens Teilleistungen, die an den verschiedensten Stellen erbracht werden und deren Sinn und Zweck für das Gesamtwerk von den Beteiligten kaum noch übersehen werden kann, durch geeignete Führungs- und Steuerungskonzepte zusammenzubringen. Am Beispiel einer Operninszenierung, an der Schreiner, Maler, Schlosser, Beleuchter, Kostümschneider und Maskenbildner ebenso mitwirken wie Musiker, Schauspieler und Sänger, wird dies leicht deutlich. Ohne ein entsprechendes Management werden sich die Teilleistungen kaum zu einer ganzheitlichen Inszenierung zusammenfinden.

Auch hier zeigt die Tradition durchaus ein anderes Bild. Noch im vergangenen Jahrhundert waren die Theaterleute eine eng miteinander verbundene Truppe, die gemeinsam „ihr" Stück auf die Bühne brachte, an dessen Gelingen jeder einen auch für ihn selbst erkennbaren Anteil hatte. Nicht wenige Theaterfachleute sind der Auffassung, daß das Problem unserer heutigen gigantischen Theaterbetriebe – beispielsweise gehören zum Unternehmen „Staatstheater Stuttgart" immerhin mehr als 1000 Beschäftigte – damit zusammenhängt, daß nur noch wenige der im Betrieb Tätigen einen Überblick über alle Arbeitsabläufe eines solchen Unternehmens haben.

Dies gilt in ähnlicher Weise auch für die Erstellung großer Ausstellungen, für die Publikation aufwendiger Buchprojekte wie auch für den gesamten Filmbetrieb. Einzig im Konzertbetrieb ist für den einzelnen noch der Anteil an der Gesamtleistung erkennbar. Wie bei der Erstellung eines beliebigen komplexen Industrieprodukts haben wir es auch hier vielfach mit einer arbeitsteiligen Produktion zu tun, die nur noch durch ein professionelles Management zusammengehalten werden kann.

1.2.3 Wechselbeziehungen zu Politik und Gesellschaft

Autor, Interpret und Rezipient einerseits und die an der arbeitsteiligen Produktion Beteiligten andererseits bestimmen aber nicht allein das kulturelle Endprodukt. Vielmehr wirken in erheblichem Umfang auch gesellschaftliche Kräfte auf den kulturellen Prozeß ein. Dazu gehören Interessenverbände und die Medien oder große gesellschaftliche Gruppen wie Kirchen und Gewerkschaften ebenso wie Parteien und politische Gremien oder „die Wirtschaft" im weitesten Sinne.

Sie alle beeinflussen – gewollt oder ungewollt – unsere kulturelle Wirklichkeit. Unser Begriff von Kultur und die Bewertungskriterien, mit denen wir kulturelle Leistungen messen, werden weit weniger kultur- und kunstimmanent bestimmt, als vielmehr in einem Austausch zwischen Künstlern, Kulturvermittlern und den eben genannten Gruppen. Da dieser Austausch nicht institutionalisiert ist, sondern im freien Spiel miteinander- und gegeneinanderwirkender Kräfte stattfindet, ist er nur schwer faßbar.

Das Kulturmanagement in seiner Aufgabenstellung, Kultur zu ermöglichen, kann solch ein gewichtiges Einwirkungspotential nicht unberücksichtigt lassen. Dies wird besonders in der öffentlichen Kulturarbeit deutlich, wo politische Einflüsse oder die Meinungsführerschaft und damit Meinungsbildung von Kirchen, Verbänden und Medien ganz erhebliche Auswirkungen haben können. Ein Kulturmanagement, das selbstbewußt von Steuerungshandlungen spricht, muß versuchen, die Wechselbeziehungen zwischen der Kultur und den Gruppen der Gesellschaft zu erkennen, um in diesem freien Spiel eine Dolmetscherfunktion zu übernehmen. Dazu ist es vor allem erforderlich, daß das Kulturmanagement – um im Bild des Dolmetschers zu bleiben – die Sprachen der beteiligten Gruppen kennt, damit es die Interessen der Kultur auch vor dem Hintergrund der Interessen anderer gewichten und wahrnehmen kann.

1.3 Die Koordinaten des Kulturmanagements

Neben dem Zusammenwirken selbständiger Elemente des künstlerischen Prozesses (Autor, Interpret und Rezipient) steht die vorwiegend handwerklich-technische Produktion des Kunstwerks. Beim Versuch einer bildlichen Darstellung kann man sich Autor, Interpret und Rezipient vielleicht auf einer vertikalen Koordinate vorstellen, während man die arbeitsteilige Produktion auf einer Horizontalen darstellen könnte:

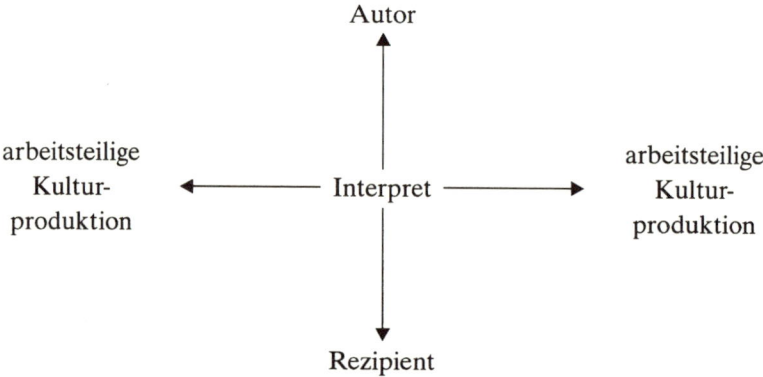

Abb. 3: Koordinaten des Kulturmanagements I.

Die Schnittstelle beider Koordinaten liegt in der Phase der Interpretation, weil hier die arbeitsteilige Produktion ihren Schwerpunkt hat. Dies gilt beispielsweise für die Aufführung eines Theaterstücks, bei der Gestaltung einer Ausstellung oder bei der Herstellung eines Buchs. Am (stark vereinfachten) Beispiel des Theaterbetriebs wird dies besonders anschaulich (siehe Abb. 4).

Dramaturg einerseits sowie Pressestelle andererseits nehmen vermittelnde Funktionen im künstlerischen Prozeß wahr, wobei die Arbeit des Dramaturgen durchaus auch bereits interpretierende Funktionen hat. Horizontal ist die arbeitsteilige Produktion angedeutet, die vom Regisseur über die Schauspieler zu den Werkstätten und zur Verwaltung reicht.

Auf einer dritten Koordinate in einer räumlichen Dimension könnte man sich nun die Wechselbeziehungen zu Politik und Gesellschaft vorstellen. So entsteht ein dreidimensionales Koordinatensystem, das außerordentlich kompliziert wirkt (damit die Wirklichkeit eines großen Theaterbetriebs aber immer noch stark vereinfacht wiedergibt).

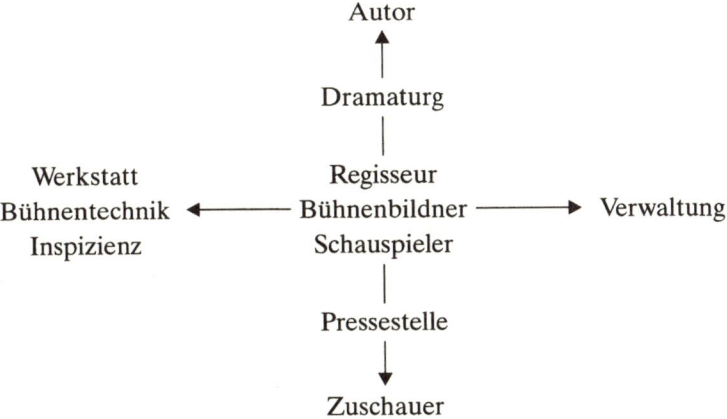

Abb. 4: Koordinaten des Kulturmanagements II.

Das Ergebnis eines so komplizierten Prozesses ist das Kunstwerk „Theaterauffüh-rung". Auch ohne Theaterexperte zu sein, ahnt man, daß in diesem komplizierten Gebilde ein außerordentlich großer Steuerungsbedarf vorhanden ist. Und in der Tat können unsere größeren Theater nur noch durch ein System differenzierter Steue-rungsmaßnahmen funktionieren. Dort, wo die Steuerungshandlungen fehlen, kommt es dann zu Einbrüchen, die sich der Öffentlichkeit zumeist als abrupte Personal-wechsel in der Theaterleitung oder durch unerwartete Defizite in der Theaterfinan-zierung dartun.

Das Kulturmanagement muß in einem solchen Koordinatensystem so angesiedelt sein, daß es in allen drei Komponenten wirken kann. Das ist beispielsweise weitge-hend bei einem Theaterintendanten der Fall, der nicht auch selbst inszenierend tätig ist. Weit häufiger wird man es aber mit Kulturmanagern zu tun haben, die auch noch andere Funktionen übernehmen, vor allem im interpretierenden Bereich. Hier kommt es dann zu jenen Doppelfunktionen (vermittelnd und interpretierend), von denen bereits an anderer Stelle die Rede war.

1.4 Management in Kommunikationsgemeinschaften

Management will komplexe Zusammenhänge und heterogene Abläufe handhab-bar machen. Dazu werden Techniken erarbeitet, die (zumindest in wesentlichen Teil-bereichen) eine formalisierte Anwendung erlauben (Entscheidungsbäume, Pla-nungstechniken, Prognoseverfahren usw.). Auf der anderen Seite ist Kultur, sofern sie nicht als Beschreibungsmodell der Ethnologie oder Volkskunde verstanden wird, durch Offenheit und Wandlungsfähigkeit bestimmt. Kultur – und hier vor allem der engere Bereich der Kunst – reagiert auf die sich verändernde Lebenswirklichkeit und beeinflußt sie gleichzeitig. Kultur muß sich deshalb einer Formalisierung entziehen.

Wenn es eine Schnittstelle zwischen Kultur und Management geben soll, so bedingt dies nicht nur Fragen an eine Managementtheorie oder an das Selbstverständnis von Kultur, sondern auch – gleichsam übergeordnet – die Frage nach einer Systemtheorie, die den Ansprüchen von Kultur und Management gleichermaßen gerecht wird.

Rupert Lay (1988/1991) unterscheidet hierzu in Anlehnung an Ludwig Wittgensteins „Sprachspiele" zwischen Institutionen und Kommunikationsgemeinschaften. „Institutionen sind soziale Systeme, in denen die Bedeutungen von system-regulierten Interaktionen über Systemstrukturen weitgehend vorgegeben sind. In Kommunikationsgemeinschaften wird die Struktur des sozialen Systems mit und durch interaktionelle Handlungen erzeugt" (LAY 1988/1991: 66). Kommunikationsgemeinschaften „sind dadurch bestimmt, daß sie im Verlauf der in ihnen ablaufenden Prozesse (Interaktionen) spontane Bildung von Regeln und Bedeutungen fordern. Sie sind somit sehr viel stärker durch die Vorgaben der beteiligten Subjekte definiert und definieren diese stärker ihrerseits als Institutionen" (ebd. 173).

Damit zeigen Kommunikationsgemeinschaften die gerade für die Kultur wünschenswerte Offenheit und Wandelbarkeit. Vor allem aber lassen sie den beteiligten Subjekten, beispielsweise den Künstlern, den Spielraum, um sich in das System einbringen zu können.

Kulturmanagement muß zuallererst so definiert und konzipiert sein, daß es das offene System der Kommunikationsgemeinschaften nicht in ein System der Institutionen überführt. Dazu ist es erforderlich, eine Managementtheorie heranzuziehen, die den notwendigen subjektiven Freiraum von Kunst und Kultur nicht einengt. Allerdings ist es bisher nur in Ansätzen gelungen, eine Managementlehre, die dem Bedarf von Kulturmanagement vollständig adäquat wäre, zu entwickeln. Am ehesten scheint hierfür noch die Lehre vom integrierten Management geeignet zu sein, die im Management-Zentrum St. Gallen von Fredmund Malik (MALIK 1984), Hans Ulrich (ULRICH/KRIEG 1974 und ULRICH/PROBST 1988) sowie Knut Bleicher (BLEICHER 1992) entwickelt wurde.

„Gemeint ist damit ein integrierendes, zusammenfügendes Denken, das auf einem breiten Horizont beruht, von größeren Zusammenhängen ausgeht und viele Einflußfaktoren berücksichtigt, das weniger isolierend und zerlegend ist als das übliche Vorgehen. Ein Denken also, das mehr demjenigen des viele Dinge zu einem Gesamtbild zusammenfügenden Generalisten als dem analytischen Vorgehen des auf ein enges Fachgebiet beschränkten Spezialisten entspricht" (ULRICH/PROBST 1988: 11). Bleicher erwartet deshalb, daß „der Schwerpunkt der Managementaufgabe (sich damit) verlagert vom Bemühen um ökonomisch-technische zur ökonomisch-sozial-humanen Rationalität" (BLEICHER 1992: 31).

Ein solches integriertes Management ist deshalb für ein System der Kommunika-

tionsgemeinschaft und damit für Kulturmanagement geeignet, weil es das Denken
und Handeln in größeren (nicht nur ökonomischen) Zusammenhängen ermöglicht
und innovativ-gestaltenden wie subjektiven Elementen breiten Raum zugesteht.

Anmerkungen zu Kapitel 1

[1] Konrad Adam in der FAZ vom 28. 1. 1989.

[2] Vgl. beispielsweise die entsprechenden Studiengänge in Ludwigsburg, Hamburg, Hagen,
Potsdam, Linz/Salzburg oder Wien.

[3] Welche verheerenden Folgen die Nichtbeachtung dieser Besonderheit im Kulturmanagement haben kann, zeigte sich 1998 sehr deutlich am neuen Festspielhaus in Baden-Baden. Für
das privatwirtschaftlich betriebene Haus wurde ein Tochterunternehmen des Kfz-Prüfunter-
nehmens DEKRA als Betreibergesellschaft tätig, das über keinerlei Erfahrungen im Kulturbetrieb verfügte. Die DEKRA bestellte zudem zwei Geschäftsführer, die bisher als Messe- bzw.
als Krankenhausmanager tätig waren und damit auf keine Kontakte zur Kulturbranche zurückgreifen konnten. Schon vier Wochen nach Eröffnung des Hauses mußten die beiden Geschäftsführer wegen eines eklatanten Mißmanagements entlassen werden; wenige Wochen später stieg
auch die DEKRA als Betreibergesellschaft aus. Ganz offensichtlich hatte man die Besonderheiten des Kulturbetriebs mit seinen personengebundenen Netzwerken völlig unterschätzt.

[4] Es fragt sich ohnehin, ob es heute noch notwendig ist, von einem „erweiterten Kulturbegriff" zu sprechen. Was in den siebziger Jahren als revolutionär empfunden wurde, nämlich die
Einbeziehung der Alltagskultur in unseren Kulturbegriff, ist uns heute eine Selbstverständlichkeit. Für einen engen Kulturbegriff haben wir den Begriff „Kunst", alles was mehr ist, meint
„Kultur".

[5] Ich beschränke mich hier zur leichteren Darstellung auf die Kunst im engeren Sinne, doch
ist eine Übertragung auch auf andere Kulturbereiche ohne weiteres möglich.

[6] Vgl. hierzu auch Olaf Schwencke: „Ein Gedicht, das nicht seinen Leser, eine Sonate, die
nicht ihren Hörer, und ein Portrait, das nicht seinen Betrachter fände, würde die ihnen inhä-
rierende Intention nicht erfüllen!" (Schwencke 1974: 40)

2. Der Kulturbetrieb

Noch Mitte der siebziger Jahre bezogen sich Diskussionen und Publikationen über Kultur immer nur auf die öffentliche Kultur, also die Kulturangebote und -förderungen des Bundes, der Länder und der Kommunen. Selbst in dem 1979 erschienenen und bis heute höchst lesenswerten Buch „Kultur für alle" (HOFFMANN 1979) ist ausschließlich von Aufgaben und Zielen öffentlicher Kultur die Rede; Begriffe wie „Kulturbetrieb" oder „kommerzielle Kulturwirtschaft" kommen im Buch nicht einmal vor. Dies verwundert kaum, wenn man bedenkt, daß in den siebziger Jahren die Definition der Aufgaben und des Selbstverständnisses staatlichen Handelns im Mittelpunkt stand. Für mehrere Jahre war jedes gesellschaftlich relevante Handeln immer zuerst öffentliches, also staatliches Handeln. Die tief sitzende und mit Sorgfalt gepflegte Abneigung der „68er" gegen jede Form kommerziellen Unternehmertums erleichterte diese systematische Nichtbeachtung nicht-staatlicher Kulturangebote.

Diese einseitige Ausrichtung der kulturpolitischen und der kulturpraktischen Diskussion hatte zweierlei Folgen:

- zunächst einmal wurde der Stellenwert, den die privatwirtschaftlich-kommerziellen Kulturbetriebe (also z. B. Kunsthändler, Künstleragenturen, Buch- und Schallplattenverlage, Filmproduzenten und -verleiher usw.) für das Kulturleben und das kulturelle Gesamtangebot haben, weder von den Kulturpolitikern noch von den Kulturverwaltern und -vermittlern des öffentlichen Kulturbetriebs wahrgenommen;
- zweitens wurde übersehen, daß der Kulturbetrieb in seiner Gesamtheit (also die öffentlichen und die privatwirtschaftlichen Einrichtungen) auch eine erhebliche volkswirtschaftliche Bedeutung hat und damit die Summierung aller Kulturangebote ein erhebliches wirtschafts- und arbeitsmarktpoltisches Gewicht erhält.

Es fehlten mithin in der Diskussion die Begriffe „Kulturbetrieb" (als institutionelle Kategorie für alle öffentlichen und privatwirtschaftlichen Kulturanbieter) und „Kulturwirtschaft" (als ökonomische Kategorie für die Branche Kultur). Diese Situation wandelte sich überraschend schnell Mitte der achtziger Jahre, als verschiedene Gutachten und Publikationen die Wechselbeziehungen zwischen Kultur und Wirtschaft herausstellten und damit den Kulturbetrieb in seiner Gesamtheit in das Blickfeld rückten (vgl. Abschnitt 3.4).

Seitdem wird der Kulturbetrieb zwar nicht als eine Einheit gesehen, aber doch als ein Gefüge, das miteinander durch vielfältige Wechselbeziehungen verbunden ist. Öffentliche Kulturarbeit ist ohne die Zusammenarbeit beispielsweise mit Theater- und Konzertagenturen oder mit Kunsthändlern nicht mehr zu realisieren, wie andererseits etwa der Kunstmarkt an der „Aufwertung" von Künstlern und Kunstwerken durch Museen, Kunsthallen und öffentliche Galerien besonders interessiert ist.

Die Einbindung der verschiedensten Kulturanbieter in einen Kulturbetrieb hatte auch einen nachhaltigen Einfluß auf die Akzeptanz der Bezeichnung Kulturmanagement. Während privatrechtlich-kommerzielle Kulturbetriebe, die nach betriebswirtschaftlichen Kriterien zu handeln und zu entscheiden haben, diesen Begriff ohne weiteres übernahmen, taten sich die öffentlichen Kulturanbieter zunächst noch schwer, weil sie institutionell bis heute der Hoheitsverwaltung zugeordnet sind. Erst mit der Verdeutlichung der volkswirtschaftlichen Zusammenhänge innerhalb des gesamten Kulturbetriebs und der wachsenden Öffnung hin zu den Möglichkeiten eines betriebswirtschaftlichen Managements wurde diese Hemmschwelle überwunden und auch im öffentlichen Kulturbetrieb die Bezeichnung Kulturmanagement akzeptiert.

Heute ist der Kulturbetrieb in seiner Gesamtheit kaum noch zu überblicken; die nicht unerheblichen Abgrenzungsschwierigkeiten, wie sie sich in fast allen Untersuchungen zum Kulturbetrieb niederschlagen, machen dies besonders deutlich (vgl. auch HUMMEL 1988: 23 ff. und UNESCO 1980 sowie Abschnitt 2.4). Solche Abgrenzungsprobleme spielen vor allem unter statistischen und volkswirtschaftlichen Gesichtspunkten eine große Rolle, dagegen sind sie im Kontext der hier anstehenden Fragen weniger von Belang.

Wenn im folgenden vom Kulturbetrieb die Rede sein soll, so stehen dabei einerseits die wichtigsten Komponenten dieses Kulturbetriebs im Vordergrund sowie anderseits die damit verbundene Frage, durch welche Wechselbeziehungen diese Komponenten sich gegenseitig beeinflussen. Es geht folglich nicht um ein volkswirtschaftliches Problem, sondern – selbstverständlich weiterhin – um Aufgaben, Funktionsweisen und Möglichkeiten von Kulturmanagement.

Nach der Rechts- und Betriebsform unterscheidet man drei große Teile des Kulturbetriebs:

1. den öffentlich-rechtlichen Kulturbetrieb (also Kulturanbieter der öffentlichen Hand wie Theater, Museen, Bibliotheken, Musikschulen und Volkshochschulen, einschließlich der kommunalen Kulturämter mit ihrem öffentlich geförderten Veranstaltungsprogramm);
2. den privatrechtlich-gemeinnützigen Kulturbetrieb (also kulturelle Vereine und Stiftungen, einschließlich der Freien Theater und Freien Gruppen);
3. den privatrechtlich-kommerziellen Kulturbetrieb (also Belletristikverlage, der Kunsthandel, Künstleragenturen, Instrumentenhersteller, Musikalienhandel, Filmproduzenten und -verleiher, Kinos, Musical-Theater, Event-Agenturen usw.).

Aus der Sicht des Kulturmanagements empfiehlt es sich, innerhalb dieser Dreiteilung die Situation der Künstler eigens zu betrachten, weil hier einige Besonderheiten zu beachten sind, die in der doch recht groben Dreiteilung untergehen könnten.

2.1   Die Künstler

Der bei weitem größte Teil des Kulturbetriebs befaßt sich mit den verschiedenen Künsten, wie beispielsweise Literatur und Theater, Musik und Tanz, Malerei und Architektur oder Kleinkunst und Medienkunst. Daneben gibt es einen zweiten Bereich im Kulturbetrieb, in dem die Kunst keine oder nur eine indirekte Rolle spielt – man denke etwa an Teilbereiche der kulturellen Bildung und Weiterbildung (z. B. Sprachkurse einer Volkshochschule oder der Sachbuchbestand einer Bibliothek) oder an bestimmte Formen der Soziokultur. Für den erstgenannten Bereich gilt eindeutig und unabänderlich, daß die Künstler und ihr Wirken im Mittelpunkt dieses Kulturbetriebs stehen müssen.

Der kunstorientierte Teil des Kulturbetriebs (die Bezeichnung „Kunstbetrieb" wäre zu verkürzt; sie bezieht sich meist nur auf den Bereich der Bildenden Kunst) hat der Kunst zu dienen. Kulturmanagement ist zwar vorwiegend außerhalb der unmittelbaren Kunstproduktion angesiedelt, aber dennoch eindeutig ausgerichtet auf das künstlerische Tun. Folglich ist ein enger Kontakt zwischen Kulturmanagern und Künstlern unverzichtbar.

Allerdings wird diese „Blickrichtung" des Kulturmanagers hin zum Künstler umgekehrt keineswegs mit gleicher Selbstverständlichkeit erwidert. Kaum irgendwo ist die Zurückhaltung gegenüber dem Kulturmanagement so ausgeprägt wie in Kreisen der Künstler. Zumeist werden Bedenken vorgebracht, die sich mit dem Selbstverständnis des Künstlers befassen und beispielsweise die Freiheit der Kunst gefährdet sehen. Von „marktgerechter" Kunst ist dann die Rede, von einer Produktion künstlerischer Ideen unter dem Druck von Management-Sollzahlen oder von existentiellen Abhängigkeiten gegenüber einem „Arbeitgeber". „Kunst" und „Kommerz" werden dann wieder als Gegensätze aufgebaut, die einander behindern und deshalb getrennt werden sollten.[1]

Doch trifft ein solcher Widerspruch weder die Realität unserer Gegenwart, noch läßt er sich im Spiegel vergangener Jahrhunderte belegen. Vielmehr klingt darin eine reichlich romantisch-verklärte Vorstellung vom Leben und der Arbeitsweise des Künstlers an, die im 18. und 19. Jahrhundert mit Begeisterung gepflegt wurde und die heute offensichtlich nicht nur von der „Regenbogenpresse" am Leben erhalten wird.

2.1.1 Der Künstler zwischen Genie und „Banause"

Spätestens seit im „Sturm und Drang" des späten 18. Jahrhunderts der Künstler zum „Genie" erhoben wurde, galt es als unfein, „Geld und Geist" (so ein Romantitel von Jeremias Gotthelf) miteinander zu verbinden. Friedrich Nicolai wandte sich 1755 sogar gegen eine Honorierung der Poeten: „... ich glaube nicht, daß es einem

Lande schimpflich sei, wann diese Belohnungen nicht so häufig sind; Besoldungen werden allein keine große Geister hervorbringen" (NICOLAI 1755 und 1894: 144). Ja, er fürchtete sogar, daß „die Reichthümer und Besoldungen, die unsern Dichtern so nothwendig scheinen, sie vielleicht schläfriger machen, als alle Nahrungssorgen" (ebd.). Was für uns heute schon boshaft klingt, war für ihn nur ein logischer Schluß: „Mich dünkt aber, es fehlet den meisten unter ihnen etwas, das sie durch keine Besoldungen, und durch nichts in der Welt erlangen können, nemlich: Genie" (ebd. 145).

Der Dichter benötigte also vor allem Genialität; die Frage nach seinen materiellen Lebensbedingungen konnte geradezu von geschäftsschädigender Wirkung sein. Entsprechend vorsichtig ging man deshalb zu Werke, um nur nicht in den Geruch zu kommen, dem Geld mehr zuzustreben als der Verwirklichung des eigenen Genies. Dem Brief Heinrich von Kleists vom 24. 7. 1808 an seinen Verleger Johann Friedrich Cotta merkt man diesen Spagat zwischen Kunst und Kommerz geradezu an: „Wenn ich dichten kann, d. h. wenn ich mich mit jedem Werke, das ich schreibe, so viel erwerben kann, als ich nothdürftig brauche, um ein zweites zu schreiben; so sind alle meine Ansprüche an dieses Leben erfüllt" (zitiert nach KUHN 1980: 18).

Allerdings ist diese Einstellung gerade gegenüber den Poeten kein Spezifikum der Zeit um 1800. Arnold Hauser weist darauf hin, daß schon im klassischen Altertum die künstlerisch-handwerkliche Arbeit ohne weiteres entlohnt wurde, während die scheinbar rein geistige Arbeit der Dichter keinen materiellen Lohn beanspruchen durfte. Dem Dichter – so schreibt er über die griechische und römische Antike – „erweist man zeitweise ganz besondere Ehren – er gilt als Seher und Prophet, Ruhmspender und Mythendeuter, der bildende Künstler ist und bleibt dagegen der banausische Handwerker, der mit seinem Lohn alles erhält, was ihm gebührt. Bei dem Unterschied, der hier gemacht wird, spielen verschiedene Motive mit; vor allem der Umstand, daß der bildende Künstler gegen Entlohnung arbeitet und daraus auch kein Hehl macht, der Dichter aber, auch zur Zeit seiner ärgsten Abhängigkeit, als der Gastfreund seines Brotherrn gilt" (HAUSER 1953: 118).

Wenn bildende Künstler die Zuordnung zu den Handwerkern (gr. bánausos) überwinden und zum Ansehen der Poeten aufschließen wollten, mußten sie auf eine Entlohnung verzichten. „Plutarch rechnet(e) zum Beispiel Polygnot nur deshalb nicht zu den Banausen, weil dieser ein öffentliches Gebäude mit Fresken dekoriert hatte, ohne auf Entlohnung Anspruch zu erheben" (ebd.: 124).

Schon seit der Antike steht der Künstler offensichtlich vor der schwierigen Entscheidung, entweder als besonders begnadeter Mensch des Geistes, aber ohne materielle Ansprüche, hoch verehrt zu werden oder aber beim Blick auf materiellen Wohlstand als „Banause" verschrieen zu werden. Es ist deshalb schon erstaunlich, mit welcher Hartnäckigkeit auch heute noch das Bild von einer Künstleridylle Bestand hat, das keine materielle Orientierung duldet. Fügt man diesem traditionellen Vorurteil nun noch das zweite Vorurteil hinzu, daß nämlich Management angeblich immer auf Geld und Kommerz ausgerichtet ist, so wird die Reserviertheit vieler Künstler gegenüber einem Management von Kultur zwar nicht verständlich, aber doch nachvollziehbar.

Allerdings muß an dieser Stelle eingeworfen werden, daß das seit der Antike nach außen wirkende Bild vom Verhältnis von Kunst und Kommerz in vielen Fällen nicht der Wirklichkeit entsprach. Die Künstler haben ihr gutes Recht, nämlich für ihre Arbeit entlohnt zu werden, immer für sich in Anspruch genommen und haben dazu auch häufig genug Managementleistungen selbst eingebracht oder von anderen akzeptiert.

Die Renaissance beispielsweise mit ihrer Neigung zu Wissenschaftlichkeit und Gelehrtheit sah den Künstler – anders als die Antike und das Mittelalter – als einen Ingenieur. Nach den Vorstellungen des italienischen Renaissance-Philosophen Alberti „ist die Kunst des Malers und des Architekten auf die Wissenschaft, nämlich auf Mathematik gegründet. Darin liegt der Bruch mit dem Mittelalter: der Künstler ist nun kein Handwerker mehr, der aus der Werkstattüberlieferung und der praktischen Erfahrung eines Meisters schöpft, sondern er ist ein selbständiger Unternehmer, dessen Leitsterne der eigene Verstand und die wissenschaftliche Theorie sind" (BAEUMLER 1934 und 1972: 69).

Nur so wird verständlich, daß beispielsweise Shakespeare Stücke für ein Theater schrieb, an dem er als Aktionär Teileigentum besaß. Seine auf einen Publikumserfolg ausgerichteten Dramen sicherten den wirtschaftlichen Erfolg des Theaters und die Dividenden seiner Aktien. In dieser Kombination von Dramatiker und Theateraktionär war der Dichter Shakespeare ein überaus erfolgreicher Unternehmer (HAUSER 1953: 439).

Nicht anders war dies in der Zeit des Barock. Rubens beispielsweise „erwarb neben seiner glänzenden gesellschaftlichen Stellung ein fürstliches Vermögen und beherrschte in monarchischer Weise das gesamte Kunstleben seines Landes. An all dem hatten seine organisatorischen Fähigkeiten einen ebenso großen Anteil wie sein künstlerisches Talent" (ebd. 509). Aus heutiger Sicht müssen wir Rubens als einen hervorragenden Manager bezeichnen, der schon früh Führungsaufgaben (die künstlerische Idee) von nachgeordneten Aufgaben (die technische Realisierung eines Gemäldes) trennte.

Auch im 18. Jahrhundert standen sich Kunst und Kommerz keineswegs fern. Für Voltaire beispielsweise war die enge Verbindung zwischen Literatur und Verlagsgeschäft eine der größten Errungenschaften seiner Zeit (KUHN 1980: 54), was sicher auch als ein Bekenntnis zu einer Art von Kulturmanagement im Sinne einer Arbeitsteilung zwischen künstlerischer Tätigkeit und dem Weg des Kunstwerks zum Publikum verstanden werden darf.

Selbst zu Zeiten des Geniebegriffs, als es höchst riskant war, sich zu materiellen Vorteilen zu bekennen, behandelten die Dichter dieses Thema im internen Gedankenaustausch offensichtlich wesentlich nüchterner. So schrieb Goethe am 28. April

1798 an Schiller: „... was dem Buchhändler nutzt, nutzt auch in jedem Sinne dem Autor: wer gut bezahlt wird, wird viel gelesen, und das sind zwey löbliche Aussichten" (zitiert nach KUHN 1980: 55). Offensichtlich hatte Goethe keine Probleme damit, den Verkauf seiner Bücher dem Management eines Verlegers zu überlassen.

Leopold Mozart – um ein anderes Beispiel zu nennen – war der perfekte Impresario seines Sohnes Wolfgang Amadeus, künstlerisch wie finanziell äußerst erfolgreich. Richard Wagner hätte die Bayreuther Festspiele wohl kaum je realisieren können, wäre er nicht auch ein exzellenter Manager gewesen.[2] Weitere Beispiele – bis in unsere Zeit – ließen sich mühelos finden (der Name Herbert von Karajan drängt sich hier förmlich auf): sie alle belegen, daß Kunst und Kommerz sich über die Jahrhunderte hinweg keineswegs ausschlossen und daß das künstlerische Tun sehr häufig von Management begleitet war. Im Gegenteil, wir können heute feststellen, daß eine künstlerische Tätigkeit, die die Bestätigung durch ein Publikum und damit auch den Erfolg sucht, ohne ein Management – von wenigen Ausnahmen abgesehen – nicht mehr möglich ist. Der Autor braucht das Verlagsmanagement, der Maler den Galeristen, Kunsthändler und Ausstellungsmacher, der Musiker den Konzertagenten und Konzertveranstalter, der Schauspieler den Theatermanager usw. Künstler, die etwa eigene Keramiken herstellen und in einem Verkaufsraum ihres Hauses ausstellen, oder Kleinkünstler, die auf Straßen und Plätzen auftreten, sind in unserem heutigen Kulturbetrieb eher die Ausnahmen.

Nein, Künstler brauchen Kulturmanagement, und sie nehmen es seit langer Zeit mit großer Selbstverständlichkeit in Anspruch. Nun, da diese Dienste erstmals auch stärker systematisiert werden, mit einer eigenen Berufsbezeichnung an die Öffentlichkeit treten und sogar an Hochschulen gelehrt werden, ist es vielleicht nicht ganz aufrichtig, zögernde Zurückhaltung zu bekunden.

Doch um nicht mißverstanden zu werden: Die zahlreichen Hinweise auf erfolgreiches Kulturmanagement im historischen Rückblick sollen nicht den Eindruck erwecken, als seien Künstler eigentlich allesamt wohlhabende Leute. Ganz im Gegenteil: aus der Sicht der Gesellschaft, die die Arbeit der Künstler seit eh und je hoch schätzt, war und ist die Entlohnung für diese Arbeit eher beschämend. Aber gerade deshalb sollten die Künstler im Kulturmanagement die Chance sehen, an der Seite eines „Anwalts der Kunst" den Anspruch auf angemessene Entlohnung verstärkt deutlich machen zu können, ohne daß damit der Künstler zugleich wieder zum „Banausen" der Antike herabgestuft wird.

Und um ein weiteres Mal nicht mißverstanden zu werden: Einwände der Künstler gegen Kulturmanagement sind dann ernst zu nehmen, wenn das Kulturmanagement seine dienende Funktion verläßt und neue Abhängigkeiten schafft. Abhängigkeit ist ein Zeichen von Unfreiheit, die Freiheit der Kunst aber muß in der Kulturpolitik wie im Kulturmanagement das oberste Gebot sein.

2.1.2 Zur Situation des Künstlers im Kulturbetrieb

Der Stellenwert der Künstler im Kulturbetrieb ist höchst bemerkenswert. Innerhalb des von künstlerischen Sparten getragenen Kulturbetriebs sind sie gleichsam der Ausgangspunkt jenes Produktes, das am Ende eines Prozesses dem Publikum präsentiert wird. Der Autor steht am Anfang eines Buches, mit dessen Fertigstellung sich noch viele Personen beschäftigen: Lektor, Schriftsetzer und Drucker, Buchbinder, die Vertriebsabteilung im Verlag, Buchhändler usw., wobei Papierherstellung, Postversand und dergleichen gar nicht erst weiter berücksichtigt werden sollen. Ähnlich gilt dies für Musiker, Maler, Tänzer, Filmer usw. Auch ihre Werke benötigen – mal mehr, mal weniger – verschiedene Stationen, um zum Publikum zu gelangen.

Bemerkenswert ist dabei aber auch die Tatsache, daß an der Umsetzung und Verbreitung von Kunst weit mehr Personen und Institutionen beteiligt sind als an deren erstmaliger Produktion. Auf der Grundlage der letzten Arbeitsstättenerhebung von 1987 errechnete das Ifo-Institut für 1988 in den alten Bundesländern etwa 50 000 selbständige Künstler bei 788 200 Beschäftigten im gesamten Kulturbereich (HUMMEL/WALDKIRCHER 1992: 9). Das entspricht einem Anteil von wenig mehr als 6 %.

Weiter muß es nachdenklich stimmen, daß nach einer Erhebung des Bonner Archivs für Kulturpolitik (KulturStatistik 3, 1991) im westdeutschen Kulturbetrieb 1988 nur 4 % aller Umsätze auf selbständige künstlerische Tätigkeiten entfielen. Selbst wenn man diesen Betrag mit Blick auf angestellte Künstler in Theatern und Orchestern noch verdoppelt, erreicht er immer noch nicht ein Zehntel des Gesamtumsatzes. Besonders deutlich wird die schlechte wirtschaftliche Situation der Künstler, wenn man sie mit der allgemeinen Einkommenslage vergleicht. Nach einer Untersuchung des Münchner Ifo-Instituts in Zusammenarbeit mit dem Nürnberger Institut für freie Berufe erhält ein großer Teil der freiberuflichen Künstler und Publizisten ein Einkommen, das das Sozialhilfeniveau nicht übersteigt.[3]

Einen relativ guten Überblick über die Einkommenssituation selbständiger Künstler und Publizisten bietet die Statistik der Künstlersozialkasse. Für 1994 wurden dort die in Tab. 2 zusammengefaßten Zahlen ermittelt.

Das durchschnittliche Jahreseinkommen liegt demnach knapp über 20 000 DM, wobei das Einkommen von Künstlerinnen nur etwa 80 % dieser Summe erreicht. Hier ist vor allem zu bemerken, daß die Einkommensunterschiede zwischen Künstlern und Künstlerinnen mit zunehmendem Alter dramatisch zunehmen (während im Alter bis zu 30 Jahren die Einkommen fast gleich sind, erreichen 60jährige Künstlerinnen nur noch 66 % des Einkommens ihrer männlichen Kollegen). Ohnehin fällt auf, daß die höchsten Einkommen erst in den späteren Lebensjahren erreicht werden, während in anderen Berufsgruppen ab dem 60. Lebensjahr die Einkommen in der Regel wieder zurückgehen. Eine Ausnahme davon bildet der Bereich der Darstellenden Kunst, wo die Einkommen nach dem 60. Lebensjahr offensichtlich deut-

Tab. 2: Durchschnittliches Jahreseinkommen der selbständig tätigen Künstler nach dem Versichertenbestand der Künstlersozialkasse 1994 (KULTUR IN DEUTSCHLAND 1994: 369)

Bereich	Anzahl der Künstler	durchschnittliches Jahreseinkommen					
		Summen	im Alter von ... bis unter ... Jahren				
			unter 30	30–40	40–50	50–60	60 und mehr
Musik	16 048	16 574	12 369	14 265	19 296	22 420	25 571
Darst. Kunst	9 510	20 649	12 291	17 071	24 776	30 351	24 765
Bild. Kunst	25 164	18 865	13 121	15 140	20 077	25 444	25 013
Wort	13 879	26 195	19 325	21 876	27 205	33 369	32 890
Insgesamt	64 601	20 056	13 540	16 457	22 342	27 595	27 298
darunter weiblich	23 926	16 156	13 329	14 765	17 930	19 314	18 098

lich sinken. Dies hat zweifellos mit der besonders schwierigen Situation älterer Schauspieler zu tun. Zu erwähnen ist sicher auch, daß der Bereich Wort durchgehend die höchsten Einkommen verzeichnet, was sicherlich eine Folge der verbindlichen Honorarvereinbarungen im Verlagsbereich und indirekt auch der Buchpreisbindung ist. Da der Bereich Wort als einzige Sparte ausschließlich kommerziell geregelt ist und nahezu ohne direkte öffentliche Gelder auskommt, muß es doch überraschen, daß ausgerechnet dort für Künstler und Publizisten die höchsten Einkommen erzielt werden. Wer je geglaubt haben sollte, daß allein eine öffentlich finanzierte Kulturförderung Kunst und Kultur in angemessener Form ermöglichen kann, wird diese Zahlen vielleicht mit einiger Überraschung lesen.

Allerdings sagen diese Zahlen wenig aus über die Verteilung der Einkommen innerhalb einer einzelnen künstlerischen Sparte. Es ist deshalb von besonderem Interesse, zusätzlich die Einkommensstatistik heranzuziehen (siehe Tab. 3).

Aber auch hier zeigt sich deutlich, daß die große Mehrheit der selbständigen Künstler und Publizisten im unteren Einkommensbereich angesiedelt ist und beispielsweise deutlich schlechter dasteht als andere freie Berufe und auch als der Durchschnitt aller Steuerpflichtigen. Bemerkenswert ist in diesem Zusammenhang noch, daß noch nach der Einkommensteuerstatistik 1986 der Anteil aller Steuerpflichtigen mit zu versteuerndn Jahreseinkommen von mehr als 75 000 DM unterhalb des Anteils der Künstler und Publizisten lag (9,5 % zu 10,2 %). Während also alle Steuerpflichtigen innerhalb von nur drei Jahren eine deutliche Einkommensverbesserung verzeichnen konnten, stieg das Einkommen der Künstler und Publizisten in diesem Zeitraum kaum (14,1 % zu 10,8 %).

Auch wenn es demnach eine kleine Gruppe von Spitzenverdienern geben mag,

Tab. 3: Einkommensverteilung nach der Einkommensteuerstatistik 1989
(eigene Berechnungen auf der Grundlage von Statistisches Bundesamt 1995: 237 und 325)

Gesamtbetrag der zu versteuern- den Jahreseinkünfte (in DM)	freiberufliche Künstler	Freiberufler insgesamt	alle Steuerpflichtigen
bis 25 000	61,5 %	29,4 %	29,7
25 000–75 000	24,6 %	28,1 %	56,2
über 75 000	10,8 %	41,3 %	14,1

kann doch nichts darüber hinwegtäuschen, daß es der weit überwiegenden Zahl der Künstler wirtschaftlich nicht gutgeht. Um es einmal etwas drastisch zu sagen: der Kulturbetrieb geht mit den Kühen, die die Milch geben, nicht sonderlich pfleglich um.

Dieses Urteil wird noch verschärft, wenn man sich vor Augen hält, daß nur die wenigsten Künstler von nur einer Einkommensquelle leben können. Der Maler benötigt neben dem Bilderverkauf häufig auch die Einnahmen aus unterrichtender Tätigkeit oder aus Aufträgen, die im Bereich von Design oder Werbegrafik liegen. Die meisten Orchestermusiker müssen zusätzlich in weiteren Ensembles spielen oder ebenfalls unterrichtend tätig sein. Ähnlich gilt dies für andere künstlerische Berufe. Schon im „Autorenreport" (FOHRBECK/WIESAND 1972) fand man heraus, daß das Einkommen freischaffender Autoren nur zu 16 % aus Buchhonoraren stammte, die restlichen 84 % aber über Tätigkeiten für Tages- und Wochenzeitschriften, über Aufträge bei Hörfunk und Fernsehen oder aus anderen Quellen (z. B. Lesungen, Volkshochschulen) erzielt werden muß (FOHRBECK/WIESAND 1989a: 40).

Sicherlich haben sich diese Zahlen inzwischen etwas verändert, doch gilt gewiß heute wie damals, daß der größte Teil der Autoreneinkommen überraschenderweise nicht aus den Honoraren der Buchverlage stammt. Autoren und viele andere Künstler beziehen ihr Einkommen aus den verschiedensten Quellen des Kulturbetriebs. Deshalb müßte gerade den Künstlern an der Aufrechterhaltung eines differenzierten Kulturbetriebs gelegen sein. Die Künstler stehen nicht nur am Anfang eines jeden künstlerischen Prozesses, sie sind es auch, die – mehr als manche Kulturmanager – am meisten mit den Verästelungen eines weitverzweigten Kulturbetriebs zu tun haben.

2.2 Der öffentliche Kulturbetrieb

Als öffentliche Hand im engeren Sinne bezeichnet man die öffentlich-rechtlichen Gebietskörperschaften, also den Bund, die Länder und die Kommunen (Städte, Gemeinden und Landkreise). Im weiteren Sinne gehören dazu auch alle öffentlich-rechtlichen Anstalten und Stiftungen, also beispielsweise die öffentlich-rechtlichen

Rundfunkanstalten oder etwa die Stiftung Preußischer Kulturbesitz. Soweit diese Körperschaften, Anstalten und Stiftungen kulturell tätig werden, spricht man von der öffentlichen Kulturarbeit.

Die finanzielle Größenordnung der Kulturarbeit der Gebietskörperschaften läßt sich relativ leicht den Haushaltsplänen bzw. den Finanzstatistiken des Bundes, der Länder und der Kommunen entnehmen. Allerdings gibt es in den Finanzstatistiken unterschiedliche Kriterien für die Zuordnung von Kulturausgaben. Relativ weitgefaßt ist die Zuordnung der UNESCO; sie umfaßt auch Natur- und Landschaftspflege, Rundfunkanstalten, Sport und Erholung sowie Ausgaben zur Reinhaltung von Wasser und Luft. Sie ist damit als finanzstatistische Basis für das Kulturmanagement wenig geeignet. Der Deutsche Städtetag bezieht in seine Statistik auch wissenschaftliche Museen, Bibliotheken und Archive ein, die ebenfalls nicht unbedingt als Gegenstand von Kulturmanagement zu sehen sind. Aus der Sicht des Kulturmanagements am geeignetsten ist deshalb die finanzstatistische Abgrenzung der Kultusministerkonferenz. Sie rechnet zu den Kulturausgaben die Ausgaben für Theater, Orchester, Musikpflege, Museen und Ausstellungen, Denkmalschutz, die Verwaltung kultureller Angelegenheiten, Bibliotheken (ohne wissenschaftliche Bibliotheken), Erwachsenenbildung und die Kunsthochschulen. Demnach wurden 1996 vom Bund, den Ländern, den Gemeinden und Gemeindeverbänden insgesamt 15 544 Mio. DM für kulturelle Angelegenheiten (ohne Kunsthochschulen) ausgegeben[4]. Auf die einzelnen Gebietskörperschaften und auf die verschiedenen Sparten verteilte sich dieser Betrag wie in Tab. 4 angegeben.

In dieser Aufstellung sind die Rechnungsergebnisse der Stadtstaaten Berlin, Hamburg und Bremen den Ländern zugeordnet. Rechnet man davon „kommunale Anteile" den Kommunen zu, so ergibt sich für die Kommunen ein Anteil an den Kulturausgaben aller Gebietskörperschaften von etwa 60 %. Doch ganz gleich, wie man die Zuordnung vornimmt, es wird deutlich, daß der Anteil der Kommunen an den bundesweiten Kulturausgaben der öffentlich-rechtlichen Gebietskörperschaften außerordentlich groß ist.

Trotz der auf den ersten Blick beachtlichen Summe von rund 15,5 Mrd. DM an Kulturausgaben ist deren Anteil an den Gesamtausgaben von Bund, Ländern und Kommunen (1882 Mrd. DM) doch verschwindend gering; er macht gerade einmal 0,82 % aus. Dies entspricht etwa dem Vergleichswert in den neunziger Jahren, lediglich 1993 wurden 0,9 % erreicht. Andererseits muß aber auch festgehalten werden, daß dieser Wert in den siebziger Jahren (0,6 %) und in den achtziger Jahren (0,7 %) noch niedriger war, obwohl gerade im öffentlichen Bereich diese beiden Jahrzehnte im Rückblick als eine Zeit großzügigster öffentlicher Kulturförderung dargestellt werden. Der Anteil von 0,82 % an allen öffentlichen Ausgaben entspricht übrigens etwa 185 DM pro Einwohner. Damit liegen die Ausgaben für kulturelle Angelegenheiten wirklich sehr niedrig, selbst in Relation zu artverwandten Aufgaben. (Zum Vergleich: 1996 wurden von den öffentlichen Gebietskörperschaften 620 DM pro

Tab. 4: Ausgaben der öffentlichen Gebietskörperschaften nach kulturellen Aufgabenbereichen 1996; die kommunalen Ausgaben für „Denkmalschutz und -pflege" sind in den Ausgaben für „Sonstige Kunst- und Kulturpflege" enthalten

Aufgabenbereiche nach der Abgrenzung der Kultusministerkonferenz (ohne Kunsthochschulen)	Gesamt-ausgaben	Bund (nur Inland)	Länder	Kommunen/ Zweck-verbände
	(Ausgaben in Mio. DM)			
Theater (Oper, Schauspiel etc.)	5 097	0	2 231	2 866
Berufsorchester und -chöre, sonstige Musikpflege	1 332	0	376	956
Museen, Sammlungen und Ausstellungen	2 263	1	1 009	1 253
·Denkmalschutz und -pflege	716	0	715	0
Sonstige Kunst- und Kultur-pflege	2 067	376	1 145	544
Verwaltung kultureller An-gelegenheiten	1 190	0	476	714
Bibliothekswesen	1 351	0	260	1 091
Volkshochschulen	1 167	0	368	799
Sonstige Weiterbildung	361	27	203	130
Summen	15 544	404	6 783	8 353
prozentuale Anteile	100 %	2,6 %	43,6 %	53,8 %

(Quelle: Statistisches Bundesamt, Fachserie 14, R 3.4, 1996)

Einwohner für Hochschulen und 214 DM für Wissenschaft, Forschung und Entwicklung außerhalb der Hochschulen ausgegeben.)

Man kann also festhalten, daß in einer relativen Betrachtung die öffentlichen Ausgaben für kulturelle Angelegenheiten in Deutschland keineswegs auffallend hoch sind. Andererseits muß aber darauf hingewiesen werden, daß Deutschland im internationalen Vergleich einen Spitzenplatz einnimmt, weil in vielen Ländern die Kulturförderung nicht in dem Maße als öffentliche Aufgabe angesehen wird, wie dies in Deutschland der Fall ist.

Ausgaben der öffentlichen Hand bedürfen immer einer Rechtsgrundlage; folglich gilt dies auch für den öffentlichen Kulturbetrieb. Schon der Grundrechtekatalog des Grundgesetzes erwähnt ausdrücklich auch kulturelle Grundrechte, wie beispielsweise die Freiheit von Kunst und Wissenschaft (Art. 5 Abs. 3 GG). Das Bundesverfassungsgericht interpretiert diesen Artikel als eine „objektive Wertentscheidung für die Freiheit der Kunst" (BVerfG E36/321 ff.). Damit meint das Gericht nicht nur eine Duldung, sondern auch eine aktive Förderung der Kunst, denn es heißt in der gleichen Entscheidung auch, daß „dem modernen Staat, der sich im Sinne einer Staatszielbestimmung als Kulturstaat versteht, zugleich die Aufgabe [zufällt], ein freiheitliches Kulturleben zu erhalten und zu fördern".

Dieses Verständnis von aktiver Kulturförderung kommt deutlicher noch in den Landesverfassungen zum Ausdruck. So heißt es beispielsweise in Art.18 Abs.1 der Landesverfassung für Nordrhein-Westfalen: „Kultur, Kunst und Wissenschaft sind durch Land und Gemeinden zu fördern."

So oder ähnlich ist dies in den meisten Landesverfassungen nachzulesen. Dagegen bedarf die Rechtslage für die Kommunen schon weit größerer juristischer Recherche. Zwar ist in den Landesverfassungen meist von einer gemeinsamen Verpflichtung von Land *und* Gemeinden die Rede, doch leiten die Kommunen ihr Recht zur öffentlichen Kulturarbeit auch direkt vom Grundgesetz ab. Dort heißt es in Art. 28 Abs. 2 GG: „Den Gemeinden muß das Recht gewährleistet sein, alle Angelegenheiten der örtlichen Gemeinschaft im Rahmen der Gesetze in eigener Verantwortung zu regeln."

Als „alle Angelegenheiten des örtlichen Wirkungskreises" versteht das Bundesverfassungsgericht „solche Aufgaben, die in der örtlichen Gemeinschaft wurzeln oder auf die örtliche Gemeinschaft einen spezifischen Bezug haben und von dieser örtlichen Gemeinschaft eigenverantwortlich und selbständig bewältigt werden können" (zitiert nach PAPPERMANN 1984: 4). Es ist allgemein unstrittig, daß hierzu auch kulturelle Angelegenheiten gehören, denn sie wurzeln in besonderem Maße in der örtlichen Gemeinschaft – man denke nur an die örtlichen Kulturvereine oder kulturelle Traditionen – und können – wie beispielsweise Konzerte und Ausstellungen – durchaus eigenverantwortlich und selbständig von der örtlichen Gemeinschaft bewältigt werden. Zusammen mit den Landesverfassungen ergibt sich damit doch eine eindeutige Rechtslage, die zudem noch durch verschiedene höchstrichterliche Entscheidungen gestützt wird (vgl. hierzu HAEBERLE 1979, STEINER 1984, STEINER 1986, SCHEYTT 1989, GEISSLER 1996 und PALM 1998).

Bemerkenswert ist für alle Ebenen des öffentlichen Kulturbetriebs (Bund, Länder und Kommunen), daß stets nur von einer grundsätzlichen Verpflichtung zum kulturellen Handeln beziehungsweise zu kultureller Förderung die Rede ist, nie aber konkrete Aufgaben genannt werden. Selbst dort, wo gesetzliche Vorgaben vorhanden sind (z. B. im Bereich der Weiterbildung und im Archivwesen), beschränken sich die Gesetze und Rechtsverordnungen fast ausnahmslos auf institutionelle Vorgaben, ohne auf die inhaltliche Arbeit der Institutionen einzugehen. In der Umsetzung bedeutet dies, daß beispielsweise eine Stadt gesetzlich verpflichtet ist, das Kulturleben der Gemeinde zu fördern, doch mit welcher Zielsetzung und vor allem in welchem Umfang sie dies tun, ist allein ihr überlassen.

Juristisch ist daraus zu schließen, daß Kultur eine freiwillige und keineswegs eine

Pflichtaufgabe der öffentlichen Hand ist. Welche Nachteile sich daraus für die Kulturarbeit ergeben, ist in Zeiten knapper öffentlicher Finanzmittel immer wieder leidvoll festzustellen: die Kulturausgaben sind immer am ehesten gefährdet, wenn es wieder einmal gilt, einen Haushaltsplan zum Ausgleich zu bringen. Doch entspricht ein solcher sorgloser Umgang mit öffentlichen Kulturausgaben weder den Vorstellungen von einer kontinuierlichen Kulturarbeit noch einer „Staatszielbestimmung als Kulturstaat", wie dies im oben zitierten Urteil des Bundesverfassungsgerichts zum Ausdruck kommt. Das kulturelle Handeln der öffentlichen Hand ist zwar nicht als Pflichtaufgabe gesetzlich festgeschrieben, aber es entspricht dem Selbstverständnis und der Zielbestimmung dieses Staates; es ist deshalb ein wichtiges und unverzichtbares politisches Ziel. Der Deutsche Städtetag hat deshalb die Sprachregelung vorgeschlagen, Kultur als eine „politische Pflichtaufgabe" zu bezeichnen.

Wenn der Gesetzgeber darauf verzichtet hat, Zielsetzung und Inhalte kulturellen Handelns der öffentlichen Hand in rechtlich verbindlicher Form festzulegen, so ergibt sich daraus nicht nur die eben angedeutete Gefahr einer gewissen Beliebigkeit und finanzieller Verfügungsmasse, sondern vor allem auch die Chance politischer und administrativer Gestaltung. Kulturpolitik und Kulturadministration bieten einzigartige Möglichkeiten, Kreativität und Phantasie einzubringen und eigene Ideen in die Tat umzusetzen. Wo das Baurecht dem Stadtplaner Grenzen setzt, der Sozialpolitiker sich dem Sozialrecht unterordnen muß oder dem Umweltpolitiker ein wirksames Handeln fast nur noch mit Hilfe von Gesetzen möglich ist, bietet die Kultur den (fast) einzigartigen Freiraum, Ziele zu definieren, Ideen umzusetzen, Personen einzubinden und das positive Image von Kultur für Marketingzwecke zu nutzen. Im Bereich der Kommunalverwaltung beispielsweise findet man nur noch im Fremdenverkehrswesen und in der Sportförderung ähnliche Spielräume.

Doch weil dieser Freiraum so groß ist, kommt der Kulturpolitik – und hier vor allem der Erörterung und Bestimmung kulturpolitischer Ziele – eine große Bedeutung zu. Bereits im Abschnitt 1.1.1 wurde darauf hingewiesen, daß das besondere Merkmal des öffentlichen Kulturbetriebs eine Zielorientierung ist, die weitgehend kulturpolitisch ausgerichtet ist, keinesfalls aber gewinnorientiert, wie dies in großen Teilen des privatrechtlich-kommerziellen Kulturbetriebs (notwendigerweise) der Fall ist. Man kann sogar sehr verkürzt sagen, daß der Rentabilität als Erfolgskriterium der privatrechtlich-kommerziellen Kulturwirtschaft im öffentlichen Kulturbetrieb die Verwirklichung kulturpolitischer Ziele entspricht. Folglich spielen im öffentlichen Kulturbetrieb die Kulturpolitik sowie die Erörterung und Bestimmung kulturpolitischer Ziele eine außerordentlich große Rolle (vgl. Abschnitt 3.1).

2.2.1 Das kulturelle Handeln der öffentlichen Hand

Wie bereits aus der Tabelle 4 ersichtlich ist, haben sich der Bund, die Länder und die Kommunen für ihr kulturelles Handeln Schwerpunkte gebildet. Gleichzeitig gibt es aber auch einige Bereiche, in denen Bund und Länder bzw. Länder und Kommunen gemeinsam tätig sind. Die kulturelle Zuständigkeit ist dem Prinzip nach vom Bund auf die Länder und von diesen wiederum auf die Kommunen übertragen. In der Praxis läuft die Kompetenzverteilung aber gerade umgekehrt: primär sind die Kommunen für die Kultur zuständig, was sich auch in einem Anteil von 53,8 % an den Gesamtausgaben zeigt. Bei überörtlichen Aufgaben oder bei solchen Aufgaben, die die Leistungsfähigkeit der Kommunen übersteigen, werden die Länder tätig. Länderübergreifende Aufgaben wiederum werden vom Bund wahrgenommen. Angesichts unseres föderalistischen Systems, das die Zuständigkeit der Länder besonders betont (Art. 30 des Grundgesetzes), bleiben dem Bund die bei weitem wenigsten Aufgaben, was sich eben auch in dem Ausgabenanteil von nur 2,6 % zeigt.

Der Bund
Unabhängig von der Zuständigkeitsregelung innerhalb der Bundesregierung und unabhängig von der Frage, ob der Bund ein eigenes Ministerium für kulturelle Angelegenheiten unterhält oder nicht, nimmt der Bund folgende kulturelle Aufgaben wahr:
– Bewahrung und Schutz des kulturellen Erbes
z. B. Schutz und Erhaltung herausragender Kulturdenkmäler, Förderung von Bibliotheken (z. B. Deutsche Bibliothek in Frankfurt am Main und Deutsche Bücherei in Leipzig) und Archiven (Bundesarchiv in Koblenz), Pflege und Bewahrung deutscher Kultur im Osten, Schutz von Kulturgut gegen Abwanderung (Verzeichnis national wertvollen Kulturgutes) sowie Schutz von Kulturgut im Rahmen der Zivilverteidigung nach der Haager Konvention;
– Förderung von bedeutsamen kulturellen Einrichtungen und Veranstaltungen
z. B. die Kulturstiftung der Länder, die Stiftung Preußischer Kulturbesitz in Berlin, das Schiller-Nationalmuseum mit Deutschem Literaturarchiv in Marbach, die Deutsche Akademie für Sprache und Dichtung in Darmstadt, das Germanische Nationalmuseum in Nürnberg oder die documenta in Kassel;
– Verbesserung der Rahmenbedingungen und Förderungsmaßnahmen zur Entfaltung von Kunst und Kultur
z. B. die Bonn- und Berlin-Förderung, die Förderung von deutschen Künstlern durch Studienaufenthalte im Ausland (z. B. in der Villa Massimo in Rom), die Förderung gesamtstaatlich bedeutsamer Kulturverbände und Künstlerförderungsprogramme (z. B. den Deutschen Werkbund, den Bundesverband Bildender Künstler oder die Stiftung „Lesen"), die Förderung des Films (Deutscher Filmpreis), die Schaffung von kulturfreundlichen gesetzlichen Regelungen im Urheberrecht, Stiftungsrecht usw.

sowie internationale kulturelle Aufgaben im Inland (z. B. die Förderung deutscher Sektionen internationaler kultureller Verbände und Vereinigungen).

Darüber hinaus fördert der Bund in ausgewählten Projekten die Ausbildung in künstlerischen Berufen, unterstützt Modellversuche zur kulturellen Bildung (z. B. über die Akademie Remscheid) und fördert den kulturwissenschaftlichen und kulturpolitischen Austausch.

Waren diese Aufgaben früher über mehrere Ministerien verteilt – mit einem gewissen Schwergewicht bei der Abteilung K im Bundesministerium des Innern –, so wurde von der Regierung Schröder Ende 1998 erstmals ein „Beauftragter für Angelegenheiten der Kultur und der Medien beim Bundeskanzler" berufen. Dem Beauftragten, Staatsminister Michael Naumann, untersteht nun innerhalb des Bundeskanzleramtes die neue Abteilung K, die sich sowohl aus der alten Abteilung K des Bundesinnenministeriums als auch aus früheren Referaten anderer Ministerien zusammensetzt. Sie gliedert sich in vier Gruppen:

K 1 Planung, Grundsatzfragen, Zentrale Angelegenheiten, Kulturelle Aufgaben
K 2 Kunst- und Kulturförderung, Schwerpunktförderung Neue Länder
K 3 Medien
K 4 Förderung deutscher Kultur des östlichen Europas; Pflege des Geschichtsbewußtseins

Während die Länder mit Sorgfalt darauf achten, daß das innenpolitisch ausgerichtete Kulturressort nicht in deren Zuständigkeiten eingreift, ist das Engagement des Bundes für die Auswärtige Kulturpolitik auch in den Bundesländern unbestritten. Hierzu gehören vor allem die Mitwirkung in internationalen kulturellen Organisationen im Ausland (z. B. in der UNESCO), die deutsch-französische kulturelle Zusammenarbeit (z. B. über das Deutsch-Französische Institut in Ludwigsburg und das Deutsch-Französische Jugendwerk in Bad Honnef), die internationalen Kontakte zwischen Wissenschaftlern und Hochschulen sowie die Verbreitung der deutschen Sprache und Kultur über die Goethe-Institute. Die Auswärtige Kulturpolitik wird dabei als das „Feld der Möglichkeiten gesehen, auf dem kulturelle Begegnungen und Informationen, Austausch und Partnerschaft, beharrlich gepflegt, vielerlei neue Früchte tragen können" (HAMM-BRÜCHER 1980: 25). 1996 gab der Bund für diese und andere kulturelle Aufgaben des Auswärtigen Amtes 702 Mio. DM aus, während die Länder 25 Mio. DM in die auswärtige Kulturarbeit einbrachten.

Ob Bund und Länder die strenge Abgrenzung kultureller Zuständigkeiten auch in Zukunft einhalten werden, wird sich erst noch zeigen müssen. Die Diskussion in den siebziger und achtziger Jahren um eine Nationalstiftung bzw. um die Kulturstiftung der Länder hat gezeigt, daß der Bund offensichtlich bereit ist, seine Kompetenzgrenzen immer wieder einmal neu auszuloten (FOHRBECK/WIESAND 1989: 109–119). Dies belegt auch das selbstbewußte Auftreten des Bundes bei der Einrichtung der Stiftung „Haus der Geschichte der Bundesrepublik Deutschland" und beim

Bau der neuen Bundeskunsthalle. Sosehr hier die Länder noch bemüht waren, ihre eigenen Interessen zur Geltung zu bringen, vermißte man ein ähnliches Ländervotum bei der Sicherung der kulturellen Grundlagen in den neuen Bundesländern. Hier hat sich der Bund erstmals in der Geschichte der Bundesrepublik in einem Maße kulturpolitisch engagiert, wie dies vor der Wiedervereinigung undenkbar gewesen wäre. Für das Substanzerhaltungsprogramm, das Infrastrukturprogramm, das Denkmalschutzsonderprogramm, das sogenannte „Leuchtturm"-Programm sowie durch die Förderung repräsentativer Kultureinrichtungen in Berlin hat der Bund 1991 mehr als 1 Mrd. DM und – nach einem schrittweisen Rückbau der Übergangsfinanzierung – 1993 noch fast 700 Mio. DM für die Kultur in den neuen Bundesländern ausgegeben.

Mit der Einrichtung eines eigenständigen Kulturressorts im Bundeskanzleramt und der Berufung eines Staatsministers für Kultur und Medien hat der Bund signalisiert, daß er nicht nur den politischen Stellenwert der Kultur aufwerten will, sondern auch aus seinem in den vergangenen Jahren stark gestiegenen Engagement möglicherweise eine eigene Kompetenz für kulturelle Aufgaben ableiten will. Ob dies dem Bund auf Dauer gelingen wird und ob dies dann zu einer Veränderung in den generellen Zuständigkeiten zwischen Bund und Ländern führen wird, bleibt vorerst allerdings noch abzuwarten. (Zur verfassungsrechtlichen Problematik des deutschen Kulturföderalismus, auch im Vergleich zu anderen Bundesstaaten, vgl. KÖSTLIN 1989 und KÜSTER 1990.)

Die Länder

Die Kulturpolitik und Kulturarbeit der Länder läßt sich bei weitem nicht so klar und eindeutig beschreiben wie die des Bundes. Abgesehen vom Grundsatz der Zuständigkeit bei überörtlichen und die Möglichkeiten einzelner Gemeinden und Kreise übersteigenden Aufgaben, spielen hier auch länderspezifische Traditionen eine nicht unerhebliche Rolle. So werden von den beiden süddeutschen Bundesländern Baden-Württemberg und Bayern traditionell solche Theater, Museen, Archive, Burgen, Schlösser und selbst Kirchen als Landeseinrichtungen geführt, die bis zum Ende des Kaiserreichs im Besitz des fürstlichen Landesherrn waren. Aus dieser Tradition heraus ergibt sich wiederum eine beachtliche Förderung für bestimmte kommunale Einrichtungen, um die Gemeinden, deren Theater und Museen früher im Besitz des Landesherrn waren, nicht gegenüber anderen zu bevorzugen. Nicht zuletzt dieser Tradition verdankt Baden-Württemberg beispielsweise eine Theaterförderung von seltener Großzügigkeit: weil sich das Land an den beiden (ehemals fürstlichen) Staatstheatern in Stuttgart und Karlsruhe mit je 50 % der ungedeckten Kosten beteiligt, zahlt es auch allen Stadttheatern im Land einen Zuschuß von 40 %.

Ganz anders dagegen ist die Situation in Nordrhein-Westfalen, das solche Traditionen kaum kennt und deshalb die Theaterfinanzierung weitgehend den Kommunen überläßt. Dafür engagiert sich das Land Nordrhein-Westfalen beispielsweise weit stärker in der Förderung der Erwachsenenbildung. Einige Vergleichszahlen für

Bayern und Nordrhein-Westfalen, beschränkt auf die Kunst- und Kulturpflege einschließlich der Kulturverwaltung, verdeutlichen die Unterschiede zwischen Flächenstaaten mit unterschiedlicher Tradition (siehe Tab. 5).

Tab. 5: Ausgaben für Kunst und Kultur in Bayern und Nordrhein-Westfalen 1996

Bundesland	Kulturausgaben des Landes insgesamt (in 1000 DM)	Kulturausgaben des Landes pro Einwohner	Kulturausgaben der Kommunen insgesamt (in 1000 DM)	Kulturausgaben der Kommunen pro Einwohner
Bayern	859 216	71,66 DM	940 408	78,43 DM
Nordrhein-Westfalen	426 501	23,88 DM	1 766 832	98,93 DM

(Quelle: Statistisches Bundesamt, Fachserie 14, R 3.4, 1996)

Während also in Bayern der Ausgabenanteil des Landes pro Einwohner dreimal so hoch ist wie in Nordrhein-Westfalen, übersteigt der kommunale Betrag in Nordrhein-Westfalen den in Bayern deutlich. Dies zeigt noch einmal, wie sorgfältig man argumentieren muß, wenn man kulturelle Leistungen der Bundesländer miteinander vergleichen möchte.

Losgelöst von solchen traditionsbedingten Unterschieden erfolgt die Kulturförderung der Länder aber weitgehend einheitlich nach vier Prinzipien, wie sie beispielsweise im Land Baden-Württemberg der Kunstkonzeption[5] vorausgeschickt wurden (RETTICH 1990: 11–14):

– Liberalität

„Das Prinzip der Liberalität leitet sich aus dem grundgesetzlich normierten Gebot der Kunstfreiheit ab. Dies bedeutet nicht mehr und nicht weniger als die Forderung an Politik und Administration, die Eigenverantwortlichkeit der Künstler und der Kunstvermittler zu respektieren und dies auch dann, wenn Kunst unbequem und aggressiv wird."

– Pluralität

„Das Prinzip der Pluralität steht in einem unmittelbaren Zusammenhang mit dem Kunstfreiheitsprinzip. Denn die Vielfalt der Kunstformen und Kunsteinrichtungen kann nur im Zeichen einer liberalen Kunstförderung gedeihen. Dies gilt für die Spitzenkunst in gleicher Weise wie für die Breitenkunst. Es wäre ganz falsch, hier Gegensätze konstruieren zu wollen etwa in der Weise, daß die Elite gegen die Basis ausgespielt wird. Beides ist nötig."

– Subsidiarität

„Das Prinzip der Subsidiarität bedeutet Hilfe zur Selbsthilfe und wird im administrativen Alltag durch Mischfinanzierungen realisiert. Staatliches Handeln im Kunstbereich kann und darf nicht den Ehrgeiz haben, alles in ‚eigener Regie' betreiben zu wollen. Dies würde nicht nur dem Kulturauftrag der Städte und Gemeinden widersprechen, sondern auch bürgerschaftliche Initiativen und mäzenatische Aktivitäten aller Art verhindern. Vielmehr sind Anreiz und partnerschaftliche Hilfe hier die geeigneten Förderungsinstrumente."

– Dezentralität

„Das Prinzip der Dezentralität (…) heißt, daß Kunstförderung nicht nur auf die großen Zentren beschränkt sein darf, sondern daß auch regionale Aktivitäten dieselbe Aufmerksamkeit verdienen und durch Finanzzuwendungen gefördert werden müssen. Dabei handelt es sich nicht um die Unterstützung einer ,Sonderkultur für die Regionen' und auch nicht um ,zufällige Einzelentscheidungen'."

Welche Bedeutung den Ländern in der Kulturförderung zukommt, hat sich nicht zuletzt wieder beim Aufbau der neuen Bundesländer gezeigt. Ohne die Unterstützung und vor allem ohne die politische Gestaltungskraft der Länder wäre es wohl kaum gelungen, beispielsweise die sehr dichte Theater- und Orchesterlandschaft im Osten Deutschlands zu erhalten. Gerade in Thüringen, das aus einer besonderen Tradition heraus selbst in Kleinstädten wie Meiningen und Rudolstadt über Mehrspartentheater verfügt, wäre der Erhalt der Theater ohne die Mitwirkung des Landes wohl nicht möglich gewesen. Dies gilt in anderer Weise auch für den Freistaat Sachsen, wo mit dem Sächsischen Kulturraumgesetz auf Initiative des Landes eine Struktur geschaffen wurde, die eine breit angelegte und auf Dauer gesicherte kommunale Kulturarbeit überhaupt erst möglich machte.

Die Kommunen

Wie Tabelle 4 zeigt, ist der Anteil der Kommunen mit 53,8 % an den Kulturausgaben der öffentlichen Hand bei weitem der größte. Dies ist insofern gerechtfertigt, als öffentliche Kulturarbeit immer die Bürgernähe braucht. Kultur ist ein Angebot, das der Bürger möglichst unmittelbar erleben möchte und in das er auch Elemente der Mitwirkung und des persönlichen Engagements sollte einbringen können. Kultur müßte deshalb möglichst „vor Ort" gestaltet werden und stattfinden; der Bund und die Länder finden ihr Tätigkeitsfeld in überörtlichen Aufgaben und in herausragenden Einrichtungen und Projekten, die von einer einzelnen Kommune nicht getragen werden können.

Anders als die Kulturförderung von Bund und Ländern steht die kommunale Kulturarbeit in einer engen Wechselbeziehung zu allen anderen Lebensbedingungen in einer Kommune. Dies gilt besonders für die Kultur in den Städten und Großstädten. „Stadtkultur erschöpft sich nicht in der Tatsache, daß die Stadt Ort oberzentraler Einrichtungen und ästhetischer Erlebnisse ist. Stadtkultur ist eine konkrete Form des Lebens, und zwar aller Stadtbewohner" (HÄUSSERMANN/SIEBEL 1987: 209).

Kommunale Kulturarbeit prägt ganz wesentlich das Bild einer Stadt, und zwar sowohl für die eigenen Bewohner als auch im Blick von außen. Sie ist dem Bürger Identifikation und sollte ihm deshalb auch in hohem Maße die Chance der Mitwirkung lassen. Gerade darum darf kommunale Kulturarbeit nicht nur ein Angebot zum Konsum sein (wohl auch das!), sondern muß auch Basiskultur im Sinne einer Mitmach-Kultur ermöglichen.

Dies gilt in gleichem Maße auch für die Dörfer und Kleinstädte (HEINRICHS 1988 und FRAHM/MAGEL/SCHÜTTLER 1994), wo zwar kulturelle Traditionen besonders lebendig sind, wo aber auch die Gefahr besteht, daß eine eigenständige Kultur durch Modernisierungsprozesse, die durch Medien oder durch Arbeitspendler extrem schnell über ein Dorf hereinbrechen können, gleichsam über Nacht zerstört wird. Hier kommt den Kreisen und anderen Gemeindeverbänden eine besondere Aufgabe zu, indem sie eine vorhandene, eigenständige Kulturtradition sichern helfen und gleichzeitig behutsam an neuere Entwicklungen heranführen. Denn keinesfalls kann es das Ziel einer Kulturarbeit im ländlichen Raum sein, sich nur auf die Traditionspflege zu beschränken; wie jeder Großstadtbewohner hat auch der Dorfbewohner ein Recht darauf, an kulturellen Entwicklungen teilzunehmen. Aber anders als der Großstadtbewohner besitzt der Dorfbewohner eine oft über Jahrhunderte gewachsene kulturelle Identität, die nicht ohne Not zerstört werden sollte.

Der kommunale Kulturbetrieb kennt drei Praxisfelder (vgl. hierzu ausführlich HEINRICHS 1999), die unter rechtlichen, organisatorischen und finanztechnischen Gesichtspunkten zu unterscheiden und deshalb für das Kulturmanagement von besonderem Interesse sind.

Kulturelle Einrichtungen

Die Kommunen unterhalten eine Vielzahl kultureller Einrichtungen wie beispielsweise Theater, Museen, kommunale Galerien, Archive, Volkshochschulen, Bibliotheken, soziokulturelle Zentren, Musikschulen, Kunstschulen, Kulturzentren, Stadthallen, Kommunale Kinos, Künstlerhäuser, Kinder- und Jugendkulturzentren usw.

Diese Einrichtungen befinden sich meist in unmittelbarer Trägerschaft einer Gemeinde/Stadt oder eines Gemeindeverbandes/Kreises, bilden dann also sogenannte „Regiebetriebe" (vgl. Abschnitt 3.2.5). Nicht ungewöhnlich ist aber auch eine gemeinsame Trägerschaft mehrerer Gemeinden oder eine gemeinsame Trägerschaft von Gemeinde und Kreis. Stets ist mit der Trägerschaft einer Einrichtung die Bindung von Investitionsmitteln sowie ein Aufwand für die Unterhaltung und die Anstellung von Personal verbunden, also relativ starre finanzielle, organisatorische und personelle Strukturen. Diese Bindungen können durchaus auch inhaltliche Auswirkungen haben, wenn etwa Galerieleiter oder Theaterleiter ausschließlich eine bestimmte Kunstrichtung bevorzugen.

Auf der anderen Seite tragen solche Einrichtungen in ganz besonderem Maße dazu bei, daß Kultur einen „Ort" in der Stadt hat, wo sie für jeden Bürger jederzeit sichtbar wird. Über die Einrichtung weiß der Bürger sich kulturell aufgehoben und dürfte dann auch bereit sein, diese Kultur als etwas zu sehen, das ihn betrifft. Auch steht die Einrichtung für Kontinuität in der Kulturarbeit, da sie in ihrer Existenz weit weniger finanzpolitischen Launen ausgesetzt ist als ein Veranstaltungsangebot.

Kulturelle Veranstaltungen

Was im Falle der kulturellen Einrichtung als Vorteil gepriesen wurde, erweist sich für kulturelle Veranstaltungen fast vollständig als Nachteil. Veranstaltungen haben keinen „Ort", an dem man auch noch am Tag nach der Veranstaltung etwas vom kulturellen Erlebnis spürt. (In der Stadthalle, in der gestern noch ein Konzert stattfand, wird heute vielleicht schon eine Ärztetagung vorbereitet.) Es fehlt oft genug an der notwendigen Kontinuität, zumal wenn Phasen der Rezession den Veranstaltungsetat empfindlich beschneiden. Auch entsteht keine persönliche Bindung zwischen den gastierenden Künstlern und der Bevölkerung, während der Museumsleiter oder der Bibliotheksleiter eben auch außerhalb ihrer Arbeitszeit in der Stadt anzutreffen sind und allein dadurch auch ein Stück kultureller Gegenwart repräsentieren.

Andererseits darf nicht übersehen werden, daß sich mit kulturellen Veranstaltungen auch zahlreiche Vorteile ergeben. Ein singulärer Raumbedarf besteht nicht, vielmehr können fast alle Veranstaltungsräume auch multifunktional genutzt werden. Der Personalbedarf ist sehr gering, da keine Künstler oder kaum anderes Fachpersonal beschäftigt werden müssen, sondern meist nur wenige Veranstaltungsmanager. Auch besteht eine erheblich größere Flexibilität sowohl inhaltlicher als auch personeller und finanzieller Art. Eine Stadt, die ein eigenes Theater unterhält, ist sehr abhängig von der Qualität dessen, was die engagierten Künstler und Regisseure gerade bieten. Eine Stadt mit einem ausgebauten Gastspielbetrieb kann hier wesentlich flexibler tätig werden.

Es gibt folglich durchaus gute Gründe für ein reichhaltiges Veranstaltungsangebot, weshalb viele Städte und Gemeinden ihren Bürgern Theatergastspiele, Konzerte, Ausstellungen, Lesungen, Kleinkunst usw. bieten. Auf diese Weise ist es am ehesten möglich, eine kulturelle Vielfalt, die wünschenswert ist, aber von keiner Stadt in vollem Umfang durch eigene Einrichtungen gewährleistet werden kann, zu erreichen. Dabei spielt die Offenheit, die mit der Verpflichtung von gastierenden Künstlern immer auch verbunden ist, eine besondere Rolle.

Kulturelle Förderung

Das dritte Praxisfeld ist die kulturelle Förderung, bei der die Gemeinde nicht selbst tätig wird oder als Veranstalter Künstler verpflichtet, sondern nur – durch finanzielle Zuschüsse oder andere Unterstützung – das kulturelle Wirken Dritter ermöglicht.

Die kulturelle Förderung ist für die Kommune – wie für die öffentliche Hand überhaupt – das wichtigste Instrument, um künstlerischen und kulturellen Innova-

tionen den Weg zu ebnen. Dies gilt vor allem für die unmittelbare Künstlerförderung. Hierfür steht eine beachtliche Palette von Möglichkeiten zur Verfügung:
- Kunstpreise und Stipendien
- Kunstankäufe und Ausstellungsmöglichkeiten (vor allem für junge, noch unbekannte Künstler)
- Kunst am Bau
- Druckkostenzuschüsse (für junge Autoren)
- Stadtschreiber, writer in residence
- Konzerte für Nachwuchsmusiker, für Ensemble in ungewöhnlicher Besetzung und für zeitgenössische Musik
- Stadtfeste/Stadtteilfeste (wo Nachwuchsschauspieler, Kleinkünstler, Maler und Musiker sich einem Publikum vorstellen können)
- Probenräume für Jazz-, Rock- und Popgruppen

Der zweite Wirkungsbereich kultureller Förderung ist die Vereinsförderung, über die das Engagement von Bürgern initiiert und gewürdigt werden kann. Hier wird vor allem eine kulturelle Identifikation der Bürger mit ihrer Stadt gefördert. In den Genuß einer solchen Förderung kommen die Kultur- und Traditionsvereine (Gesang- und Musikvereine, Trachten- und Trachtentanzgruppen, Schützenbruderschaften, Fastnachtvereine usw.) sowie die Geschichts- und Heimatvereine. Gerade mit Blick auf kulturpolitische Ziele und die Förderung eines kulturellen Innovationspotentials sollten aber auch andere Vereine berücksichtigt werden wie beispielsweise:
- Kunstvereine (als Veranstalter von Wechselausstellungen)
- Kulturfördervereine und Kulturförderkreise (vor allem als Veranstalter von Konzerten, Kleinkunst, Kabarett usw.)
- Theatervereine und Volksbühnen (Besucherorganisationen für Theaterbesuche vor allem außerhalb der eigenen Gemeinde)
- Amateurtheater und Mundartbühnen (Sprachpflege, Laienspiel)
- Orchestervereine (Zusammenschluß musizierender Bürger zu Laienorchestern)
- Ausländerkulturvereine (zur Pflege des heimischen Kulturguts in der Fremde und als Verständigungsbrücken zwischen deutschen und ausländischen Bürgern)

Gegenüber kulturellen Institutionen bietet die kulturelle Förderung den (verführerischen) „Vorteil", daß eine finanzielle Bindung an einen festen Betrieb nicht besteht; hier ergeben sich also durchaus Parallelen zum Veranstaltungssektor, der ebenfalls relativ leicht den finanziellen Möglichkeiten angepaßt werden kann. Allerdings gilt hier noch weit mehr als im Veranstaltungsbereich die Warnung, daß eine Unterbrechung von Kontinuität zu verheerenden Folgen führen kann. Das Engagement Dritter zu fördern ist immer ein Akt des gegenseitigen Vertrauens. Die fördernde Kommune vertraut auf die ehrliche Absicht etwa eines Vereins, wie umgekehrt der Verein sich darauf verläßt, daß seine zumeist längerfristig angelegte Kulturarbeit auch auf Dauer von der Kommune unterstützt wird. Eine Unterbrechung dieser Kontinuität wird in aller Regel zu einem Ende der bürgerschaftlichen Mitwirkung führen, ohne die Möglichkeit, diese Mitwirkung kurzfristig wieder neu beleben zu können.

Kulturelle Förderung bedeutet aber auch Vertrauen in anderer Hinsicht. Mit der Förderung wird Dritten die Freiheit der künstlerischen und kulturellen Umsetzung zugestanden, d. h., die Kommune darf auf Inhalte keinen Einfluß nehmen. Der häufig augenzwinkernd erwähnte „goldene Zügel" ist nicht geeignet, die Freiheit von Kunst und Kultur im Sinne unseres Grundgesetzes umzusetzen. Dieser Verantwortung muß sich die Kommune – wie die öffentliche Hand überhaupt – gerade bei der Kunst- und Kulturförderung in besonderem Maße bewußt sein.

Die Vor- und Nachteile der drei kulturellen Praxisfelder einer Kommune können stichwortartig zusammengefaßt werden (siehe Tab. 6).

Tab. 6: Kulturelle Praxisfelder der Kommune

Praxisfeld	Vorteile	Nachteile
kulturelle Einrichtung	kultureller „Ort"; Bindung von Künstlern und Kulturvermittlern; große Gestaltungsmöglichkeiten; Wirtschafts- und Standortfaktor; fördert Kommunikation und Sozialisation	hoher Raumbedarf bei häufig singulärer Nutzung; hohe Personalkosten; bindet langfristig Finanz- und Investitionsmittel; unflexibel hinsichtlich Inhalten, Personen und Räumen
kulturelle Veranstaltung	Mehrzwecknutzung von Räumen möglich; geringe Personalkosten im Stellenplan; geringe Fixkosten; steuerbare variable Kosten und damit evtl. hoher Kostendeckungsgrad; hohe Flexibilität in der Programmgestaltung	kein kultureller „Ort"; keine ständige Identifikation über Personen; sehr abhängig von der aktuellen Finanzlage; wenig Kontinuität; abhängig vom Angebot auf dem Beschaffungsmarkt
kulturelle Förderung	Förderung des Engagements Dritter; Identifikation mit der eigenen Kommune; vielfältiges Kulturleben; innovativ und kreativ	kein Einfluß auf Inhalt und Qualität; vorwiegend langfristige Wirkungen; Förderung der „Vereinsmeierei"; unterstützt die Bildung politischer Lobbys

Will man die Nachteile reduzieren, so empfiehlt es sich, die drei Praxisfelder miteinander zu verknüpfen. Dies wird in der Tat häufig praktiziert, indem beispielsweise eine Bibliothek in ihren Räumen Lesungen veranstaltet oder eine Volkshochschule Ausstellungen anbietet. Dennoch bleiben gewisse Managementaufgaben zu unterscheiden, weshalb es gerade in einer Einführung zum Kulturmanagement sinnvoll ist, auf die unterschiedlichen Praxisfelder hinzuweisen. Kompetenz im Kulturmanagement bedeutet immer auch, die Alternativen einer flexiblen Unternehmenssteuerung zu kennen, um sie gegebenenfalls auch einsetzen zu können.

Trotz erster erfolgreicher Verknüpfungsversuche wird der Handlungsspielraum, den diese drei (nach organisatorischen, finanztechnischen und rechtlichen Gesichtspunkten unterschiedenen) Tätigkeitsfelder bieten, noch zu wenig genutzt. Um etwa ein Theaterangebot zu erstellen, kann die Kommune entweder ein eigenes Theater mit festem Ensemble betreiben (kulturelle Einrichtung) oder in einem spielfertigen Haus (mit Mittel- oder Vollbühne) Theatergastspiele durchführen (kulturelle Veranstaltung) oder aber auch einem am Ort ansässigen Privattheater durch eine entsprechende Förderung die Sicherstellung des Theaterangebots übertragen (kulturelle Förderung). Ähnlich gilt dies für viele andere Bereiche, wenn auch natürlich nicht für alle (z. B. nicht für Bibliotheken, Archive und einige Museen). Solchen Handlungsspielraum zu erkennen und zu nutzen wird gerade in der öffentlichen Kulturarbeit eine ganz wesentliche Managementaufgabe der nächsten Jahre sein.

2.2.2 Aktuelle Tendenzen und Herausforderungen im öffentlichen Kulturbetrieb

Wie der Kulturbetrieb überhaupt, so hat sich auch der öffentliche Kulturbetrieb permanent mit besonderen Herausforderungen auseinanderzusetzen. Dazu gehört beispielsweise immer die Aufgabe, der Kultur – in der Konkurrenz mit anderen politischen Zielen – die notwendigen Haushaltmittel und den verwaltungsinternen wie -externen Stellenwert zu sichern. So groß (und berechtigt) die Klagen über Mittelkürzungen auch sind, so ist dies doch keine Herausforderung, die man als besonders kennzeichnend und einmalig für die neunziger Jahre einstufen könnte. Vielmehr handelt es sich um eine permanente Sorge, die sich allein schon aus dem Charakter der Freiwilligkeit von kulturellen Aufgaben auf der einen Seite und der systembedingten Mittelknappheit auf der anderen Seite ergibt.

Doch statt des Dauerthemas fehlender Finanzen sind andere Themen von Gewicht und grundsätzlicher Bedeutung erkennbar, die tendenziell das Angebot des öffentlichen Kulturbetriebs nachhaltig verändern können und deshalb als Herausforderung angenommen werden sollten. Vier Stichworte stehen für diese sich heute abzeichnenden Tendenzen und Herausforderungen:

– Kulturpolitik in neuen Begründungskontexten;
– Tendenzen zur Privatisierung kultureller Veranstaltungen öffentlicher Träger;

– Kundenorientierung als Voraussetzung einer privaten Drittmittel-Finanzierung;
– konsequente Professionalisierung im Management des öffentlichen Kulturbetriebs.

Alle diese Tendenzen stehen in Zusammenhängen, die nur peripher kulturell-künstlerisch ausgerichtet sind. Deshalb ist mit jedem Thema die Frage zu verbinden, wie sich dies essentiell auf die Kultur auswirken wird; die Beschränkung auf formale Aspekte wäre eine inakzeptable Verkürzung.

Kulturpolitik in neuen Begründungskontexten

Die lebhaften Diskussionen der vergangenen Jahrzehnte über die politische Legitimation und die Ziele öffentlicher Kulturarbeit scheinen gegenwärtig an Stellenwert verloren zu haben. Dies zeigt sich einerseits in der Neigung zu bilanzierenden Rückblicken (z. B. FRANK 1990, Deutscher Städtetag 1992, RÖBKE 1993, KRAMER 1996 sowie SCHWENCKE 1997) wie auch andererseits im intensiven Interesse an den Möglichkeiten des praktischen Handelns, wie sie beispielsweise im Kulturmanagement zum Ausdruck kommen. Statt dessen ist eine große Bereitschaft erkennbar, verschiedene kulturpolitische Zielsetzungen, die zu unterschiedlichen Zeiten und unter anderen wirtschaftlichen und gesellschaftspolitischen Bedingungen entstanden sind, nebeneinander gelten zu lassen; auch für die Kulturpolitik ist „Pluralität – die postmodern radikal gewordene Pluralität – Axiom und Kriterium" (WELSCH 1989: 50). Dies kann man als „postmoderne Beliebigkeit" abtun, man kann darin aber auch den Vorteil sehen, daß sich sinnvolle und wünschenswerte Legitimationen und Zielsetzungen offensichtlich auch dann noch behaupten, wenn neue hinzugekommen sind. Die neunziger Jahre scheinen weniger durch radikale Schnitte als vielmehr durch ein organisches Wachsen von Legitimationen und Zielsetzungen bestimmt zu sein.

Zu den eher traditionellen bildungs- und gesellschaftspolitischen Begründungskontexten sind in den neunziger Jahren drei wichtige Aspekte hinzugekommen. Es sind dies der ökonomische Stellenwert, der Marketing-Aspekt sowie der Event-Charakter von Kultur.

Ökonomische Aspekte:

Ende der achtziger und Anfang der neunziger Jahre konnte in verschiedene Gutachten und Publikationen die volkswirtschaftliche Bedeutung von Kultur herausgearbeitet werden (vgl. Abschnitt 3.4). Kultur wurde zu einem Wirtschaftsfaktor, der beträchtliche Umsätze und eine nennenswerte Größenordnung von Arbeitsplätzen sichert. Dabei wurde nicht zuletzt auch die Erkenntnis mit besonderem Interesse aufgenommen, daß der öffentliche Kulturbetrieb eine maßgebliche Schubwirkung auf andere Bereiche des Kulturbetriebs ausübt. Beispielsweise würde der gesamte Musikalienmarkt (von der Produktion und vom Vertrieb von Musikinstrumenten bis zum Handel mit Musiknoten) größten Schaden nehmen, gäbe es nicht die Nachfrage, die über den Musikunterricht der allgemeinbildenden Schulen, über die kommunalen Musikschulen und die vielen öffentlich finanzierten Konzerte, Orchester und Chöre entsteht.

Allerdings finden diese wirtschaftspolitischen Gesichtspunkte in der praktischen Arbeit des öffentlichen Kulturbetriebs kaum einen Niederschlag. Der Bund, der noch am ehesten an diesen volkswirtschaftlichen Zusammenhängen ein Interesse hat, ist nur marginal am öffentlichen Kulturbetrieb beteiligt. Die Kommunen aber, die den Hauptanteil tragen, interessieren sich weniger für volkswirtschaftliche Aspekte in nationalen Zusammenhängen, da sie an deren Auswirkungen (Umsatzsteuer, Einkommensteuer) nur gering beteiligt sind. Lediglich die Länder finden an diesem Thema Interesse, wenn auch in höchst unterschiedlicher Intensität. Am intensivsten untersucht und am stärksten auch in die politische Praxis umgesetzt wurde das Thema in Nordrhein-Westfalen, wo das Ministerium für Wirtschaft, Technologie und Verkehr 1993 den Ersten Kulturwirtschaftsbericht, 1995 den Zweiten und 1998 den Dritten Kulturwirtschaftsbericht publizierte (Wirtschaftsministerium NRW 1993, Wirtschaftsministerium NRW 1995 und Wirtschaftsministerium NRW 1998).

Der öffentliche Kulturbetrieb wird sich aber nicht damit zufriedengeben können, immer nur rückblickend (mit Stolz) auf seine volkswirtschaftliche Bedeutung hinzuweisen. Vielmehr wird es erforderlich sein, diese Bedeutung noch viel stärker als bisher auch als Zielsetzung zu erkennen und umzusetzen. Dazu sind bisher – vor allem in Nordrhein-Westfalen – nur erste Ansätze zu erkennen.

Marketing-Aspekte:
Die neu erkannten Zusammenhänge von Kultur und Wirtschaft zeigen dagegen weit konkretere Auswirkung im Bereich des Marketings der öffentlichen Hand. Kultur, als gewichtiger Imagefaktor erkannt, wird sehr bewußt eingesetzt, um die Attraktivität eines Landes oder einer Stadt zu erhöhen. In den Kommunen ist „kulturelles Stadtmarketing" zu einem ganz wesentlichen Entwicklungsmotor geworden. Die Städte werben auf Plakaten und in großformatigen Anzeigen überregionaler Zeitungen mit ihren kulturellen Spitzenangeboten. Stuttgart beispielsweise hat den alten (heimeligen) Slogan „Stadt zwischen Wald und Reben" längst aufgegeben und stellt nun Staatsgalerie und das Ballett in den Mittelpunkt ihrer Werbung. Der ehemalige „Kohlenpott" präsentiert sich mit kulturellen Highlights als „Ein starkes Stück Deutschland", und selbst ein Flächenland wie Schleswig-Holstein wirbt für Industrieansiedlungen mit dem Slogan „Wo Luft für Kultur ist, hat jeder Tag etwas von Festival" und spielt damit natürlich auf das Schleswig-Holstein-Musik-Festival an.

Kaum eine Stadt kann es sich noch leisten, auf kulturelles Stadtmarketing zu verzichten (FUNKE 1994). Traditionelle Veranstaltungen und Einrichtungen gewinnen dabei ebenso neu an Stellenwert, wie neue Veranstaltungen, die gezielt mit Blick auf Image-Werbung geschaffen werden. Das kann ein namhaftes Ballett sein (Stuttgart, Wuppertal), eine Ansammlung interessanter Museen (Museumsufer Frankfurt am Main), internationale Kunstausstellungen (Kunsthalle Tübingen), renommierte Festspiele (Salzburg, Bayreuth, Schleswig-Holstein-Musik-Festival), aber auch international angesehene Preise (Georg-Büchner-Preis, Darmstadt) oder exklusive Veranstaltungen der Avantgarde (Donaueschinger Musiktage für zeitgenössische Musik). Dabei verlieren aber die überkommenen administrativen Strukturen (z. B. die Kulturämter der Städte) an Bedeutung; kulturelles Stadtmarketing wird zu einer Angelegenheit der Verkehrsämter und Pressereferate oder zur Hauptaufgabe neu gegründeter Marketing-Gesellschaften (vgl. auch Abschnitt 3.4).

Event-Kultur:

Wie im Zusammenhang mit der Entwicklung der Kulturpolitik in Deutschland noch einmal deutlich werden wird (vgl. Abschnitt 3.1), ist der Event-Charakter kultureller Angebote für die Vermarktung und Finanzierung von Kultur heute von erheblicher Bedeutung. Als Event bezeichnet man ein herausragendes Ereignis, das allein schon durch seine Einmaligkeit und Unvergleichbarkeit einen besonderen Stellenwert hat. In der „Erlebnisgesellschaft" (SCHULZE, Gerhard 1992) mit ihrer Gier nach immer wieder neuen und das Vorangegangene übersteigenden Erlebnissen bietet scheinbar nur noch das Event eine angemessene Befriedigung. Dabei steht mit Blick auf den in der Erlebnisgesellschaft allein zählenden emotionalen „Kick" der Charakter des Events im Vordergrund, nicht mehr sein Inhalt. Folglich sind aus der Sicht einer Event-Tauglichkeit ein Besuch im Freizeitpark, ein Segeltörn durch die Ägäis oder eine Aida-Aufführung in der Arena von Verona relativ gleichwertig. Damit erhält das kulturelle Angebot eine völlig neuartige Konkurrenz, weil nicht nur andere kulturelle Angebote, sondern auch nicht-kulturelle Events als Substitute eingesetzt werden können. Zweites Merkmal eines Events ist die Kombination von unterschiedlichen Event-Komponenten. Im Musical-Theater beispielsweise ist die Aufführung nur noch eine von mehreren Komponenten; sie steht (fast) gleichwertig neben dem Restaurant, der Sauna-Landschaft oder dem Shopping-Center. Folglich erzielt der Marktführer STELLA-Musical nur noch 40 % seiner Erlöse aus dem unmittelbaren Kartenverkauf; Haupteinnahmequelle sind dagegen die genannten Event-Komponenten. Für die Kulturanbieter der öffentlichen Hand bedeutet dies, daß ihre oft mehr als 100 Jahre alte Infrastruktur (z. B. in Theatern und Konzertsälen) auf diese neue Herausforderung überhaupt nicht eingestellt ist; ihnen stehen weder Räumlichkeiten für zusätzliche Event-Komponenten zur Verfügung, noch können sie auf die daraus erzielbaren Erlöse hoffen. Lediglich die großen Kulturzentren der siebziger Jahre und einige Museen mit Shops und Cafés schaffen es noch, sich der neuen Entwicklung halbwegs anzupassen.

Nun kann man der Event-Kultur durchaus kritisch gegenüberstehen; schließlich besteht hier am ehesten die Gefahr, daß das kontemplative und rezeptive Element der Kultur verlorengeht. Allerdings wird man sich dieser Entwicklung nicht ganz

entziehen können, denn es sind gerade die Events, die im viel diskutierten Kultursponsoring eine herausragende Rolle spielen. Fast nur noch das kulturelle Event
sichert die Aufmerksamkeit der Medien und ist damit für die Marketingziele eines
Sponsors von Interesse. Das Event ist in den von Werbung übersättigten Public
Relations von Industrie, Handel und Dienstleistung eines der letzten Medien, mit
deren Hilfe Beachtung erzeugt werden kann. Folglich veranstaltet die Wirtschaft
eigene kulturelle Events oder bedient sich der zahlreichen Event-Agenturen, die
diese neue Marketingstrategie schnell als interessante Chance entdeckt haben. Wenn
der öffentliche Kulturbetrieb hier nicht in die Verliererposition geraten will, wird er
mithalten oder intelligent und mit großen Anstrengungen gegensteuern müssen.
Aber lediglich zusehen (oder wegsehen) darf er nicht.

Alle drei genannten Aspekte können heute ihren Stellenwert beanspruchen. Daraus darf allerdings noch nicht geschlossen werden, das ältere Begründungskontexte
gänzlich obsolet geworden seien. Vielmehr stehen der ökonomische Stellenwert, die
genannten Marketing-Aspekte sowie der Event-Charakter von Kultur durchaus
gleichgewichtig neben der Förderung der Kunst sowie bildungs- und gesellschaftspolitischen Zielen. Es ist lediglich festzustellen, daß traditionelle Legitimationen von
Kulturpolitik und die sich daraus ableitenden Ziele immer wieder durch neue und
– wenn man so will – modische Sekundärziele vorübergehend überlagert werden.
Der öffentliche Kulturbetrieb darf nur nicht den Fehler machen, solche Veränderungen in den Begründungskontexten zu ignorieren, sondern muß sich diesen Herausforderungen immer wieder flexibel und kreativ stellen.

Im Kontext dieser Perspektive erweist sich die Offenheit für verschiedene Aspekte als sehr vorteilhaft. Eine Konzentration nur auf den neuesten und modischsten
Aspekt – in diesem Fall wohl die Event-Kultur – wäre für die Kultur kaum wünschenswert. Der öffentliche Kulturbetrieb wäre seines Lebenszentrums beraubt,
wenn man ihm die bildungspolitische und kunstfördernde Orientierung amputieren
würde. Insofern erweist sich die oft nur spöttisch verstandene „postmoderne Pluralität" als großes Glück für die Kultur.

Die Vielfalt in den Aspekten und Zielsetzungen öffentlicher Kulturarbeit zu erhalten, das muß deshalb auch ein Ziel des Kulturmanagements und der Kulturpolitik
des nächsten Jahrzehnts sein. Es kann nicht sein, daß die Kultur in ihrer Funktion
als Marketinginstrument die Oberhand gewinnt und – in Zeiten bescheidenerer
Haushaltsmittel – Bibliotheken und Volkshochschulen „zurückgefahren" werden,
damit die Image-trächtigen Highlights noch finanziert werden können. Vielmehr
sollte man das Verhältnis der verschiedenen Begründungskontexte von öffentlicher
Kultur eher im Bild einer Pyramide sehen (siehe Abb. 5).

Diese Angebotspyramide ist nicht nur als Dreieck, sondern durchaus räumlich zu
verstehen, um so auch bildlich noch einmal die Bedeutung einer Kulturarbeit zu
unterstreichen, die sich an breite Gesellschaftsschichten wendet. Dies muß die Basis
sein, auf der jede Form von öffentlicher Kultur – gleich unter welchen Aspekten –

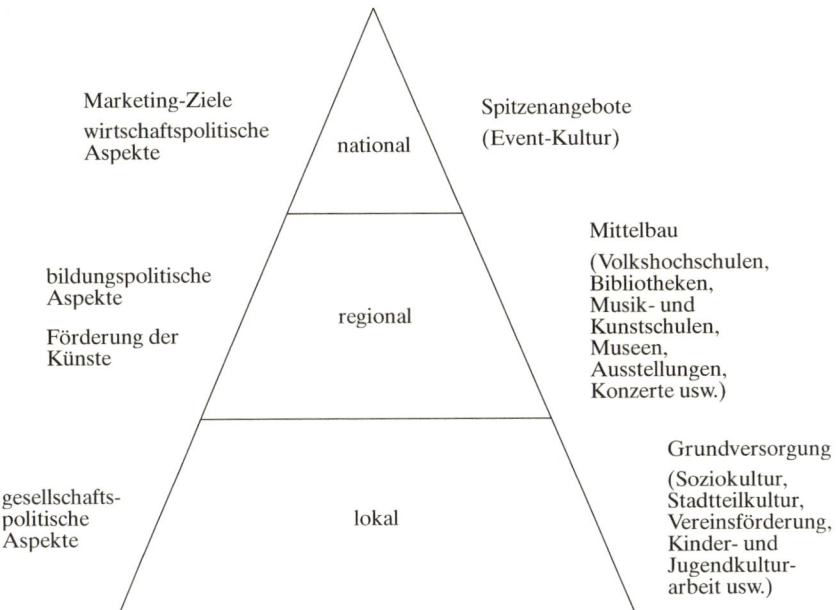

Abb. 5: Angebotspyramide.

aufbaut. Die wirtschaftspolitisch und unter Marketing-Gesichtspunkten ausgerichtete Kultur bzw. die kulturellen Events können immer nur die Spitze einer solchen Pyramide sein.

Doch was für die Basis gilt, gilt mit gleicher Bestimmtheit auch für die Spitze: eine Pyramide ohne Spitze ist nur ein Torso. Folglich gehört auch die Spitzenkultur zum Gesamtangebot und mit ihr Ziele der Imagepflege und der Standortqualität. Weniger die (möglicherweise sogar ideologisch geprägte) Bevorzugung oder Ausgrenzung einzelner Aspekte kann Thema eines künftigen Kulturmanagements sein, als vielmehr das richtige Verhältnis der verschiedenen Gesichtspunkte im Kontext einer kulturpolitischen Zielsetzung.

Das bedeutet aber keineswegs, daß eine Plazierung innerhalb der Pyramide nach starren Regeln erfolgen muß. Der soziokulturell angelegte „Unnaer Sommer" ist für die Stadt Unna ebenso ein Image-förderndes Highlight wie die Stadtbibliothek für die Stadt Gütersloh. Andererseits verfolgt eine Event-Kultur wie die „Freilichtspiele Schwäbisch Hall", an denen Vereine und Bürger aus der Stadt als Statisten mitwirken, durchaus auch gesellschaftspolitische Ziele. Eine gewisse Durchlässigkeit zwischen den drei Pyramiden-Ebenen ist also möglich und sinnvoll.

Neben der kulturpolitischen Zielsetzung und Differenzierung von Grundversorgung, Mittelbau und Spitzenangebot sagt die Pyramide auch etwas aus über die Wirkung und Reichweite eines Angebots. Die Grundversorgung mit ihrer unmittelbaren Verankerung in der örtlichen Gesellschaft ist lokal orientiert. Der Mittelbau mit Konzerten, Theateraufführungen oder Museumsangeboten geht häufig schon über den lokalen Raum hinaus; hier kann man von einer regionalen Reichweite sprechen. Das Spitzenangebot bzw. das Event dagegen soll die Kommune mit ihrem Kulturangebot weit über die Grenzen der Region hinaus bekannt machen und ist damit landesweit oder sogar national ausgerichtet. Damit eignet sich die Pyramide sowohl für eine grundsätzliche kulturpolitische Zuordnung der verschiedenen kulturellen Aktivitäten als auch für eine erste grobe Marketingstrategie.

Tendenzen zur Privatisierung kultureller Veranstaltungen öffentlicher Träger
Die Privatisierung öffentlicher kultureller Einrichtungen (z. B. Theater, Stadthallen, Musikschulen, Volkshochschulen) wird bereits seit Jahren diskutiert und wurde auch bereits in vielen Fällen praktiziert (vgl. hierzu Abschnitt 2.3.3). Dies ist keine Tendenz der neunziger Jahre.

Völlig neu dagegen ist die Entwicklung, daß auch kulturelle Veranstaltungen, wie sie traditionell von der öffentlichen Hand angeboten werden, einer zunehmenden Privatisierungstendenz unterliegen. Diese Entwicklung zeichnete sich Mitte der achtziger Jahre zuerst im Bereich der Konzertveranstaltungen ab. Bis dahin war es üblich, daß eine Kommune Konzerte in eigener Zuständigkeit veranstaltete und hierzu in hohem Maße auf Angebote der einschlägigen Agenturen zurückgriff. Die Agentur stellte ein Ensemble für eine Aufführung zur Verfügung und erhielt dafür ein festes Honorar. Das wirtschaftliche Risiko der Veranstaltung (Deckung der Ausgaben durch Eintritte) trug allein die veranstaltende Gemeinde.

Die neue Entwicklung geht nun dahin, daß eine Agentur den Konzertsaal der Stadt anmietet und die Veranstaltung auf eigenes Risiko selbst durchführt. Dabei handelt es sich allerdings nur selten um einzelne Konzerte, sondern fast immer um Veranstaltungsreihen, weil nur so das Risiko einer wirtschaftlich mißglückten Veranstaltung aufgefangen werden kann. Eine in Stuttgart ansässige große Konzertagentur beispielsweise managt heute eigenverantwortlich große Teile des ehemals städtischen Konzertangebots in Stuttgart, Freiburg im Breisgau und Ulm.

Seit wenigen Jahren scheint sich diese Entwicklung auf dem Ausstellungssektor zu wiederholen. Inzwischen gibt es zahlreiche private Ausstellungsmacher, die Kunstausstellungen zusammenstellen und Kommunen und Kunstvereinen zur Übernahme anbieten. Die Gemeinde erhält für einen relativ geringen Betrag eine hängefertige Ausstellung mit Katalog und Plakat; zusätzlich organisiert der Ausstellungsmacher die Vernissage, sorgt für die Pressearbeit usw. Der Aufwand der Kommune, vor allem der fachliche Aufwand, ist also denkbar gering; die Stadt hat nur noch die Qual der Wahl zwischen den verschiedenen Angeboten.

Da die Ausstellung im ganzen deutschsprachigen Raum – bei mehrsprachigen Katalogen sogar darüber hinaus – angeboten wird und somit etliche Male gezeigt wird, ist dies für den Ausstellungsmacher eine wirtschaftlich durchaus attraktive Angelegenheit. Angesichts der großen geographischen Streuung muß eine Stadt auch nicht die Sorge haben, daß die gleiche Ausstellung vier Wochen vorher bereits in der Nachbarstadt gezeigt wird (was sich ja auch vertraglich ausschließen läßt).

Ähnliche Erfahrungen kann man bei Theatergastspielen, in der Rock- und Pop-Musik, in Ansätzen in der Kleinkunst und vor allem im Bereich der Stadtfeste machen. Gerade auf den Sektor der Stadt- und Marktplatzfeste haben sich einige Firmen bereits spezialisiert, die vom Empfang für eine ausländische Delegation für hundert Personen bis zur mehrtägigen Großveranstaltung mit Zehntausenden Besuchern alles anbieten. Zum Angebot gehören möblierte Zelte mit Bewirtung ebenso wie Schausteller und Musikgruppen, alles „schlüsselfertig" gegen eine Pauschale.

Es ist leicht einzusehen, daß ein solches privatwirtschaftliches Veranstaltungsmanagement für jede Kommune von großem wirtschaftlichen Reiz ist. Sie spart vor allem Personalkosten, muß aber auch beispielsweise keine Büros für das Veranstaltungsmanagement bereithalten und entgeht auch dem wirtschaftlichen Risiko, das etwa mit dem Druck von Katalogen oder wetterabhängigen Veranstaltungen im Freien immer verbunden ist.

Allerdings muß man auch sehen, daß der Kommune damit ein Teil ihrer kulturellen Gestaltungsmöglichkeit genommen ist. Ein privater Konzert- oder Theaterveranstalter wird natürlich nur solche Aufführungen und Konzerte in sein Programm aufnehmen, die voraussichtlich große Zustimmung beim Publikum finden. Popularität wird deshalb möglicherweise zu einem wesentlichen Auswahlkriterium. Auch kann ein „gekauftes" Ausstellungsangebot nicht jene Wirkung erlangen wie beispielsweise eine Kunstausstellung, die aus der besonderen Tradition einer Stadt heraus erwächst oder in der sich die Fortsetzung eines bestimmten inhaltlichen Konzepts zeigt. Bedenken bestehen auch etwa hinsichtlich der fehlenden Mitwirkung von Vereinen und bürgerschaftlichen Gruppen bei Stadtfesten, die von einem privaten Fest-Manager organisiert werden. Gerade mit Blick auf kommunikative und soziale Aspekte, die man mit einem Stadtfest immer verbinden sollte, ist der Einkauf einer solchen Veranstaltung eher bedenklich: sie macht auch das soziokulturelle Mitmach-Fest zum passiven Konsum.

Bei allen Vorteilen, die sich in der Zusammenarbeit mit privaten Veranstaltungsanbietern ergeben, sollte man diese Einwände allerdings nie aus dem Auge verlieren. Wenn kommunale und öffentliche Kulturarbeit mehr sein soll als nur die Vorhaltung von konsumierbarer kultureller Unterhaltung, wenn gesellschaftspolitische und bildungspolitische Aspekte ernst genommen werden sollen, dann kann es nicht akzeptiert werden, daß ganze Aufgabenbereiche bedingungslos an private Veranstalter abgegeben werden. Andererseits steht dem die hohe Wirtschaftlichkeit aus der Sicht öffentlicher Haushalte – also letztlich Steuermitteln – gegenüber. Eine Kommune wird zwischen beiden Zielen sorgfältig abwägen müssen, d. h. das eine tun (die Zusammenarbeit mit privaten Anbietern), ohne das andere zu lassen (die

eigenen Veranstaltungen zur Umsetzung gesellschafts- und bildungspolitischer
Ziele).

Kundenorientierung als Voraussetzung einer privaten Drittmittel-Finanzierung
Mehr und mehr ist auch in öffentlichen Kulturbetrieben von Marketing die Rede.
Wenn darunter nicht nur Presse- und Öffentlichkeitsarbeit verstanden wird, der
Begriff also nicht nur verkürzt zum Einsatz kommt, dann muß dem ein Verständnis
von Marketing zugrunde liegen, wie man es seit Jahren im Nonprot-Management
kennt. Von Marketing spricht man demnach, wenn in einem gesteuerten Prozeß
„Bedürfnisse und Wünsche durch Austauschprozesse" (KOTLER/BLIEMEL 1992:
9) befriedigt werden. Bezogen auf den Kulturbereich besteht beispielsweise beim
Publikum das Bedürfnis nach einem Theatererlebnis, und dieses Bedürfnis befriedigt
das Theater durch ein entsprechendes Angebot. Es findet mithin ein Austausch statt:
das (noch unbefriedigte) Bedürfnis des Publikums wird ausgetauscht durch ein Theatererlebnis, während umgekehrt das Publikum dem Theater dafür einen Preis entrichtet und damit dessen Bedürfnis nach Einkommen zumindest teilweise befriedigt.
Wenn man das Verhältnis zwischen Kulturanbieter und Publikum aus der Sicht
der Bedürfnisbefriedigung sieht, muß das Angebot beispielsweise des Theaters von
den Bedürfnissen des Publikums her gesehen werden. So unmißverständlich dies für
jeden Wirtschaftsbetrieb ist – es macht wirtschaftlich keinen Sinn, Produkte herzustellen, die niemand haben will –, so delikat ist das Thema im öffentlichen Kulturbetrieb. Jede Orientierung eines Angebots an den Wünschen und Bedürfnissen des
Publikums wird hier als Abschied von der Autonomie der Kunst, als Vermassung von
Kultur oder einfach als Quotendenken nach dem Muster der privaten Rundfunkanstalten gesehen. Als ob allein schon die Ausrichtung eines Produkts auf die Bedürfnisse der Kunden zu einem schlechten Produkt führen würde; logischerweise müßten
dann alle Produkte, die von der Privatwirtschaft hergestellt werden, schlecht sein,
was ja ganz offensichtlich nicht der Fall ist.
Doch trotz aller Widerstände, die sich aus den verschiedensten Kreisen des Kulturbetriebs gegen eine Kundenorientierung zeigen, wird man auf Dauer nicht um-
hinkönnen, sich mit diesem Thema intensiver zu beschäftigen. Dafür sprechen zwei
Gründe: erstens muß jeder einzelne Kulturbetrieb stärker um sein Publikum werben,
denn man hat es heute mit einer Vielzahl neuartiger Konkurrenten zu tun. Dazu
zählen nicht nur die unmittelbaren Konkurrenten gleicher Sparte, sondern auch
kunstferne Konkurrenten, die – wie eben gezeigt wurde – in einer Erlebnisgesellschaft als Substitute mit gleicher Erlebnisqualität bewertet werden. Will ein Kulturbetrieb in dieser neuen und deutlich verschärften Konkurrentensituation überleben,
wird er sich stärker als bisher auf die Wünsche und Erwartungen seines Publikums
einstellen müssen. Zweitens führt die verstärkte Akquisition von privaten Drittmitteln (z. B. im Fundraising und Sponsoring) dazu, daß das Publikum gegenüber der
Kultureinrichtung nicht mehr nur als Besucher bzw. Zuschauer auftritt, sondern auch

als Mitfinanzierer. Wer aber bei seinem Publikum um Spenden und Sponsoring oder auch nur um höhere Eintrittsgelder und Käufe im Museumsshop oder Theatershop wirbt, wird sich über die Bedürfnisse seines Publikums nicht mehr ohne weiteres hinwegsetzen können.

Folglich ist eine stärkere Orientierung des öffentlichen Kulturbetriebs auf das Publikum und damit auf die Kunden dringend erforderlich. Das wird nicht in der Weise erfolgen, daß jedes Theater und jedes Museum nun allen Wünschen des Publikums zustimmungsheischend hinterherläuft. Aber es ist dringend erforderlich, künftig die Bedürfnisse und Wünsche des Publikums ernster zu nehmen und dem sehr komplizierten Prozeß von der Bedürfnisweckung über die Bedürfnissteuerung bis zur Bedürfnisbefriedigung, wie er in jedem Wirtschaftsbetrieb selbstverständlich ist, mehr Aufmerksamkeit zu widmen. Hier die richtige Balance zwischen der Autonomie der Kunst und den Ansprüchen der Künstler und Kulturvermittler auf der einen Seite sowie den Bedürfnissen und Wünschen des Publikums auf der anderen Seite zu finden, wird in den nächsten Jahren zweifellos eine der größten Herausforderungen an den öffentlichen Kulturbetrieb sein.

Professionalisierung im Management des öffentlichen Kulturbetriebs
Es zeigt sich, daß es immer schwieriger werden wird, öffentliche Kulturarbeit ohne ein professionelles Management anzubieten. Angesichts des doch nicht unerheblichen finanziellen Umfangs und Tausender von Mitarbeitern ist es geradezu unglaublich, daß es für diese, sicherlich nicht ganz einfache Aufgabe, keine spezifische Berufsqualifizierung gibt. Außerhalb der fachspezifischen Ausbildung etwa für Kunsthistoriker in Museen oder Bibliothekaren in Bibliotheken oder Theaterwissenschaftlern in Theatern kennen wir in Deutschland erst seit etwa zehn Jahren eine eigenständige Ausbildung für eine Tätigkeit im Kulturmanagement.

Trotz erster Erfolge in der Professionalisierung des Kulturmanagements sind hier doch weitere Anstrengungen gerade auch im öffentlichen Bereich dringend erforderlich. Dafür sprechen nicht zuletzt zwei Argumente:
- Der Bereich der öffentlichen Kultur ist nicht Hoheitsverwaltung, sondern weitgehend ein privatrechtliches und sogar privatwirtschaftliches Handeln des Staates. Folglich reicht eine Verwaltungsausbildung für eine solche Tätigkeit immer weniger aus; erforderlich sind auch Kenntnisse betriebswirtschaftlicher Art.
- Kaum ein anderer Aufgabenbereich der öffentlichen Verwaltung ist so sehr auf Außenkontakte angewiesen, sei es zu Künstlern und anderen Kulturanbietern, sei es zu politischen Gremien, Verbänden, Medien und gesellschaftlichen Gruppen. Eine vielseitige, die Verwaltungsausbildung deutlich übersteigende Qualifikation, etwa kulturwissenschaftlicher Art, scheint hier unverzichtbar zu sein.

Kulturmanagement steht auch im öffentlichen Bereich immer stärker unter der Herausforderung der Wirtschaftlichkeit. Damit dies nicht Einschränkungen im Angebot zur Folge hat, müssen die Planungstechniken verfeinert, die Ablauforganisa-

tion verbessert, die Zielgruppen genauer angesprochen und ein Controlling eingeführt werden. Ohne selbst schon zu einem auf Rentabilität ausgerichteten Wirtschaftsunternehmen zu werden, kann sich das Kulturmanagement auch in der öffentlichen Verwaltung jener Methoden und Techniken bedienen, die die Betriebswirtschaftslehre für ähnlich strukturierte Aufgaben entwickelt hat.

Nur so kann es zu einem wirtschaftlicheren Einsatz der Finanzmittel kommen –
einer Wirtschaftlichkeit, die man auch nachweisen kann – und erreicht damit wahrscheinlich, daß weit mehr Kultur ermöglicht werden kann, als dies angesichts geringer Haushaltsmittel scheinbar zu erwarten ist.

Dazu ist es allerdings erforderlich, daß die öffentlichen Verwaltungen nicht nur
Mitarbeiter einstellen, die die erforderliche Mehrfachqualifikation besitzen – Hochschulen in Ludwigsburg, Hamburg, Berlin, Potsdam, Hagen, und Wien bieten eine
entsprechende Ausbildung an –, sondern daß die Verwaltungen auch Strukturen
schaffen, die ein solches Arbeiten möglich machen. Dazu gehören beispielsweise
– eine größere Flexibilität hinsichtlich der Bewirtschaftung von Haushaltsmitteln
  (etwa über das Ende des Haushaltsjahrs hinaus),
– eine Rechnungslegung, die auch ein differenziertes Controlling möglich macht,
– eine Trennung von Politikfeldern und Managementaufgaben sowie
– eine Verlagerung der Entscheidungskompetenzen auf die Ebene, die dazu die
  fachliche Kompetenz hat und die Bereitschaft mitbringt für eine Entscheidung die
  Verantwortung zu übernehmen.

Die Diskussion dieser Herausforderungen hat auch in der öffentlichen Verwaltung begonnen, zumal sich im Fremdenverkehrsbereich, in der Stadtwerbung oder
auch in den verschiedenen sogenannten kostenrechnenden Einrichtungen (Stadtbä-
der, Zoos, Sportstadien usw.) ähnliche Bedürfnisse zeigen. Vielleicht darf man mit
ein wenig Optimismus erwarten, daß sich hier im Laufe der nächsten Jahre weitere
positive Veränderungen ergeben werden.

2.3 Der privatrechtlich-gemeinnützige Kulturbetrieb

Dem öffentlichen Kulturbetrieb am ehesten vergleichbar ist der privatrechtlich-
gemeinnützige Kulturbetrieb. Hier wie dort besteht nicht das Ziel, durch den Kulturbetrieb Gewinne zu erwirtschaften. Ein wesentlicher Unterschied ist allerdings
insofern gegeben, als der privatrechtlich-gemeinnützige Kulturbetrieb dem Grundsatz nach nicht die Umsetzung kulturpolitischer Ziele verfolgt, sondern die Realisierung von Zielen, die der Rechtsträger vorgibt.

Der privatrechtlich-gemeinnützige Kulturbetrieb kann in verschiedenen Rechts-
formen auftreten. Voraussetzung ist eine privatrechtliche Form[6] (also keine öffentlich-rechtlichen Körperschaften, Stiftungen und Anstalten), der eine Gemeinnützigkeit im Sinne des Steuerrechts zuerkannt werden kann. Deutlich bevorzugte Rechts-

formen sind der eingetragene Verein und die privatrechtliche Stiftung (zu rechtlichen Aspekten von Verein und Stiftung vgl. Abschnitt 3.2.5).

2.3.1 Kulturvereine

Die privatrechtlich-gemeinnützige Rechtsform eignet sich vorzüglich für den Kulturbetrieb, weshalb sowohl private Initiatoren als auch die öffentliche Hand von ihr regen Gebrauch machen. Private Initiatoren sind überall dort anzutreffen, wo engagierte Bürger sich zu Musik-, Gesang-, Kunstvereinen usw. zusammenschließen oder wo ein großherziger Stifter einen Teil seines Vermögens einer Stiftung zuführt.

Traditionell stehen die Kultur- und Traditionsvereine im Mittelpunkt des nichtkommunalen Kulturangebots einer Stadt. Dazu zählen Musik- und Gesangvereine, Trachtenvereine und Schützenbruderschaften, Fastnachts- bzw. Karnevalsvereine, aber auch Kunstvereine, Kulturfördervereine oder Ausländerkulturvereine. Wie bereits im Zusammenhang mit der kommunalen Kulturförderung erwähnt, vereinen sie bürgerschaftliches Engagement mit einem hohen Grad an Identifizierung mit der Stadt sowie einer in der Regel großen Bereitschaft, sich flexibel in die kulturellen Bedürfnisse der Stadt einzubringen. Für diese Gruppen bieten privatrechtlich-gemeinnützige Strukturen die idealen Rahmenbedingungen.

Die Quantität solcher Kulturvereine sollte man keineswegs unterschätzen; auch wenn sie vorübergehend ein wenig aus der Mode waren, haben sie heute doch wieder ein erhebliches Gewicht. Dies belegen beispielsweise die Mitgliedszahlen allein im Bereich der Musik- und Gesangvereine. Ende der neunziger Jahre zählte man etwa 2,2 Mio. aktive Sänger und Musiker im Bereich des Laienmusizierens sowie etwa 2,6 Mio. passive Förderer, d. h., etwa 4,8 Mio. Menschen oder 6 % der Gesamtbevölkerung in Deutschland engagieren sich im Bereich des Laienmusizierens. Dazu eine Vergleichszahl: der weitaus populärere Deutsche Fußballbund zählt etwa 5,3 Mio. aktive und passive Mitglieder und liegt damit gar nicht so weit über der Zahl der Mitglieder im Laienmusikbereich.

Innerhalb des Bereichs der Laienmusik ist der Deutsche Sängerbund mit etwa 1,8 Mio. aktiven und passiven Mitgliedern der größte Verband. Am 27.10.98 teilte der Deutsche Sängerbund auf seiner Jahrespressekonferenz mit, daß sich die Chormusik in jüngster Zeit wieder sehr positiv entwickle. Allein im Jahr 1997 stieg die Zahl der Kinder- und Jugendchöre um 2 % auf nunmehr 2627. Von den aktiven Sängerinnen und Sängern im Deutschen Sängerbund sind heute wieder mehr als 15 % jünger als 27 Jahre. Ähnlich positiv verläuft auch die Entwicklung in der Chormusik allgemein; die Arbeitsgemeinschaft Deutscher Chorverbände (ADC) verzeichnet eine Steigerung bei den Mitgliedszahlen von 1965 bis 1997 um 17 %. In der ADC sind sogar 40 % aller singenden Mitglieder jünger als 27 Jahre. Lediglich der Anteil der Männer, also des ehemaligen Kerns aller Chöre, ist insgesamt rückläufig;

hier nahm die Zahl der Mitglieder zwischen 1965 und 1997 um ein Viertel ab. Heute sind nur noch 43 % aller Aktiven im ADC Männer.

Neben der beachtlichen Quantität und der insgesamt doch erstaunlichen Tatsache, daß die Mitgliederzahlen wieder steigen, ist noch die soziale Zusammensetzung der Chöre bemerkenswert. Hier hat sich in den letzten 100 Jahren ein erstaunlicher Wandel vollzogen. Während die Vereine des 19. Jahrhunderts Sozialisationsformen und Kommunikationsforen des wohlhabenden Bürgertums waren, sind die Musik- und Gesangvereine in unserem Jahrhundert vorwiegend Treffpunkte der sogenannten „kleinen Leute". Arbeiter und Arbeiterinnen, Angestellte in abhängigen Arbeitsverhältnissen, Handwerker aus kleinen Handwerksbetrieben sowie Hausfrauen stellen heute den bei weitem größten Teil der Mitglieder in den Laienchören und Volksmusikvereinen. Lediglich in den sogenannten Liebhaberorchestern hat man es mit einer anderen sozialen Mitgliedschaft zu tun. Hier zeigt sich denn auch die völlig neue Verortung der Laienmusik im Musikbetrieb und die Bedeutung, die die Laienmusik gerade auch für eine gesellschaftspolitisch ausgerichtete Kulturpolitik hat. Folglich macht es sehr viel Sinn, der Vereinsförderung als einem wesentlichen Instrument der öffentlichen Kulturförderung einen besonderen Stellenwert zuzuordnen.

2.3.2 Freie Kulturinitiativen

Von besonderem Interesse sind gemeinnützige Vereine auch für sogenannte „freie Kulturinitiativen". Darunter werden Gruppen zusammengefaßt, die sich in einem soziokulturellen Umfeld kulturell engagieren. Die Palette reicht vom Freien Theater über die Künstlerkneipe mit Kleinkunstbühne bis hin zu kleineren soziokulturellen Zentren mit vielseitigen Veranstaltungsangeboten. Die freien Kulturinitiativen setzen auf Alternativen zum etablierten (und bürgerlichen) Kulturangebot der öffentlichen Hand und sind deshalb häufig das „Salz in der Suppe", auf das eine Stadt nicht verzichten sollte. Ihr Management zeichnet sich durch einen hohen Grad an Selbstverwaltung, Offenheit und Flexibilität aus, wie es beispielsweise einem in die Hoheitsverwaltung einer Stadt eingebundenen Kulturamt kaum zur Verfügung steht.

BAER/FUCHS (1992: 153) weisen deshalb zu Recht darauf hin, daß gerade für freie Kulturinitiativen aus dem soziokulturellen Umfeld „die juristische Form nicht nur pragmatischer Nebenaspekt ist, sondern wesentlich in die Ziele und Inhalte der Praxis eingreift". Die juristische Form des gemeinnützigen Vereins bietet neben der rechtlichen Basis, wie sie beispielsweise für Vertrags- und Haftungsfragen unumgänglich ist, auch ein Gerüst für ein zwar offenes, aber doch effizientes Management. Denn auch hier werden Kenntnisse darüber gebraucht, „wie die äußerst heterogen zusammengesetzten Arbeitsteams organisiert werden können, wie die im Team vorhandenen endogenen Fähigkeiten bei der Entwicklung der Gesamtkonzepte genutzt werden können, wie die weithin praktizierten Methoden des ‚trial and error‘ und des ‚learning by doing‘ durch Verfahren ersetzt werden können, die weniger Verschleiß an Zeit, Geld und Nerven mit sich bringen" (ebd. 165). Der gemeinnützige Verein bietet deshalb für freie Kulturinitiativen der Soziokultur beides: eine ideale Rechtsform und eine angemessene Managementbasis.

2.3.3 Formale Privatisierungen

Während der Gründung von Musik- und Gesangvereinen oder von freien Kulturinitiativen ideelle Motive zugrunde liegen, ist die Ausgangssituation eine andere, wenn beispielsweise eine Stadt ihre Musikschule oder ihre Volkshochschule als eingetragenen Verein führt oder wenn ein Museum als Stiftung errichtet wird. Da in diesen Fällen die kulturellen Einrichtungen weiterhin aus öffentlichen Mitteln finanziert werden, spricht man von einer formellen Privatisierung (im Gegensatz zur materiellen Privatisierung bei ausschließlicher Finanzierung über privates Risikokapital). Solche (kommunalen) Vereine und Stiftungen sind dies also nur der Rechtsform nach, nicht aber aufgrund des Engagements und Idealismus von Bürgern (HEINRICHS 1995). Einige Beispiele machen deutlich, welche Motive zur Gründung solcher Vereine und Stiftungen führen:
– Mehrere Gemeinden bilden zusammen eine Volkshochschule; um nicht eine Kommune als Träger zu bevorzugen, wählt man eine neue rechtliche Plattform, den gemeinnützigen Verein, dem dann die partizipierenden Gemeinden als Mitglieder angehören.
– Ein Sammler stellt der Stadt Exponate für Museumszwecke zur Verfügung; damit die Sammlung nicht formal in das Eigentum der Stadt übergeht, gründet die Stadt eine gemeinnützige Stiftung, die dann das Museum oder die Sammlung – zugunsten der Stadt – betreibt.
– Eine städtische Musikschule verfügt über eine Reihe spendenfreudiger Schüler und Eltern; um nicht den Eindruck zu erwecken, die Spenden würden im kommunalen Gesamtetat verschwinden und um die Spendenfreudigkeit weiter zu erhalten, gründet die Stadt einen Förderverein für die Musikschule, der über die Verwendung der Spenden (zugunsten der Musikschule) befindet.
Nur in den seltensten Fällen sind Management-Überlegungen die auschlaggebenden Motive für eine solche Vereins- oder Stiftungsgründung im öffentlichen Bereich, im Vordergrund stehen in der Regel politische oder auch emotionale Gründe. Dies überrascht insofern, als sich durch die Herauslösung kultureller Aufgaben aus dem Organisationsgefüge der öffentlichen Hand wirkliche Managementvorteile ergeben können. Erwähnt wurden bereits die Vorzüge hinsichtlich der Bildung von Rücklagen, der Wiederverwendung von Einnahmen und der Anpassung des Rechnungsjahres an das Veranstaltungsjahr. Hinzu kommt eine größere Flexibilität in der Mittel-

bewirtschaftung (beispielsweise ohne die starren Regelungen, die für die Haushalts-
zuordnung und -abwicklung gelten) sowie eine deutliche Verlagerung von Entscheidungen auf die Ebene der handelnden Personen.

Allerdings darf nicht verschwiegen werden, daß sich für (formell privatisierte)
Vereine durchaus auch Nachteile ergeben. So bildet der Vereinshaushalt eine in sich
geschlossene Einheit, in der zusätzliche Verluste häufig nur durch einen weiteren
Zuschuß des Trägers ausgeglichen werden können. Dies aber ist politisch oft weitaus
schwieriger zu bewerkstelligen, als wenn es sich nur um den Ausgleich eines Unter-
abschnitts in einem größeren Gesamtetat handelt, weil der Vereinszuschuß als Frei-
willigkeitsleistung der Gemeinde gesondert beraten und vom Gemeinderat beschlos-
sen werden muß.

Die wirklichen Vorteile solcher privatrechtlich-gemeinnützigen Kulturbetriebe
(mit öffentlicher Finanzierungsgarantie) zeigen sich deshalb nur, wenn die öffentlichen Träger bereit sind, eine gewisse Zuschußsumme in Koppelung an bestimmte
Ausgaben auf längere Zeit zu garantieren. Dies kann beispielsweise in der Weise
erfolgen, daß einer Vereins-Volkshochschule die Zusage gemacht wird, alle Personalkosten des fest angestellten Personals durch Zuschüsse der Trägergemeinden ab-
zudecken, während der laufende Veranstaltungs- und Kursbetrieb durch eigene Einnahmen der Volkshochschule zu finanzieren ist. Dies wäre dann eine Lösung im
Sinne eines modernen Kulturmanagements, weil sie gesicherte Rahmenbedingungen
schafft, innerhalb der die Volkshochschule eigenverantwortlich arbeiten kann und
gleichzeitig für die Trägerkommunen den Zuschußbedarf doch auf Dauer überschaubar macht.

2.4 Der privatrechtlich-kommerzielle Kulturbetrieb

Zwischen dem öffentlich-rechtlichen, dem privatrechtlich-gemeinnützigen und
dem privatrechtlich-kommerziellen[7] Kulturbetrieb gibt es zahlreiche Gemeinsamkeiten. Alle drei müssen gleichermaßen auf eine effiziente Organisation Wert legen
und einen wirtschaftlichen rationellen Umgang mit knappen Ressourcen anstreben.
Dagegen unterscheidet sich der privatrechtlich-kommerzielle Kulturbetrieb von den
beiden anderen Betriebsformen ganz maßgeblich durch das Kriterium der Gewinn-
orientierung. Der privatrechtlich-kommerzielle Kulturbetrieb kann seine Kosten
nicht aus Steuermitteln und anderen öffentlichen Zuwendungen decken, wie dies im
öffentlichen Kulturbetrieb regelmäßig der Fall ist. Er kann sich auch nicht mit einer
bloßen Deckung der Ausgaben zufriedengeben, wie dies der privatrechtlich-gemeinnützige Kulturbetrieb tut, weil er Rücklagen bilden muß für Investitionen oder re-
zessive Phasen und weil nur der Gewinn auf Dauer die Einkommen der Mitarbeiter
sichert.

Setzt man den Gewinn in Relation zum eingesetzten Kapital oder zum erzielten

Umsatz, so ergibt sich eine Quote, die man als Rentabilität bezeichnet. Die Höhe dieser Rentabilität ist ein wesentliches Erfolgskriterium für jeden privatwirtschaftlichen Betrieb. Ein Unternehmen, das keine Rentabilität erreicht, ist nicht existenzfähig, und dies gilt für den privatwirtschaftlichen Kulturbetrieb in gleicher Weise wie für jeden anderen kommerziellen Wirtschaftsbetrieb. Diese Bedingung hat aber zur Folge, daß privatrechtlich-kommerzielle Betriebe nur dort in der Kulturwirtschaft tätig werden, wo diese Rentabilität mit einiger Gewißheit erwartet werden darf.

Der privatrechtlich-kommerzielle Kulturbetrieb kennt einen Kernbereich, der überwiegend von künstlerischen Sparten gekennzeichnet ist und einen darüber hinausgehenden Bereich, der häufig nur indirekt mit diesem Kernbereich zu tun hat. Demnach sind zum privatrechtlich-kommerziellen Kulturbetrieb folgende Branchen zu rechnen:

1. kommerzielle Kulturwirtschaft im engeren Sinne:
– freiberufliche Künstler und Publizisten (vgl. Abschnitt 2.1.2)
– Theater- und Konzertagenturen sowie freiberufliche Veranstaltungsmanager (z. B. Ausstellungsmacher)
– Musikwirtschaft (Herstellung von und Handel mit Instrumenten und Tonträgern, Musikverlage, Klangkörper usw.)
– Buchmarkt (Verlage, Buchhandel, Übersetzungsbüros usw.)
– Kunstmarkt (Kunstverlage, Kunsthandel, Auktionshäuser, Ausstellungswesen, Design, Kunsthandwerk usw.)
– Filmwirtschaft (Produktion/Verleih/Vertrieb, Filmtheater)
– Darstellende und Unterhaltungskunst (Privattheater, Musical-Theater, Varietés usw.)
– Hörfunk- und Fernsehanstalten (nur privatrechtliche Betriebe)

2. kommerzielle Kulturwirtschaft im weiteren Sinne:
– Architektur- und Designbüros
– Antiquitäten/Kunsthandwerk (z. B. Gold- und Silberschmiede)
– Fotomarkt und filmtechnische Betriebe (Herstellung, Handel, Service, Kopieranstalten usw.)
– Pressemarkt (Verlage und Handel, Zeitungsdruckereien, Nachrichtenbüros, sonstige Verlage)
– Werbegestaltung/Medienwerbung
– Buchdruckereien
– Rundfunkgeräte- und Phono-Markt (Herstellung und Handel)
– Sonstiges (z. B. Schausteller, Freizeitparks)

Es zeigt sich, daß der privatrechtlich-kommerzielle Kulturbetrieb außerordentlich vielseitig ist und dabei einen Kulturbegriff zugrunde legt, der relativ weit gefaßt

Tab. 7: Steuerpflichtige Unternehmen in der Kultur- und Medienwirtschaft in Deutschland
1992 (zitiert nach Zweiter Kulturwirtschaftsbericht NRW, S. 26)

	Unternehmen	Umsätze in Mio. DM
A) Selbständige Künstler und Journalisten (1–4)	26 758	4 132
1. Musik (Komponisten, Bearbeiter, Lehrer)	3 027	529
2. Literatur/Buch (Autoren, Schriftsteller, Journalisten)	9 879	1 335
3. Kunst (Bildende Künstler, Restauratoren)	9 461	1 598
4. Film/Darstellende Kunst (Bühnen-, Filmkünstler, Artisten)	4 391	670
B) Kulturwirtschaft im engeren Sinne (5–9)	28 807	47 491
5. Musik (Herstellung, Handel mit Instrumenten u. Tonträgern, Musikverlage etc.)	7 657	8 403
6. Literatur/Buch (Verlage, Buchhandel, ohne Pressemarkt)	8 770	27 419
7. Kunst (Kunstverlage, Kunsthandel, Ausstellungswesen; ohne Antiquitäten)	3 448	1 966
8. Film-/TV-Wirtschaft	8 441	9 300
9. Darstellende Kunst/Unterhaltungskunst (Privattheater, Varietés)	491	403
C) Selbständige Kulturberufe im weiteren Sinne (10–12)	46 701	18 208
10. Übersetzer-Büros/Dolmetscher	3 769	597
11. Architekten-Büros	35 812	15 329
12. Design-Ateliers	7 120	2 282
D) Kultur- u. Medienwirtschaft im weiteren Sinne (13–18)	32 203	104 439
13. Musik-/TV-Unterhaltungselektronik	14 825	45 573
14. Rundfunk/TV-Unternehmen	247	5 560
15. Film/Videothek	1 934	1 760
16. Kunst (Antiquitätenhandel)	4 881	1 795
17. Literatur/Buch (Buchbinderei)	1 195	1 143
18. Pressemarkt	9 121	48 608
E) Ergänzende Branchen (19–23)	59 642	86 314
19. Musik (Tanz- und Vergnügungslokale)	5 138	2 066
20. Buch/Presse (Druckerei, Handelsvermittlung)	14 353	39 755
21. Kunsthandwerk	11 298	5 746
22. Film/Foto (Herstellung, Handel mit Film-/Fotogeräten u. -produkten)	11 898	19 366
23. Werbung (Gestaltung, Medienwerbung)	16 955	19 381
Kultur und Medienwirtschaft insgesamt (A–E)	194 111	260 584

ist, nämlich beispielsweise von den freiberuflichen Künstlern über den Handel mit Musikalien bis zur Herstellung von Fernsehgeräten. Den Kulturbetrieb so weit zu fassen ist sinnvoll, wenn man auf volkswirtschaftliche Zusammenhänge eingehen will, weil nur dann Multiplikatoreneffekte und ökonomische Verflechtungen im Kultursektor sichtbar werden können. Vor allem solche Zusammenhänge sind Gegenstand der in der Einleitung zum Abschnitt 3.4 aufgeführten Gutachten und Publikationen.

Zur Größenordnung des privatrechtlich-kommerziellen Kulturbetriebs erarbeitet die Arbeitsgemeinschaft Kulturwirtschaft beim Statistischen Bundesamt auf der Grundlage der Umsatzsteuerstatistik regelmäßig Tabellen. Darin enthalten sind ausschließlich Daten, die sich auf umsatzsteuerpflichtige Unternehmen beziehen, d. h. auf Betriebe, die mindestens 25 000 DM Umsatz pro Jahr erzielen und erwerbswirtschaftlich ausgerichtet sind. Für 1992 ergaben sich im gesamten Bundesgebiet (einschließlich des kulturnahen Medienbereichs) die in Tab. 7 genannten Zahlen.

Die Übersicht zeigt, daß allein der privatwirtschaftliche Kultur- und Medienbereich (ohne den öffentlichen Bereich) mit 260 Mrd. DM Jahresumsatz von ganz erheblicher volkswirtschaftlicher Bedeutung ist. Dieser Umsatz entspricht etwa dem der Energie- und Wasserversorgung, obwohl deren volkswirtschaftliche Bedeutung im allgemeinen wesentlich höher eingeschätzt wird als die der Kultur- und Medienwirtschaft.

Interessant wäre in diesem Zusammenhang noch eine Relation zum öffentlichen Kulturbetrieb. Da die Kulturausgaben der öffentlichen Hand aber nicht der Umsatzsteuer unterliegen und deshalb auch nicht in der Umsatzsteuerstatistik erfaßt werden, ist es nicht ganz leicht, diese Relation zu beziffern. Man kann aber aufgrund der Daten zur Bruttowertschöpfung (vgl. Abschnitt 3.4.1) davon ausgehen, daß innerhalb des gesamten öffentlichen, gemeinnützigen und kommerziellen Kulturbetriebs etwa 85 % oder fast sechs Siebtel der volkswirtschaftlichen Leistungen über den privatwirtschaftlichen Kulturbetrieb erbracht werden. Dies unterstreicht noch einmal die Bedeutung, die dieser Teil des Kulturbetriebs für das Kulturleben in Deutschland hat, auch wenn dies in der Wahrnehmung der Feuilletons und in der kulturpolitischen Diskussion eher umgekehrt der Fall zu sein scheint.

2.5 Verflechtungen im Kulturbetrieb

Bereits in der Einleitung zu diesem Kapitel wurde darauf hingewiesen, daß die Teile des Kulturbetriebs nicht gesondert und voneinander unabhängig zu sehen sind, sondern durch die verschiedensten Verflechtungen miteinander verknüpft sind. Heute ist in einem Stadttheater kaum noch eine Aufführung möglich, ohne daß freiberufliche Künstler über eine privatwirtschaftliche Agentur für diese Aufführung verpflichtet werden; der gemeinnützige Gesangverein wählt für sein von der öffent-

lichen Hand bezuschußtes Jahreskonzert einen aus Hörfunk und Fernsehen bekannten Solisten; die kommerziell orientierte Kunstgalerie läßt sich das Vorwort zum
Ausstellungskatalog von einem renommierten Museumsleiter schreiben, um so das
Ansehen ihres Künstlers aufzuwerten usw. Es ist fast schon schwieriger, einen Fall
klarer Abgrenzung zwischen den Bereichen des Kulturbetriebs zu finden, als Beispiele für Verflechtungen.

Dennoch ist es in einer „Einführung" sicherlich sinnvoll, die einzelnen Bereiche
des Kulturbetriebs zunächst getrennt vorzustellen, weil dies der Klarheit der Darstellung und der Übersichtlichkeit des Themas dient. Am Ende aber ist es erforderlich, Zusammenhänge wieder deutlich zu machen, weil der Kulturbetrieb nur so in
der konkreten Anwendung von Kulturmanagement erlebt wird.

Gerade die nähere Beschäftigung mit den verschiedenen Teilen des Kulturbetriebs
hat gezeigt, daß es von Vorteil sein dürfte, wenn man Elemente der unterschiedlichen
Rechts- und Betriebsformen stärker miteinander verbindet, um Nachteile zu mini-
mieren und Vorteile durch Synergieeffekte zu optimieren. Dies ist denn auch in der
Tat die Entwicklung der letzten Jahre, die in der Öffentlichkeit vor allem unter dem
Stichwort Privatisierung wahrgenommen wird.

Zusammenfassend lassen sich mit Hilfe der Abb. 6 noch einmal die wichtigsten
Verflechtungen im Kulturbetrieb im einzelnen darstellen:
a) Zuwendungen aus öffentlichen Haushalten an privatrechtlich-gemeinnützige Kul-
    turbetriebe
Die erste Überschreitung der relativ klaren Abgrenzung geht etwa auf die sechziger und frühen siebziger Jahre zurück. Damals begannen Kulturvereine damit, bei
der öffentlichen Hand Anträge auf Zuwendungen zu stellen, weil sie mit ihren eigenen Erträgen den Verein nicht mehr führen konnten. Heute ist es fast schon eine
Selbstverständlichkeit, daß ein Gesangverein oder ein Kunstverein Fördergelder von
seiner Stadt bekommt, doch entspricht dies keineswegs dem ursprünglichen Selbstverständnis. Die Musik- und Gesangvereine des 19. Jahrhunderts waren Vereine des
wohlhabenden Bürgertums, die eine staatliche Unterstützung voller Stolz abgelehnt
hätten. Und die Kunstvereine des 19. Jahrhunderts – um ein zweites Beispiel zu
nennen – waren so reich, daß sie nicht nur den Verein ohne Verluste führen, sondern
aus ihren Überschüssen sogar noch Museen bauen und Kunstpreise stiften konnten.
Das hat sich sehr geändert, so daß heute fast alle Kulturvereine wesentlich auf öffentliche Mittel angewiesen sind.

b) formale Privatisierungen
Bei diesen Privatisierungen erfolgt die Betriebsführung zwar privatrechtlich, aber
die Trägerschaft ist öffentlich-rechtlich abgesichert. Dies tut man, um einerseits zu
einer größeren Effizienz im Management zu kommen (vor allem über eine betriebswirtschaftliche Steuerung und kaufmännische Buchführung) und um andererseits

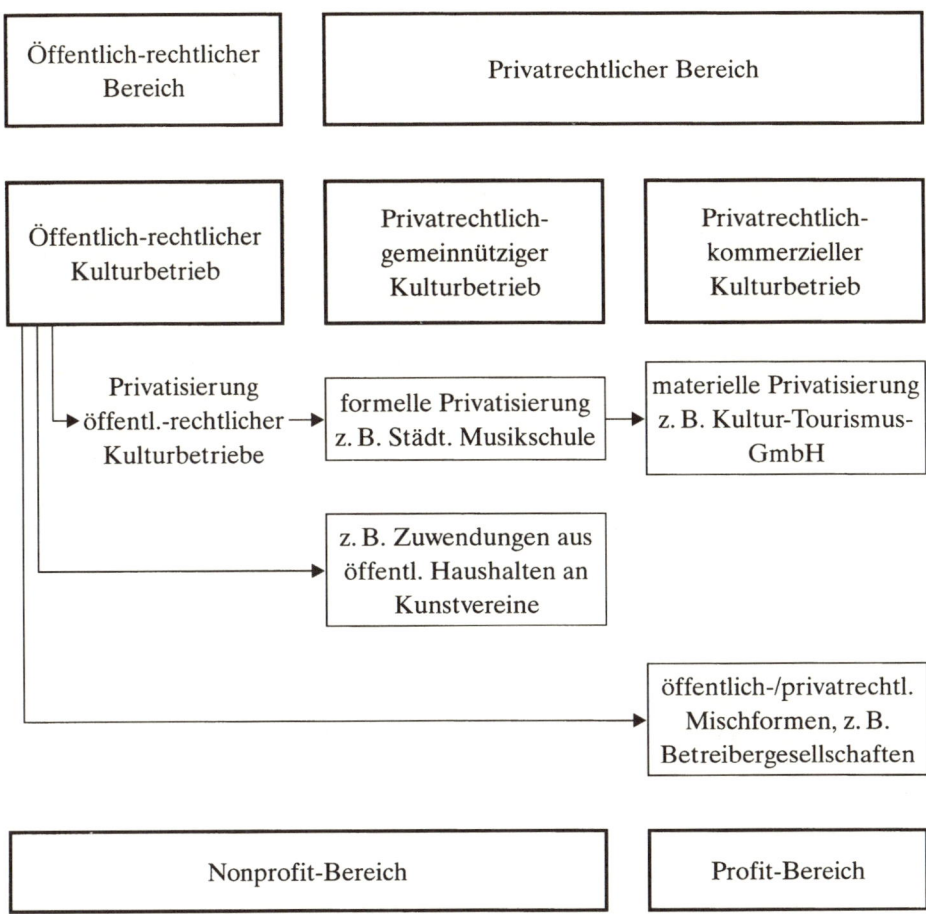

Abb. 6: Der Kulturbetrieb – erweiterter systematischer Aufbau.

engagierte Bürger in kulturelle Aufgaben einzubinden (z. B. wenn sich Eltern von Musikschülern für die Musikschule engagieren wollen).

c) materielle Privatisierungen

Im Unterschied zur formellen Privatisierung wird bei der materiellen Privatisierung ein Kulturbetrieb gänzlich in die wirtschaftliche Eigenständigkeit entlassen, d. h., der materiell privatisierte Betrieb tritt wie ein privatrechtlich-kommerzielles Unternehmen auf. Verständlicherweise ist dies bisher eher selten der Fall. Das Beispiel des Metropol-Theaters in Berlin, bei dem man hoffte, künftig ohne öffentliche Gelder auszukommen und dabei offensichtlich gescheitert ist, kann nicht gerade als ermutigendes Beispiel gewertet werden. Zu nennen sind hier am ehesten noch Verbindungen zwischen Kultur und Tourismus, wie sie in jüngster Zeit in vielen Städten üblich werden und wo die Kultur aus den Tourismuseinnahmen mit finanziert werden muß. Welche Erfahrungen man damit machen wird, muß sich erst noch zeigen.

d) Betreibergesellschaften

Gänzlich anderer Art sind die in jüngster Zeit so populären Betreibergesellschaften, bei denen investive und betriebliche Kosten miteinander vermischt werden. Sehr vereinfacht erfolgt dies in der Regel so: eine Betreibergesellschaft investiert im Auftrag einer Stadt in eine Einrichtung bzw. in eine Aufgabe, ohne aber selbst Eigentümer zu werden. Die Stadt wiederum überläßt der Betreibergesellschaft die Erlöse aus dem Betrieb. So hat beispielsweise die Opera-GmbH Dresden in der Semper-Oper einen Theatershop eingerichtet, den sie auch betreibt. Obwohl dem Träger der Semper-Oper eigentlich alle Erlöse zustehen, die in diesem Hause gemacht werden, verzichtet der Träger aber auf die Einnahmen und überläßt sie dem Betreiber des Theatershops zur Refinanzierung seiner Investitionen. Der Unterschied zum reinen Pachtvertrag besteht darin, daß beim Pachtvertrag der Verpächter für die Investitionen zuständig ist, in der Betreibergesellschaft aber der Betreiber an der Refinanzierung der Investition zumindest beteiligt ist.

Das finanzielle Risiko bleibt allein bei der Betreibergesellschaft; sie kann gegebenenfalls in Konkurs gehen. Dieses Risiko der Betreibergesellschaft wird aber in der Regel dadurch gemindert, daß die Stadt auf sämtliche Einreden verzichtet, d. h., sie erklärt ihre Zahlungsbereitschaft unabhängig von Leistungsstörungen. Damit ist das finanzielle Risiko für die Stadt durchaus kalkulierbar (es überschreitet nicht die der Betreibergesellschaft zugesicherten Einnahmen) – es sei denn der Betreiber wird vertragsbrüchig oder geht in Konkurs.

Betreibermodelle, bei denen also privates Risikokapital durch öffentliche Haushalte abgesichert wird und bei denen die öffentlichen Finanzrisiken überschaubar sind, der Einfluß der öffentlichen Hand auf das operative Geschäft aber gleich Null ist, sind zur Zeit auch im Kulturbereich außerordentlich gefragt. Doch hat das Beispiel des Festspielhauses Baden-Baden, wo ein solches Betreibermodell in einer stark erweiterten Form bestand und wo die Betreibergesellschaft vertragsbrüchig wurde, gezeigt, daß diese Modelle mit Vorsicht zu genießen sind.

Doch zeigen gerade die letzten Fälle, daß generell eine starke Tendenz besteht, die ursprünglich starren Grenzen zwischen dem öffentlich-rechtlichen, dem privatrechtlich-gemeinnützigen und dem privatrechtlich-kommerziellen Kulturbetrieb zu überwinden. Allerdings wird hier noch sehr viel experimentiert; aus betriebsrechtlicher und betriebsstruktureller Sicht wird man hier in den nächsten Jahren sicherlich noch sehr interessante Diskussionen erleben.

2.6 Kunst und Markt

Wenn Management als Steuerungshandlung zur Erstellung von Gütern oder Dienstleistungen in arbeitsteiligen Prozessen definiert wird, dann ist ein solcher Managementbegriff weitgehend problemlos im privatwirtschaftlichen Kulturbetrieb anwendbar. Mehr als im öffentlichen Kulturbetrieb kommt es hier ganz entscheidend auf die Leistungserstellung für den Kunden an, mit dem Ziel, für eine gute Leistung eine angemessene Gegenleistung – in Form von Geld – zu erhalten. Kulturpolitische Ziele etwa, die im öffentlichen Kulturbetrieb von entscheidender Bedeutung sind, treten hier in den Hintergrund, wenn sie nicht gar gänzlich unerheblich sind. Wo aber die Erzielung von Gewinnen und die Sicherung von Rentabilität im Vordergrund stehen, also Zielsetzungen aus einem betriebswirtschaftlichen Kontext, bedarf es keiner Begründung für die Anwendung von Management oder anderer betriebswirtschaftlicher Instrumente (z. B. Marketing oder Kostenrechnung); Kulturmanagement ist die selbstverständliche und naheliegende Steuerungshandlung im privatwirtschaftlichen Kulturbetrieb.

Einschränkungen gibt es höchstens dort, wo arbeitsteilige Prozesse nicht vorliegen oder wo künstlerische Aspekte von ausschlaggebender Bedeutung sind. Dies gilt vor allem für freiberufliche Künstler und Publizisten. Da sie in ihrem Tun auf die Erzielung von Gewinnen ausgerichtet sein müssen, sind sie zwar dem kommerziellen Kulturbetrieb zuzuordnen, doch entzieht sich ihr unmittelbares künstlerisches Wirken weitgehend einer Steuerung durch Management. Für sie wird Kulturmanagement erst von Bedeutung, wenn sie auf den Kunst-, Literatur- oder Musikmarkt treffen und anstreben, ihr künstlerisches Werk zum Publikum zu bringen.

Doch kann der Eintritt in den Markt für den Künstler und sein Werk von schwerwiegender Bedeutung sein. Dies gilt sicherlich zunächst einmal für den Fall, daß sich der Markt – aus welchen Gründen auch immer – diesem Werk verschließt. Dies gilt aber in noch weit höherem Maße für den Fall, daß der Markt das Werk für kommerzielle Zwecke „ausschlachtet". So erfreulich es im Einzelfall für den Künstler oder Publizisten sein mag, wenn er mit seiner Arbeit auch auf dem Kulturmarkt erfolgreich ist und dadurch auch seinen Lebensunterhalt und seine Arbeitsbedingungen sichern kann, so steht dem doch immer auch die Gefahr entgegen, daß der kommerzielle Erfolg den künstlerischen Qualitätsanspruch überlagert. Damit soll keinesfalls gesagt werden, Kunst dürfe nicht vermarktet werden; ganz im Gegenteil, es wäre absurd, würde man nicht akzeptieren, daß sich auch Kunst dem Wettbewerb eines Marktes stellen muß.

Nur sollte man sich dabei bewußt bleiben, daß auf dem Kulturmarkt zwei Mechanismen zusammentreffen:
- für ein Kunstwerk – gleich welcher Sparte – gibt es eine künstlerisch-ästhetische Bewertung, die sehr langfristig angelegt ist und in der Kriterien von Künstlern und Fachleuten aus verschiedenen kulturwissenschaftlichen und kulturhistori-

schen Disziplinen (z. B. Kunstgeschichte, Musikwissenschaft, Literaturwissenschaft) von großem Gewicht sind;

– der Markt – gleich welcher Branche – wird wesentlich bestimmt durch die Nachfrage; diese Nachfrage läßt sich – beispielsweise durch ein entsprechendes Marketing – vorübergehend steuern, so daß bei deutlich erhöhter Nachfrage ein höherer Preis erzielt oder ein Produkt wesentlich häufiger verkauft werden kann.

Treffen nun beide Mechanismen zusammen, so kann es zu einem Übergewicht der Marktgesetze kommen. So wurde beispielsweise für den Roman „Scarlett" von Alexandra Ripley (als „Fortsetzung" zu Margaret Mitchells Buch „Vom Winde verweht") eine gewaltige Nachfrage erzeugt, noch bevor der Roman überhaupt fertig war und es damit zu einer ersten künstlerisch-ästhetischen Beurteilung kommen konnte (was rückblickend betrachtet die Verleger wohl auch eher zu befürchten als zu erhoffen hatten). Nicht unähnlich war die Situation nach Umberto Ecos Roman „Der Name der Rose". Setzte sich sein erstes Romanwerk noch aufgrund seiner künstlerischen Qualitäten (und des genial dargebotenen historischen Kriminalstoffs) durch, so entwickelte sich der zweite Roman („Das Foucaultsche Pendel") zum Bestseller, weil das Marketing sehr geschickt an den ersten Romanerfolg anknüpfte. Die Kritiker dagegen – und wohl auch viele Leser – äußerten sich über das zweite Werk eher enttäuscht.

Ähnlich ist die Situation im Bereich der Bildenden Kunst, wo der Kunstmarkt ein großes Interesse daran hat, jeweils eine kleine Gruppe von Werken (die Regel der knappen Güter) zu sehr hohen Preisen zu handeln. Um dies zu erreichen, wird der Markterfolg eines Künstlers stark in den Vordergrund gestellt, um dadurch dessen Werke auch für andere Interessenten begehrenswert zu machen. Ein Sponsoring-Manager eines Stuttgarter Unternehmens beantwortete gegenüber einer meiner Studentinnen die selbst gestellte Frage, wer der bedeutendste Künstler der Gegenwart sei, folglich verblüffend einfach: „Georg Baselitz, denn er erzielt die höchsten Verkaufspreise." Ganz deutlich wird hier das Gesetz des Marktes (Verkaufserfolg) mit den Regeln künstlerisch-ästhetischer Bewertung (wer ist der Beste?) verwechselt.

Die Zeitschrift „Capital" ermittelt seit 1970 jährlich die 100 erfolgreichsten Künstler und gibt dabei gleichzeitig Einblick in die Mechanismen, die zur Bewertung von Kunst am Kunstmarkt führen. Jeder Künstler erhält eine bestimmte Anzahl von Punkten für eine Beteiligung an wichtigen Gruppenausstellungen, für Einzelausstellungen in herausragenden Museen oder Galerien und für eine Besprechung in einer international angesehenen Kunstzeitschrift. So gibt es für eine Teilnahme an einer documenta 500 Punkte und für eine Einzelausstellung in der Berliner Nationalgalerie 400 Punkte, für Ausstellungen in weniger renommierten Instituten entsprechend weniger. Ähnlich verfährt man mit der Erwähnung in Kunstzeitschriften: eine Titelgeschichte in „art" bringt 150 Punkte, eine einfache Rezension ohne Abbildung gerade noch 50, wobei es unerheblich zu sein scheint, zu welcher Bewertung die Besprechung kommt, Hauptsache ist, der Künstler wird überhaupt rezensiert.

„Sieger" des „Kunstkompaß 1992" wurde Bruce Naumann, der durch seine große Installation im Eingangsbereich des Fridericianums die 9. documenta ganz wesentlich mit geprägt hatte. Der Erfolg in Kassel beflügelt den Erfolg im „Kunstkompaß". Zwar fließt auch eine künstlerisch-ästhetisch Bewertung insofern ein, als Ankaufs- und Ausstellungsentscheidungen der Museen berücksichtigt werden, doch werden sie vorrangig als Maßstäbe für die Preisbewertung eingesetzt. Das Wirtschaftsmagazin „Capital" vergißt deshalb auch nicht, im Falle Bruce Naumann die Preisbewertung – wie in einer Bewertung von Aktien – als „sehr günstig" anzugeben, was man geradezu als Aufforderung zum Kauf verstehen muß. Wie risikobelastet allerdings auch die „Aktie" Kunst ist, macht „Capital" sogleich selbst deutlich: „Ob Künstler wie Bruce Naumann … auch noch in 50 Jahren Welt- und Marktgeltung haben, vermag niemand vorherzusagen. Denn Mode- und Markttrends haben auch in der Kunst Einzug gehalten. Ein herausragendes Beispiel dafür sind die sogenannten Jungen Wilden, die in den achtziger Jahren unangefochten den Markt und die Museen beherrschten, heute aber im Kunstgeschehen kaum noch eine Rolle spielen …" (Capital 11/1992: 140). Ob dies künstlerische oder gesellschaftspolitische Gründe hat, interessiert in diesem Zusammenhang offensichtlich nicht.

Die Regeln des Marktes und der Wert der „Aktie Kunst" sind entscheidend; künstlerisch-ästhetische Bewertungen von Ausstellungsmachern und Museumsdirektoren werden hier geradezu für Marktzwecke instrumentalisiert, wobei nicht verschwiegen werden darf, daß sich manche von ihnen diesen Mechanismen gerne unterordnen. Der Bildhauer Jürgen Weber sprach schon 1981 in seinem (zornigen) Buch „Entmündigung der Künstler" von einer „Symbiose von Kunsthandel und Museen" (WEBER 1981: 149) und zeigte ausführlich, wie Museumsleiter, Kritiker und Galeristen Künstler „machen". Wenn sogar Akademieleiter (hinter vorgehaltener Hand) davon sprechen, Künstler würden heute „geklont", zeigt dies deutlich, welchen Stellenwert die Gesetze des Marktes heute im Kunstbetrieb haben.

Leider nicht viel anders ist die Situation in der Musik. Der mexikanische Sänger Francisco Araiza wurde einmal gefragt, ob mehr als nur eine Stimme erforderlich sei, um ein ganz großer Tenor zu werden: „Um eine Karriere nach modernen Gesichtspunkten zu gestalten, muß man vor allem auch medienwirksam agieren, ja die Medien benutzen. Ein Vorgänger der ‚Drei von Rom' [José Carreras, Placido Domingo und Luciano Pavarotti; Anmerkung W. H.] hat einmal verbittert geäußert, daß er noch in einer Zeit an die Spitze gekommen sei, in der man aufgrund seiner Leistungen dorthin gelangte und nicht aufgrund von Werbemaßnahmen. Man muß also sehen, wieviel vom Image eines Sängers durch gute Leistungen bedingt ist und wieviel durch gute Werbung. Von der sängerischen Leistung her kann man nach nicht viel mehr streben als nach dem, was ich erreicht habe. Ich habe wichtige Premieren mit namhaften Dirigenten und Regisseuren gemacht, habe Schallplatten, CDs und Videos aufgenommen und zähle zu den bedeutendsten Tenören. Aber der Beste zu werden, das schafft man heutzutage wohl nur noch mit Hilfe der Medien. Und die

Medien sind nicht sonderlich an Nachfolgern interessiert, solange die anderen noch auf dem Thron sitzen. Das geht nur durch Ablösung."[8]

In allen Sparten sind die gleichen Gefahren zu erkennen: die Gesetze des Marktes drohen, die künstlerisch-ästhetische Bewertung von Kunst zu überlagern. Marketing, Image und die Aussicht auf einen materiellen Gewinn bestimmen oft weit mehr den Stellenwert eines Kunstwerks als eine langfristig orientierte ästhetische Bewertung.

Allerdings ist vor der Hoffnung zu warnen, dieses Mißverhältnis ließe sich mit leichter Hand überwinden; man würde sich wohl dem Vorwurf aussetzen, eine äußerst schwierige Situation allzu naiv zu beurteilen. Im Gegensatz zum Kulturmarkt, der im Spiel von Angebot und Nachfrage ein weitgehend rational ablaufendes Regelwerk besitzt, verfügt die künstlerisch-ästhetische Bewertung über keinen auch nur halbwegs vergleichbaren Mechanismus. Nach wie vor haben Künstler und Kulturwissenschaftler der verschiedensten Disziplinen und Fakultäten allergrößte Schwierigkeiten damit, überhaupt zu sagen, was Kunst ist, geschweige denn eine Aussage darüber zu treffen, was große und bedeutende Kunst sei. Einzig im historischen Rückblick entsteht eine Art Konvention, bestimmte Kunstwerke als herausragende Arbeiten ihrer Zeit zu benennen.

Für die Gegenwart aber ist ein solches Urteil scheinbar nur möglich mit Hilfe des gesamten Kulturbetriebs. Für Paul Wember beispielsweise, dem früheren Direktor des Krefelder Kaiser-Wilhelm-Museums, war das große Engagement für die Avantgarde der fünfziger und sechziger Jahre nur möglich gewesen, weil er sich von Kritikern und Galeristen den hohen Wert seiner Ankäufe bestätigen lassen konnte. Auf die Stadt Krefeld, als Träger des Museums und Dienstherrn des Museumsleiters, wirkten die Ankäufe eher befremdlich; sie ließ Wember nur deshalb gewähren, weil die sehr preiswerten Ankäufe der Arbeiten von Yves Klein, Jean Tinguely, Heinz Mack, Otto Piene, Günther Uecker u. a. am Kunstmarkt sehr bald zu wesentlich höheren Preisen gehandelt wurden.[9] Dieses Beispiel zeigt deutlich, daß auch dort, wo scheinbar Entscheidungen nur nach künstlerisch-ästhetischen Gesichtspunkten fallen sollten, die Regeln des Kunstmarktes dankbar als Hilfsargument angenommen werden. Unser vor allem von Rationalität geprägtes Handeln sucht auch in Kunst und Kultur der subjektiven Entscheidung zu entkommen. Der Kulturmarkt mit seinen nachvollziehbaren Regeln von Angebot und Nachfrage bietet hier eine verlockende Lösung. Wenn viele Künstler, Kulturfreunde, Sammler oder Kulturvermittler dieser Verlockung erliegen, so mag man dies zwar bedauern, aber man muß es nicht zwangsläufig verteufeln.

Bedauern mag man es deshalb, weil jede Form von Kunst auch die Aufgabe hat, Journal zu sein für die spezifische Befindlichkeit einer Zeit, seismographisch Veränderungen aufzuspüren, die sich (noch unsichtbar) andeuten und uns „wahrsagerisch" auf die Zukunft vorzubereiten. Kunst ist – neben ästhetischen und anderen Funktionen – immer auch ein Ausdruck unserer Zeit und eine Wegmarke in der Geschichte der Humanitas. Wenn Kunst und Kultur vorrangig den Gesetzen des Marktes unterworfen werden, wird es nicht leicht sein, diese Funktionen zur Geltung zu bringen, weil eine Kunst in solcher Funktion häufig unbequem und auch unverständlich wirkt.

Verteufeln sollte man den Kulturmarkt deshalb nicht, weil dieser Markt auch eine erhebliche innovative Kraft aufweist. „Moderne Kunst, die auf Märkten gehandelt wird, eilt jener, die in Museen gesammelt und ausgestellt wird, oft sogar weit voraus. Die Arbeiten von Joseph Beuys, Robert Rauschenberg, Roy Lichtenstein und Andy Warhol waren bereits anerkannt und erzielten hohe Preise, als viele Museen moderner Kunst nicht einmal in Betracht zogen, sie zu erwerben. Einige außergewöhnlich innovative Künstler, die völlig neue künstlerische Ausdrucksformen entwickelt haben, wären dazu ohne die Unterstützung des Marktes niemals in der Lage gewesen" (POMMEREHNE/FREY 1993: 19).

Kulturmanagement aber hat – unabhängig von kommerziellen Zielen – das oberste Ziel, Kultur zu ermöglichen (vgl. Abb. 2). Wenn Kultur mehr und mehr eine Angelegenheit des privatwirtschaftlichen Kulturbetriebs wird, dann muß auch dieser Teil des Kulturbetriebs verstärkt die Verantwortung für diese Funktionen von Kultur mit übernehmen. Angebot und Nachfrage, der Preis, Hitlisten und Marketingstrategien sollten auch im privatwirtschaftlichen Kulturbetrieb immer nur Hilfsinstrumente sein, die der Rentabilität eines Kulturbetriebs dienen, bei dem aber die Ermöglichung von Kultur stets im Vordergrund steht.

Anmerkungen zu Kapitel 2

[1] Eckart Pankoke hat zu Recht darauf hingewiesen, daß dies auch mit der Schwierigkeit zusammenhängt, sich als Künstler „in berufliche Kontexte einbringen zu können … Immer weniger versteht sich künstlerische Kompetenz noch nach den am Handwerk orientierten Bewertungen ständischer Berufung. Eher orientiert sich nun auch künstlerisches Selbstbewußtsein im modernen Sinne [an] professioneller Autonomie" (PANKOKE 1989: 9). Dies aber erschwert noch die Akzeptanz von Kulturmanagement als „Steuerungshandlung".

[2] Zu weiteren erstaunlichen Beispielen zur Widerlegung der scheinbaren Unvereinbarkeit von Kunst und Kommerz vgl. ausführlich POMMEREHNE/FREY 1993: 152 ff.

[3] Zitiert nach FAZ vom 14. 3. 92.

[4] Bei den angegebenen Ausgabesummen handelt es sich um sogenannte Nettoausgaben, die aber nicht mit dem Zuschußbedarf verwechselt werden dürfen. „Die Nettoausgaben werden verwendet, um zu zeigen, welche Ausgaben eine Körperschaft aus eigenen Einnahmequellen finanziert. Die Nettoausgaben werden errechnet, indem man zu den unmittelbaren Ausgaben die Zahlungen an andere öffentliche Bereiche addiert und die Zahlungen von anderen öffentlichen Bereichen substrahiert" (BRUGGER 1998). Es handelt sich also mithin um die Gesamtausgaben der Körperschaften, aber ohne Berücksichtigung der sogenannten inneren Verrechnungen.

[5] Die Bezeichnung „Kunstkonzeption" für den Landeskulturentwicklungsplan Baden-Württemberg darf nicht mißverstanden werden; sie hängt nicht etwa mit einem engen Kultur-

begriff zusammen, sondern mit den (etwas eigenartigen) Zuständigkeiten in der baden-württembergischen Landesregierung.

[6] Man spricht sowohl von privatrechtlich- als auch von privatwirtschaftlich-gemeinnützigen Kulturbetrieben; im ersten Fall wird die Rechtsform, im zweiten Fall die Form des Wirtschaftens betont.

[7] Auch hier sind wiederum beide Begriffe gebräuchlich, nämlich privatrechtlich-kommerziell, wenn man es eher aus der rechtlichen Systematik sieht und privatwirtschaftlich (in der Regel ohne den Zusatz „kommerziell"), wenn der ökonomische Aspekt betont werden soll.

[8] FAZ-Magazin vom 27. 11. 1992.

[9] Ich habe dies aus nächster Nähe beobachten können, da ich Mitte der sechziger Jahre vorübergehend als Inspektor-Anwärter im Rechnungsprüfungsamt der Stadt Krefeld tätig war und dort u. a. auch die Museen zu prüfen hatte; das Rechnungsprüfungsamt sah den Ankäufen Paul Wembers zwar kopfschüttelnd, aber doch wohlwollend zu, da die ständig steigenden Marktpreise seine Kaufentscheidungen nachträglich rechtfertigten. Insofern teile ich die sehr massive Polemik Jürgen Webers gegen das Verhalten Paul Wembers (WEBER 1981: 149–153) nicht.

3. Politische, rechtliche und ökonomische Rahmenbedingungen

Kulturmanagement konzentriert sich zunächst einmal immer auf das unmittelbare strategische oder operative Handeln; es geht immer darum, konkret Kultur zu ermöglichen. Doch geschieht dies selbstverständlich nicht in einem gleichsam neutralen Raum, von dem keinerlei Einflüsse auf das kulturelle Handeln ausgehen. Vielmehr hat man es mit einem Kontext zu tun, der einerseits positiv gestaltend die Kultur befördern kann, der aber andererseits auch konkurrierend und damit möglicherweise sogar behindernd wirken kann. Diesen Kontext des kulturellen Handelns bezeichnet man als Rahmenbedingungen, weil es sich um eine Situation handelt, die in das kulturelle Handeln hineinwirkt, ohne selbst schon Teil dieses Handelns zu sein. Solche Rahmenbedingungen sind im wesentlichen (kultur)politischer, rechtlicher oder ökonomischer Art.

Als Kulturmanager kann man solche Rahmenbedingungen nicht ignorieren. Man sollte sie deshalb zumindest sehr gut kennen und sie hinsichtlich aktueller Entwicklungen mit Sorgfalt beobachten. Wie das Beispiel der Künstlersozialversicherung gezeigt hat, kann die Nicht-Beachtung einer aktuellen sozialrechtlichen Entwicklung zu schwerwiegenden finanziellen Folgen führen (vgl. S. 93 f.). Noch besser ist es allerdings, wenn man es nicht nur bei der Kenntnisnahme beläßt, sondern auch versucht, direkt oder indirekt auf die Gestaltung der Rahmenbedingungen Einfluß zu nehmen. Angesichts der Bedeutung beispielsweise steuerrechtlicher Rahmenbedingungen für das Kulturmanagement (vgl. den Sponsoringerlaß des Bundesfinanzministeriums vom Juli 1997) sollte dieses Thema keinem Kulturmanager gleichgültig sein.

3.1 Kulturpolitik

Unter Politik versteht man einerseits die Lehre vom Staat (institutioneller Politikbegriff) sowie andererseits den Diskurs (prozessualer Politikbegriff) zur Regelung öffentlicher Belange (Normen setzender Politikbegriff). Öffentliche Belange sind solche Angelegenheiten, die für mindestens einen Teil der Öffentlichkeit von Interesse sind, wobei Öffentlichkeit nicht eine bestimmte gesellschaftliche Gruppe meint, sondern stets eine unbestimmte Größenordnung von Einzelpersonen oder Personengruppen. Am Diskurs nehmen vorwiegend solche Personen oder Personengruppen teil, die entweder hierzu ein Mandat der Bürgerschaft haben (Politiker), beruflich mit dieser Aufgabe verbunden sind (Beamte und Angestellte des öffentlichen Dienstes, Diplomaten usw.) oder die an der Regelung der öffentlichen Belange aus anderen Gründen interessiert sind (etwa die sogenannte Lobby, Pressevertreter usw.).

Für die Kulturpolitik interessiert vor allem der Normen setzende Politikbegriff, da institutionelle (z. B. die Einsetzung eines Kulturausschusses) und prozessuale Aspekte (z. B. die Meinungsbildung in einem Parlament) weitgehend unabhängig von den spezifischen Interessen der Kulturpolitik bestimmt werden. Innerhalb des Normen setzenden Politikbegriffs ist zu unterschieden zwischen der ordnenden und der inhaltlichen Dimension von Kulturpolitik (HEINRICHS 1997: 48 ff.).

Die ordnende Dimension betrifft vor allem die rechtlichen, organisatorischen und finanziellen Rahmenbedingungen kulturellen Handelns. Dazu zählen weniger – die kaum vorhandenen – unmittelbaren rechtlichen Normen als vielmehr solche Gesetze und Verordnungen, die nur indirekt auch auf den Kulturbereich Einfluß nehmen. Erinnert sei beispielsweise an das Urheberrecht, das für technische Patente und Gebrauchsmuster gleichermaßen gilt wie für Kunstwerke, das aber über Nutzungs- und Verwertungsrechte unmittelbaren Einfluß auf die wirtschaftliche Situation von Künstlern und auf die Kosten von Kulturveranstaltungen hat (vgl. GEMA-Gebühren). Zu nennen ist etwa auch das Steuerrecht, das für die Besteuerung künstlerischer Leistungen von erheblicher Bedeutung ist (z. B. durch den verminderten Umsatzsteuersatz), aber auch die Kulturfinanzierung maßgeblich beeinflußt (etwa in der steuerrechtlichen Behandlung von Spenden und Sponsoring) (vgl. Abschnitt 3.2.2). Die inhaltliche Dimension wiederum betrifft die konkreten Angebote, also kulturelle Einrichtungen (Theater, Museen, Bibliotheken usw.), kulturelle Veranstaltungen (Konzerte, Ausstellungen, Kleinkunst usw.) und kulturelle Förderung (Vereinsförderung, Preise, Stipendium usw.) (vgl. Abschnitt 2.2.1).

Wie bereits angesprochen, sind die rechtlichen Gestaltungsfreiräume im Bereich des öffentlichen Kulturbetriebs außerordentlich groß und laden deshalb zu einer intensiven Nutzung geradezu ein. Nicht zuletzt deshalb ist die Kultur ein Aufgabenbereich, in dem sich politisches Handeln besonders gut erproben und umsetzen läßt. Angesichts der Nähe, die unsere öffentliche Kultur zu unserer Lebensweise und deren Bedingungen hat, erhöht dies den Stellenwert öffentlicher Kulturarbeit nicht unwesentlich. „Überall wird unser persönliches Leben politisch beeinflußt. Im besten Sinne des Wortes ist auch Kultur Politik. Gemeint ist damit nicht Kulturpolitik im Dienste der Macht, sondern Kultur als Lebensweise, die sich der Begegnung mit anderen Lebensformen stellt und sich ihnen mit Neugierde und Zuneigung öffnet" (Richard von Weizsäcker in seiner Rede anläßlich des Internationalen Musikfestes am 21. 9. 85 in Stuttgart; veröffentlicht in: VON WEIZSÄCKER 1987: 110).

Dieser Erörterungsprozeß kann (und darf) sich allerdings nicht auf kulturelle Inhalte und künstlerisch-ästhetische Beurteilungen und Bewertungen beziehen, sondern bleibt einzig und allein auf kulturpolitische Ziele beschränkt. Ein Gemeinderat hat das Recht und die Pflicht, sich beispielsweise zu den Sammlungsschwerpunkten eines Museums zu äußern. Er kann sicherlich auch mit Mehrheit darüber entscheiden, ob Mittel für den Ankauf eines Exponats bereitgestellt werden soll. Aber es ist nicht seine Aufgabe, über die künstlerisch-ästhetische Qualität eines Exponats mit Mehrheit zu urteilen.

Dies gilt in ähnlicher Weise auch für die Auslobung von Kunstpreisen, bei denen nach einem Parteienproporz besetzte politische Jurys keineswegs die Ausnahme sind. Hilmar Hoffmann warnt denn auch zu Recht: „Die Praxis staatlicher oder städtischer Auftragslenkung erzeugt (…) sowohl ein prinzipielles Legitimationsproblem des öffentlichen Auslobens als auch ein Problem der Objektivierung von Kunst. Da Kunst aber nicht objektivierbar ist, eine demokratische Legitimation jedoch allzu häufig über Mehrheitsentscheidungen herbeigeführt wird, laufen öffentliches Kunst-Engagement und öffentliche Ankaufstätigkeit nicht selten auf jenen Nenner hinaus, der zu Recht nur noch als der kleinste gemeinsame bezeichnet werden kann und nicht wenig zur Verdünnung der Resultate beiträgt" (HOFF-MANN 1990: 223).

Um es an einem dritten Beispiel nochmals zu verdeutlichen: politische Gremien sollten sich sehr intensiv mit den Zielen befassen, die die Gemeinde beispielsweise mit der Einrichtung eines Theatergastspielbetriebs in einer Stadthalle verfolgt. Dazu gehören ein Finanzplan und eine Definition der anzusprechenden Zielgruppen ebenso wie die Grundlinien des inhaltlichen Konzepts. Keinesfalls aber sollte das politische Gremium Einfluß nehmen (etwa in Form eines politisch besetzten Beirats) auf die Auswahl einzelner Gastspiele; dies sollte man den dazu beauftragten Personen überlassen, um sich keinesfalls dem Verdacht auszusetzen, künstlerisch-ästhetische Aspekte politisch beeinflussen zu wollen. Dagegen ist es allerdings unbedingt Aufgabe der politischen Gremien, am Ende einer Spielzeit sehr sorgfältig zu prüfen, ob die gesetzten kulturpolitischen Ziele auch erreicht wurden. Über Kulturpolitik kann man mehrheitlich entscheiden, über Kunst aber nicht!

Schon für allgemeine politische Fragen wurde eben angedeutet, daß sich nicht wenige gesellschaftliche Gruppen am Diskurs beteiligen. Mit Blick auf den wieder angesprochenen rechtlichen Freiraum gilt dies in besonderem Maße für die Kulturpolitik. Im wesentlichen sind es die in Abb. 7 genannten Gruppen und Institutionen, die sich an einem solchen Diskurs beteiligen oder indirekt auf ihn einwirken.

Es zeigt sich, daß am Diskurs öffentlicher kultureller Belange natürlich zunächst einmal alle diejenigen beteiligt sind, die auch zum Kulturbetrieb im weitesten Sinne gehören, also beispielsweise die Künstler, die Kulturmanager und das Publikum. Aber auch Verbände wie der Deutsche Kulturrat oder Vereinigungen wie der Kulturkreis im Bundesverband der Deutschen Industrie stehen der Erörterung kulturpolitischer Ziele – zumal wenn dies auf Bundes- oder Landesebene geschieht – nicht gleichgültig gegenüber. Ohne nun im einzelnen darauf eingehen zu müssen, wie eine solche Teilnahme an den Diskussionen erfolgt und wie sie im Einzelfall zu bewerten ist (vgl. dazu HEINRICHS/KLEIN 1994: 52 ff.), kommt durch die Abbildung doch

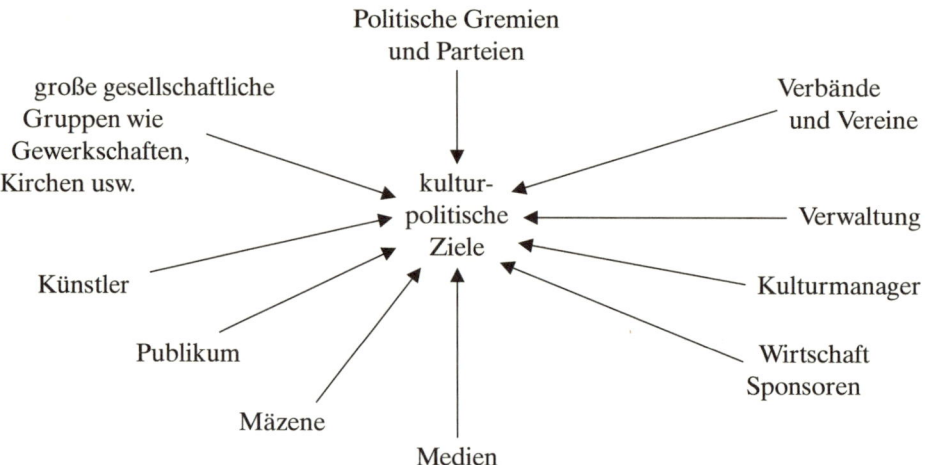

Abb. 7: Beteiligte des kulturpolitischen Diskurses.

vor allem zum Ausdruck, daß Kulturpolitik keine lineare Abfolge von logischen Schlüssen ist, sondern ein sehr lebendiger Prozeß mit ungewissem und deshalb stets spannendem Ausgang.

Wer als Kulturmanager auf kulturpolitische Ziele Einfluß nehmen möchte, sollte sich diese komplizierten und verschachtelten Zusammenhänge stets vor Augen halten und bereit sein, sich mit großer Offenheit an diesem Diskurs zu beteiligen. Jede Form der autoritären Einflußnahme würde den Diskurs zerstören und damit der Kulturpolitik ihr demokratisches Element nehmen.

Kulturpolitische Ziele in einem offenen und demokratischen Diskurs zu bestimmen, hat in der Bundesrepublik der alten Bundesländer seit 1949 eine gute Tradition. Rückblickend läßt sich dabei feststellen, daß dieser Diskurs zu verschiedenen Zeiten durchaus zu verschiedenen Ergebnissen gekommen ist. (Für die Zeit von 1945 bis 1974 vgl. SCHWENCKE 1974, für die Zeit von 1968 bis 1988 vgl. WAGNER 1988; den gesamten Zeitraum erfassen FRANK 1990, GÖSCHEL 1991, MOSBACH/GÖSCHEL 1991 und HEINRICHS 1999.) Andere politische, wirtschaftliche und soziale Verhältnisse führten zu anderen Prioritäten und stärkten oder schwächten auch den Einfluß der einen oder anderen am Diskurs beteiligten Institution oder Interessengruppe. Wer heute im öffentlichen Kulturbetrieb arbeitet oder ihn im Rahmen anderer Kulturmanagementaufgaben in Anspruch nimmt, kann diesen Prozeß von Veränderungen nicht ignorieren, zumal es durchaus nicht ungewöhnlich ist, daß ältere Phasen dieses Prozesses in modifizierter Form noch heute neben jüngeren Entwicklungen stehen. Es ist – etwas verkürzt gesagt – die Rede von den Phasen der Kulturpflege, der Kulturarbeit und des Kulturmanagements.

Die erste Phase kennzeichnet die Kulturpolitik der fünfziger und frühen sechziger

Jahre, die sich sehr gut dokumentiert in den sogenannten „Stuttgarter Richtlinien", den 1952 vom Deutschen Städtetag verabschiedeten „Leitsätzen zur kommunalen Kulturarbeit". Dort heißt es u. a.: „Die deutschen Städte, in ihrem Willen, für die Wohlfahrt ihrer Bürger zu wirken, in langer Geschichte Hüter und Pfleger deutscher Kultur, fühlen sich verpflichtet, trotz und gerade wegen der materiellen Nöte unserer Zeit ihrer Kulturaufgabe treu zu bleiben. Sie sind dazu um so mehr berufen, als durch die Veränderung der sozialen Verhältnisse bisher kulturtragende Kräfte in den Hintergrund getreten oder untergegangen sind. Die Pflege der Kultur ist für die Städte eine wichtige und dringliche Aufgabe sowohl um der kulturellen Werte willen, die es zu pflegen gilt, und der in dieser Pflege sich zeigenden geistigen Haltung als auch wegen der Bedeutung, die dieser Pflege für das Gemeinschaftsleben zukommt" (STÄDTISCHE KULTURPOLITIK 1971: 104).

Auffallend ist die mehrfache Verwendung des Wortes „Pflege". Hier kommt zum Ausdruck, daß der Erhalt des kulturellen Erbes im Mittelpunkt der kulturpolitischen Ziele stand. Nach den Zerstörungen des Krieges war die bauliche Wiedererrichtung der kulturellen Institutionen – häufig in Form von Denkmal-Pflege – eine vorrangige Aufgabe. Zu Recht ist deshalb „Kulturpflege" der kennzeichnende Begriff für die Kulturpolitik jener Zeit.

Das änderte sich erst ab der Mitte der sechziger Jahre, als die traditionelle Kulturpflege verstärkt von gesellschaftspolitischen Zielsetzungen in der Kulturpolitik überlagert wurde. Mit den Studentenunruhen 1968 und dem Regierungswechsel 1969 tauchten neue Begriffe auf und mit ihnen neue politische und kulturelle Ziele.

„Hatte zu Beginn der sechziger Jahre Kulturpolitik dazu gedient, dem affirmativen Kulturverständnis wie der Festivalkultur die besten Entfaltungsmöglichkeiten zu gewähren, so überwanden progressive Kulturpolitiker seit Beginn der siebziger Jahre die kulinarisch bestimmte Indolenz; sie stellten einen theoretischen Reisevorrat zusammen, mit dem sie den langen Marsch durch die Dispositionen und Institutionen zu bestehen hofften. (...) Nach langen Jahren der Diskussion um Schule und Bildung, vor allem des Streites um die Bildungsreform, begann man, das ‚Bürgerrecht Kultur' einzuklagen" (GLASER 1991: 365 f.).

Kultur sollte nicht der Beglückung weniger dienen, sondern ein Rechtsanspruch für alle werden: „Kultur für alle" (HOFFMANN 1979) wurde zum gängigen Schlagwort. Kultur sollte nicht länger für genußvollen Konsum stehen, sondern sollte politisch und gesellschaftlich wirken. „Mehr Demokratie wagen", hatte Willy Brandt in seiner ersten Regierungserklärung von 1969 gefordert. Viele Kulturpolitiker und Künstler sahen sich aufgerufen, diese Forderung kulturell umzusetzen, indem die kommunikativen und sozialen Möglichkeiten der Kultur konsequent genutzt wurden. Soziokulturelle Kommunikationszentren und eine systematische Stadtteilkultur sollten eine neue Ebene schaffen, auf der Kultur nicht als Konsum in traditionsschweren Tempeln der Kunst, sondern als soziale Kommunikation und Hinführung zu „mehr Demokratie" erlebt werden sollte. Kulturpolitik wurde zur „Innenpolitik

von morgen" (SILKENBEUMER 1980) und damit auch zu einer in hohem Maße
politischen Angelegenheit.

Die Pflege eines kulturellen Erbes und Bewahrung einer kulturellen Tradition
traten in den Hintergrund zugunsten der Arbeit für die Bildung einer demokratischen Gesellschaft. Kultur sollte nicht etwas erhalten, sondern etwas erarbeiten.
Folglich wurde der Begriff „Kulturpflege" der fünfziger und sechziger Jahre durch
das Wort „Kulturarbeit" ersetzt.

In der zweiten Hälfte der achtziger Jahre kam es zu einer weiteren Veränderung
im Verständnis von Kulturpolitik. Kultur wurde nun weniger im gesellschaftspolitischen als vielmehr im wirtschaftspolitischen Kontext gesehen. Jede Kulturarbeit der
öffentlichen Hand wurde nun in einem größeren Zusammenhang der Kulturwirtschaft gesehen. Dabei wurden nicht zuletzt auch die Abhängigkeiten zwischen Kultur und Wirtschaft (vgl. hierzu Abschnitt 3.4) deutlich herausgestellt. Kultur wurde
als ein Wirtschaftsfaktor gesehen, der Industriestandorte sichern hilft und am Image
einer Stadt oder eines Landes maßgeblich mitwirkt.

Doch nicht nur die volkswirtschaftlichen Zusammenhänge wurden gesehen, sondern auch Beziehungen, die etwa zwischen Arbeitsplatz und Freizeitbeschäftigung
bestehen. Als wesentliche Herausforderungen am Arbeitsplatz wurden „Kreativität,
Teamgeist, Denken in Zusammenhängen, Kommunikationsfähigkeit, Flexibilität
im Sinne fortwährender Lernbereitschaft" (STAATSMINISTERIUM BADEN-
WÜRTTEMBERG 1990: 5) erkannt. Lothar Späth, der maßgeblich an der Formu-
lierung der kulturpolitischen Ziele der späten achtziger Jahre beteiligt war, forderte:
„Wir brauchen Menschen mit kreativer Phantasie, die den Problemen der Gegenwart mit zukunftsgerichteten Ideen begegnen. Die aktive Beschäftigung oder die
Auseinandersetzung mit künstlerischen Gestaltungen und Gehalten trägt ganz wesentlich dazu bei, solche Qualifikationen zu erwerben" (ebd.).

Kultur versteht sich seither als ein Potential von Kreativität und Phantasie, das
gleichermaßen in der Freizeit der Entfaltung der individuellen Persönlichkeit wie
auch im Beruf der Förderung beruflicher Möglichkeiten dient. Vor allem Kulturpolitiker aus dem Umfeld einer gesellschaftspolitisch orientierten Kultur sehen darin
die Gefahr einer Instrumentalisierung: Kultur fördert unser kreatives Potential, dieses solchermaßen geförderte Potential nutzt der Produktivität unserer Arbeitsplätze.
Allerdings muß darauf hingewiesen werden, daß Kultur gerade auch in den siebziger
Jahren in hohem Maße instrumentalisiert war, nur zu jener Zeit eben für gesellschaftspolitische Zwecke. Die einzige überzeugende Gegenwehr gegen eine Instrumentalisierung, nämlich Kultur zu einem Wert an sich zu erheben, wurde gerade von
Kulturpolitikern wie beispielsweise Olaf Schwencke abgelehnt: „Kunst hat keinen
Wert an sich, und Kulturpolitik erfüllt keinen kommunikativen Selbstzweck; beides
hat gesellschaftlich-funktionale Bedeutung" (SCHWENCKE 1974: 36).

Die Einbeziehung ökonomischer Aspekte hat aber nicht nur die volkswirtschaftliche Legitimation von Kulturangeboten gestärkt, sondern auch die Art und Weise

der betrieblichen Steuerung. Wenn öffentliche, gemeinnützige und kommerzielle Kulturangebote in einem größeren Zusammenhang gesehen werden und die Durchlässigkeit zwischen den Segmenten eines umfassenden Kulturbetriebs gefördert wird, verlangt dies auch nach einer einheitlichen betrieblichen Steuerung. Dies kann nur eine moderne und in ihrer Flexibilität auch kommerziellen Ansprüchen genügende Steuerung sein, nämlich ein betriebswirtschaftlich orientiertes Kulturmanagement.

Gleichzeitig zeigte sich zu Beginn der neunziger Jahre sehr deutlich, daß die angebotsorientierte Kulturpolitik der siebziger Jahre nicht mehr haltbar ist. Das Publikum ist nicht länger bereit, den Empfehlungen und Angeboten von Kulturpolitikern zu folgen, sondern sucht vielmehr nach einer Kultur, die seinen eigenen Wünschen und Erwartungen entspricht. Kultur ist heute nur noch für wenige Menschen fest verankert in Traditionen und Überzeugungen, sondern ist weit häufiger durch ihren Erlebnischarakter oder durch die Verbindung mit dem persönlichen Lebensstil geprägt. Nicht mehr von „der Herstellungsgeschichte hängt es ab, für welche Möglichkeit sich der Konsument entscheidet, sondern von der Rationalität der Erlebnisnachfrage" (SCHULZE, Gerhard 1992: 507).

Nicht mehr die Pflege eines kulturellen Erbes und auch nicht mehr die gesellschaftspolitische Orientierung der Kulturarbeit stehen deshalb seit Beginn der neunziger Jahre im Vordergrund, sondern ein auf die Bedürfnisse der Nutzer und auf die Konkurrenz zu anderen – öffentlichen wie kommerziellen – Angeboten ausgerichtetes Kulturmanagement. Es ist deshalb nur folgerichtig, wenn nach „Kulturpflege" und „Kulturarbeit" in den neunziger Jahren „Kulturmanagement" zum Leitbegriff erhoben wird.

Die Kulturpolitik bestimmt mit ihrer Definition von Zielen ganz entscheidend das kulturelle Handeln im öffentlichen Kulturbetrieb. In der Verknüpfung mit anderen Politikfeldern bestimmt Kulturpolitik aber auch wesentlich die personellen, organisatorischen und finanziellen Rahmenbedingungen. Wo Interessen unterschiedlichster Art und Aufgaben von verschiedener sozialer und gesellschaftlicher Dringlichkeit aufeinandertreffen, aber aus finanziellen und organisatorischen Gründen nicht alles gleichzeitig machbar ist, muß sich auch die Kultur am allgemeinpolitischen Wettbewerb um den sinnvollsten Einsatz knapper Mittel beteiligen. Dieser Wettbewerb wird im wesentlichen als Kulturpolitik ausgetragen.

3.2 Kultur und Recht

Es wurde eingangs darauf hingewiesen, daß für der Kulturpolitik eine inhaltliche und eine ordnende Dimension zu unterscheiden sei. Letztere zeigt sich vor allem als die rechtliche Rahmenbedingung von Kultur, allerdings mit der bemerkenswerten Besonderheit, daß diese Rahmenbedingungen sowohl für den öffentlichen und gemeinnützigen als auch für den privatwirtschaftlichen Kulturbetrieb gelten. Hierzu

gehören Gesetze und Verordnungen aus so unterschiedlichen Rechtsgebieten wie
dem Urheberrecht mit seinen Verwertungsrechten, dem Künstlersozialversicherungsrecht, dem Steuerrecht für Kulturbetriebe usw. Natürlich kann im Rahmen einer
„Einführung in das Kulturmanagement" nicht im Detail auf alle diese rechtlichen
Rahmenbedingungen eingegangen werden, doch ist es wohl angebracht, sie zumindest einmal aufzulisten.

3.2.1 Kulturverfassungsrecht

Wichtigste Rahmenbedingung ist zweifellos der Art. 5 Abs. 3 des Grundgesetzes
(GG): „Kunst und Wissenschaft, Lehre und Forschung sind frei." „Diese Freiheits-
verbürgung ist sowohl eine institutionelle Garantie, eine objektive, das Verhältnis
des Lebensbereichs ‚Kunst' zum Staat regelnde Grundsatznorm; sie ist zugleich aber
auch subjektives, individuelles Freiheitsrecht derjenigen, die hier agieren" (BI-
SCHOFF 1990: 81 f.). Daß das Bundesverfassungsgericht diese Kunstfreiheitsgarantie auch als „Staatszielbestimmung" versteht, wurde bereits an anderer Stelle erwähnt.

Die Kunstfreiheitsgarantie steht im Zusammenhang mit dem gewichtigen Grund-
recht der Meinungs- und Pressefreiheit (Art. 5 Abs. 1 GG). Dieser erste Absatz wird
allerdings im zweiten Absatz dahingehend eingeschränkt, daß die Meinungs- und
Pressefreiheit ihre Schranken findet „in den Vorschriften der allgemeinen Gesetze,
den gesetzlichen Bestimmungen zum Schutze der Jugend und in dem Recht der
persönlichen Ehre" (Art. 5 Abs. 2 GG). Bemerkenswert ist nun, daß die Kunstfreiheitsgarantie erst im dritten Absatz folgt, mithin nicht unter die Einschränkung des
Absatzes 2 fällt. Dies sichert der Kunst einen außerordentlich großen Gestaltungs-
raum zu, was beispielsweise im Zusammenhang mit Karikaturen und Parodien von
entscheidender Bedeutung sein kann. Lediglich dort, wo die Persönlichkeitsrechte
des Art. 1 Abs. 1 GG („Die Würde des Menschen ist unantastbar") berührt werden,
kann es zu einer Einschränkung der Kunstfreiheit kommen. Das Bundesverfassungsgericht hat allerdings stets darauf hingewiesen, daß eine Verletzung von Persönlich-
keitsrechten durch künstlerische Werke im Einzelfall durch Abwägung zu klären ist;
eine generelle Regelung hat es immer abgelehnt.

Auch haben Gesetzgeber und Bundesverfassungsgericht mit kluger Sorgfalt auf
eine „Niveaukontrolle" verzichtet, durch die es zu einer qualitativen Bewertung in
Form einer Inhaltskontrolle kommen könnte, die aber verfassungsrechtlich nicht
gewollt ist. In einem Rechtsstreit – beispielsweise unter Berufung auf Art. 1 Abs. 1
GG – kann ein Gericht deshalb lediglich eine Entscheidung darüber treffen, ob es
sich um Kunst handelt oder nicht. Dagegen ist es ihm versagt, eine Bewertung im
Sinne guter oder schlechter Kunst vorzunehmen (zu weiteren verfassungsrechtlichen
Aspekten vgl. Abschnitt 2.2, S. 40 ff.).

3.2.2 Steuerrecht

Daß die Frage, ob es sich um Kunst handelt oder nicht, auch außerhalb des Grundsatzes der Kunstfreiheit von Interesse sein kann, zeigt das Steuerrecht. Eine künstlerische Tätigkeit befreit von der Gewerbesteuerpflicht und wirkt sich aus auf die Höhe des Mehrwertsteuersatzes (16 % oder 7 %). Der Bundesfinanzhof hat deshalb in einer Grundsatzentscheidung festgehalten, daß der Steuerpflichtige eine künstlerische Tätigkeit dann ausübt, „wenn er

– eine eigenschöpferische Leistung vollbringt,
– in dieser Leistung seine individuelle Anschauungsweise und Gestaltungskraft zum Ausdruck kommt
– und sie über eine hinreichende Beherrschung der Technik hinaus eine künstlerische Gestaltungshöhe erreicht" (Urteil des Bundesfinanzhofes vom 14. 8. 1980, veröffentlicht im Bundessteuerblatt II/1981, Seite 171).

Wie wohl kaum erwartet werden kann, bietet auch dieses Urteil keine für jeden Einzelfall zweifelsfreie Definition von Kunst bzw. von künstlerischer Tätigkeit. Die Steuerbehörden sind deshalb darauf angewiesen, sich in ihren Einzelfallentscheidungen durch geeignete Gutachten unabhängiger Sachverständiger bzw. sachkundiger Verbände abzusichern.

Es wurde bereits erwähnt, daß das Umsatzsteuerrecht zwei verschiedene Steuersätze kennt. Während im alltäglichen Handel (z. B. beim Kauf von Möbeln oder Kleidungsstücken) der normale Umsatzsteuersatz von 16 % gilt, wird bei Leistungen, für die ein Urheberrecht eingeräumt wurde (z. B. Bücher oder Kunstwerke) nur ein ermäßigter Umsatzsteuersatz von 7 % berechnet. Kulturanbieter der öffentlichen Hand (Theater, Museen, Bibliotheken, Volkshochschulen usw.) sind sogar ganz von der Umsatzsteuer befreit. Darüber hinaus können Freie Theater, Jazzclubs oder auch Musikgruppen auf Antrag von der Umsatzsteuer befreit werden, wenn sie durch Bescheinigung der zuständigen Landesbehörde (in der Regel die Regierungspräsidien) nachweisen, daß sie gleiche Aufgaben wie Kulturanbieter der öffentlichen Hand wahrnehmen.

Während für die Lohn- und Einkommensteuer der in Deutschland beschäftigten deutschen Künstler und Kulturvermittler die gleichen Vorschriften gelten wie für jeden steuerpflichtigen Arbeitnehmer oder Selbständigen, gilt für in Deutschland erwirtschaftete Einkommen von selbständigen ausländischen Künstlern und Ensembles eine Sonderregelung. Diese sogenannte „Ausländerlohnsteuer" beträgt seit dem Jahressteuergesetz 1996 einheitlich 25 % (zzgl. Solidaritätszuschlag; für einige Bereiche, wie z. B. für Theater, gibt es Ausnahmeregelungen) und gilt für Leistungen ausländischer Künstler und Ensembles, wenn sie eine im Ausland ausgeübte Tätigkeit im Inland selbständig verwerten; sie ist vom Veranstalter in Deutschland einzubehalten. Handelt es sich um eine nichtselbständige Tätigkeit für einen inländischen Arbeitnehmer (z. B. als Mitglied in einem Orchester oder als festes Ensemblemitglied in einem Theater), fällt eine Lohn- bzw. Einkommensteuer an, wie sie auch für deutsche Arbeitnehmer gilt.

Im Gegensatz zum Einkommensteuerrecht berücksichtigt das Körperschaftsteuerrecht die besondere Situation des Kulturbetriebs. Von der Körperschaftsteuer befreit sind zunächst einmal alle Kultureinrichtungen der öffentlichen Hand, also beispielsweise städtische Museen, Stadttheater, kommunale Volkshochschulen usw. Darüber hinaus sind solche privatrechtlichen Körperschaften (also auch Vereine und Stiftungen) von der Körperschaftsteuer befreit, die als gemeinnützig anerkannt sind (z. B. Musik- und Gesangvereine, Kunstvereine, Kulturstiftungen usw.). Diese Befreiung von der Körperschaftsteuer gilt allerdings nur für Erlöse aus dem unmittelbaren Zweckbetrieb (also z. B. aus dem Verkauf von Eintrittskarten), nicht aber, wenn es sich um Erlöse aus einem wirtschaftlichen Geschäftsbetrieb handelt (z. B. aus dem Verkauf von Speisen und Getränken während eines Vereinsfestes). Für den wirtschaftlichen Geschäftsbetrieb gilt allerdings eine Freigrenze von 60 000 DM Bruttoeinnahmen pro Jahr, d. h., wenn die Einnahmen die Freigrenze überschreiten, unterliegen die Gewinne aus dem gesamten Umsatz der Körperschaftsteuer.

Diese Körperschaftsteuerpflicht für Überschüsse aus einem wirtschaftlichen Geschäftsbetrieb in einer ansonsten gemeinnützigen Körperschaft führte 1997 zu heftigen Diskussionen, weil die Bundesregierung durch Erlaß vom 9. Juli 1997 Einnahmen aus dem Sponsoring den zu versteuernden Erträgen aus einem wirtschaftlichen Geschäftsbetrieb zugerechnet hatte. Es entstand damit die kuriose Situation, daß das Wirtschaftsunternehmen, das als Sponsor auftrat, seine Leistungen steuermindernd absetzen konnte, während die begünstigte und gemeinnützige Körperschaft die Einnahmen aus dem Sponsoring versteuern mußte. Durch einen ergänzenden Erlaß vom 9. 2. 1998 wurde diese aberwitzige Regelung wenigstens zum Teil wieder rückgängig gemacht.

Bereits hingewiesen wurde auf steuerrechtliche Aspekte im Zusammenhang mit der Gemeinnützigkeit von Kulturanbietern (vgl. Abschnitt 2.3.1). Wesentlich ist hier vor allem das Recht der öffentlichen oder gemeinnützigen Kultureinrichtungen, Spenden einzunehmen, die der Spender seinerseits wiederum steuerbegünstigend einsetzen kann. Spenden zur Förderung besonders förderungswürdig anerkannter kultureller Zwecke kann der Spender bis zur Höhe von 10 % des Gesamtbetrags der Einkünfte von der Einkommensteuer als Sonderausgabe absetzen. Dieser erhöhte Satz gilt seit dem Vereinsförderungsgesetz von 1990 auch für Musik- und Gesangvereine; bis dahin galt für privatrechtliche Kulturbetriebe nur ein Satz von maximal 5 %. Wirtschaftsbetriebe können wahlweise eine Höchstgrenze von 0,2 % der im Kalenderjahr aufgewendeten Löhne und Gehälter zugrunde legen, falls dies – etwa bei geringem Gewinn – für sie günstiger ist.

Schon dieser kleine Ausschnitt aus den steuerrechtlichen Rahmenbedingungen für Kulturbetriebe zeigt, daß das Steuerrecht ganz erheblich auf die Bedingungen zur Ermöglichung von Kultur einwirkt. Dies wird vor allem dann deutlich, wenn man

die Situation in Deutschland mit der in anderen Staaten vergleicht und dabei beispielsweise feststellen muß, daß die steuerrechtlichen Bedingungen für Stiftungen
oder für die Förderung von Kultur über Spenden und Sponsoring anderswo wesentlich günstiger sind (HEINRICHS 1997: 73–159). Dann stellt man sehr bald fest, daß
noch ein beträchtliches Potential gegeben ist, um die Kultur allein über Rahmenbedingungen in stärkerem Maße zu fördern, als dies in Deutschland bisher der Fall ist.

3.2.3 Urheberrecht
(einschließlich Verwertungsrechte und Leistungsschutzrechte)

Neben der Garantie der Kunstfreiheit als Grundlage jeglicher künstlerischer Tätigkeit hat der Staat auch Rahmenbedingungen geschaffen, die die Tätigkeit des
Künstlers und die Vermittlung von Kunstwerken rechtlich und sozial absichern.
Hierzu gehören das Urheberrecht mit den Verwertungs- und Leistungsschutzrechten
sowie das Künstlersozialversicherungsrecht.

Das Urheberrecht, das im „Gesetz über Urheberrecht und verwandte Schutzrech-
te" (UrhG) geregelt ist (Gesetz vom 9. 9. 1965, Bundesgesetzblatt I, Seite 1273, in der
Fassung vom 25. 7. 1994), schützt die Interessen des Urhebers – hier des Künstlers –
an seinem Werk und an der Nutzung seines Werkes. Ein Werk im Sinne des Urheberrechts ist eine persönliche geistige Schöpfung der Literatur, Wissenschaft und Kunst,
die nach Form und Inhalt oder deren beider Verbindung etwas Eigentümliches und
Neues hervorbringt (§ 1 UrhG). Welche Werke dazu im einzelnen gehören, listet § 2
Abs. 1 UrhG auf. Das Urhebergesetz sichert dem Künstler das Recht der Veröffent-
lichung zu (§ 12 UrhG) und schützt sein Werk vor Entstellung und Beeinträchtigung
(§ 14 UrhG). Während bei technischen Erfindungen die staatliche Zuerkennung eines
Patents erforderlich ist, um in den Genuß des Urheberschutzes zu gelangen, genügt
bei künstlerischen Leistungen der geistige Schöpfungsakt.

Mit der Erstellung eines künstlerischen Werks (z. B. ein Roman oder eine Plastik)
ist dem Künstler automatisch das geistige Eigentum daran zuerkannt, was sogar zur
Folge hat, daß dieses Werk unter die Eigentumsgarantie des Art. 14 GG fällt. Dies
bedeutet allerdings, daß auch für das geistige Eigentum die Sozialbindung von Art. 14
Abs. 2 GG gilt („Eigentum verpflichtet. Sein Gebrauch soll zugleich dem Wohle der
Allgemeinheit dienen"). Folglich wird das Urheberrecht in der Regel auf 70 Jahre
nach dem Tod des Urhebers/Künstlers begrenzt (sogenannte Gemeinfreiheit).

Von großer rechtlicher Relevanz kann die Abgrenzung zwischen dem Persönlich-
keitsrecht des geistigen Eigentums und dem Sacheigentum an einem Kunstwerk sein.
Verkauft der Künstler ein Kunstwerk, geht es in das Sacheigentum des Käufers über.
„Die Vernichtung z. B. einer veräußerten Skulptur durch ihren Eigentümer mag zwar
ein Akt der Barbarei sein, sie liegt aber im Sacheigentumsrecht begründet. Veränderungen eines Kunstwerkes durch den Sacheigentümer stellen Eingriffe in den ur-

sprünglichen geistigen Schöpfungsakt des Urhebers dar und sind prinzipiell dem
Sacheigentümer verwehrt" (BISCHOFF 1990: 130).

Zur Zeit läßt sich noch nicht absehen, ob es im Rahmen der EU-Verträge zu einer
umfassenden Änderung des Urheberrechts kommen wird. Wegen unterschiedlicher
Rechtstraditionen innerhalb der Europäischen Union könnte in den nächsten Jahren
ein Harmonisierungsbedarf entstehen. Während nämlich beispielsweise in Deutschland Autor bzw. Künstler das Urheberrecht an ihrem Werk haben, tritt in den angelsächsischen Ländern an deren Stelle immer der Erstverwerter. „Deshalb hat man
begonnen, einzelne Bereiche des Urheberrechts auf EU-Ebene durch Erlaß von
Richtlinien zu harmonisieren, die zwar nicht unmittelbar gelten, aber von den jeweiligen Mitgliedsstaaten – also auch von der BRD – in nationales Recht umzusetzen
sind, soweit das bisherige Recht hinter diesen Richtlinien zurückbleibt" (SCHULZE,
Gernot 1994: 7).

Das Urheberrechtsgesetz regelt auch die sogenannten Verwertungsrechte (§§ 15 ff.
UrhG). Dazu gehören das Vervielfältigungsrecht (§ 16), das Verbreitungsrecht (§ 17),
das Ausstellungsrecht (§ 18) sowie das Recht der öffentlichen Wiedergabe durch
Bild- und Tonträger, Hörfunk oder Fernsehen (§§ 19 bis 22). Erfolgt eine Verwertung
eines Werks im Sinne des Urheberrechts, so entsteht eine Verpflichtung des Nutzers,
diese Verwertung dem Urheber in angemessener Weise zu vergüten. Zur Sicherung
der Rechte der Urheber wurden vom Staat auf der Grundlage des Gesetzes über
die Wahrnehmung von Urheberrechten und verwandten Schutzrechten sogenannte
Verwertungsgesellschaften (VG) gebildet, die der Aufsicht des Patentamtes unterstehen. Zur Zeit gibt es in Deutschland folgende Verwertungsgesellschaften:

- GEMA (Gesellschaft für musikalische Aufführungs- und mechanische Vervielfäl-
  tigungsrechte) – urheberrechtliche Nutzungsrechte an Musikwerken für Komponisten, Textdichter und Musikverleger;
- VG Wort – Nutzungsrechte an Sprachwerken von Autoren, Journalisten, Buch-
  und Bühnenverlegern, Übersetzern;
- VG Bild-Kunst – Wahrnehmung von Reproduktionsrechten bei Werken der bildenden Kunst;
- VGL – Gesellschaft zur Verwertung von Leistungsschutzrechten – Vergütungsan-
  sprüche aus der Sendung und öffentlichen Wiedergabe von Schallplatten und CDs
  für ausübende Künstler und Tonträgerhersteller;
- IMHV (Interessengemeinschaft musikwissenschaftlicher Herausgeber und Verleger) – Wahrnehmung der Leistungsschutzrechte an wissenschaftlichen Ausgaben
  und nachgelassenen Werken;
- GÜFA (Gesellschaft zur Übernahme und Wahrnehmung von Filmaufführungs-
  rechten);
- VFF (Verwertungsgesellschaft für Film- und Fernsehproduzenten);
- VGF (Verwertungsgesellschaft für Nutzungsrechte an Filmwerken);

– GWFF (Gesellschaft zur Wahrnehmung von Film- und Fernsehrechten);
– ZPÜ (Zentralstelle für private Überspielungsrechte) – Zusammenschluß der Verwertungsgesellschaften zur Wahrnehmung von Ansprüchen aus der Vervielfältigung zum persönlichen Gebrauch.

Besondere Regelungen gelten für Bühnenaufführungsrechte; diese Rechte werden in der Regel nicht durch Verwertungsgesellschaften wahrgenommen. Statt dessen haben Autoren und Komponisten eines Bühnenwerks, bzw. in deren Auftrag deren Buch- oder Musikverleger, aus einer Aufführung heraus einen direkten Anspruch gegenüber dem Theater auf Zahlung einer Tantieme. Die Höhe und Berechnungsgrundlage der Tantieme (in der Regel 10 % der Einnahmen aus dem Eintrittskartenverkauf) werden durch Vereinbarung zwischen dem Deutschen Bühnenverein und der Zentralstelle der Bühnenautoren- und Bühnenverleger GmbH geregelt. Dabei waren vor allem die Tantiemenhöhen für die Bearbeitung oder Neuübersetzung eines bereits „freien" Bühnenstücks (beispielsweise die Bearbeitung von Schillers „Räubern" durch den Regisseur oder die Neuübersetzung eines Stücks von Shakespeare) ein ständiger Streitpunkt. Durch eine neue sogenannte Regelsammlung haben Bühnenverleger und Bühnenverein hier Anfang der neunziger Jahre zu einer einvernehmlichen Lösung gefunden (SCHULZE, Gernot 1994: 166 f.).

Neben den Rechten aus originären künstlerischen Werken kennt das Urhebergesetz auch sogenannte Leistungsschutzrechte (§§ 72 ff. UrhG). Damit werden die Leistungen ausübender Künstler geschützt, also beispielsweise die Arbeit von Schauspielern, Sängern und Musikern. Wird beispielsweise in einem Supermarkt eine „Background-Musik" eingespielt, so haben nicht nur die Komponisten und Textdichter der jeweiligen Werke (Urheber/Künstler), sondern auch die ausübenden Musiker Anspruch auf eine entsprechende Vergütung. Um die Ansprüche der Komponisten und Textdichter kümmert sich die GEMA, während die Leistungsschutzrechte der Musiker die Gesellschaft zur Verwertung von Leistungsschutzrechten (GVL) sichert. (Da beide Gesellschaften aber ein Kooperationsabkommen vereinbart haben, hat man es in der Praxis immer nur mit einer Verwertungsgesellschaft, nämlich der GEMA, zu tun.) Ähnlich gilt dies natürlich auch für ein Vereinsfest, zu dem Musik vom Band eingespielt wird, oder für einen Jazz-Keller, der seinen Gästen den Mitschnitt des letzten Live-Konzerts als Hintergrund-Musik darbietet.

Urheberrechte, Verwertungsrechte und Leistungsschutzrechte sichern nicht nur die rechtlichen, sondern auch die sozialen Lebensbedingungen der Künstler. In einer Zeit, in der der mediale Kulturbetrieb immer größere Ausmaße annimmt und die millionenfache Wiedergabe eines Kunstwerks ein Kinderspiel geworden ist, gilt es, nicht nur die Verwerter, sondern auch die Urheber von geistiger und schöpferischer Leistung an den materiellen Vorteilen zu beteiligen. Die Zeiten, als jeder Verleger mit Raubdrucken reich werden konnte, während der Autor arm blieb, sollten doch – auch in unseren Köpfen – der Vergangenheit angehören.

Urheberrechte dienen aber nicht nur für Künstler, Publizisten und Verleger zur Sicherung ihrer Rechte und ihres Einkommens, sondern sind in einem modernen Kulturmanagement auch für das Finanzierungsmanagement von zunehmendem Interesse. Dies betrifft vor allem den Handel mit Lizenzen, also all das, was man als Licensing zu bezeichnen pflegt. Mit Licensing hat man es zu tun, wenn beispielsweise ein Theater die Aufzeichnung einer Opernaufführung an eine Fernsehanstalt zur Ausstrahlung verkauft oder wenn der Mitschnitt eines Konzerts im Hörfunk gesendet wird. Als Licensing bezeichnet man aber auch den Handel mit Urheberrechten an einem Kunstwerk und der Vermarktung dieser Rechte über Merchandisingprodukte wie Poster, Halstücher oder Trinkbecher. Solche Merchandisingprodukte kennt man vor allem aus den Museumsshops, wie sie in den angelsächsischen Ländern seit langem üblich sind und wie man sie auch in Deutschland mehr und mehr findet. Nicht zuletzt spricht man auch von Licensing, wenn eine Kulturmarke (z. B. „Die Semperoper") für Produkte Dritter genutzt werden darf (z. B. „Dresdner Semperoper Christstollen"). Licensing, das in der Film- und Fernsehbranche bereits seit vielen Jahren von herausragender Bedeutung ist, gewinnt im engeren Kulturbereich erst nach und nach an Stellenwert. Legt man die Erfahrungen in der Filmbranche zugrunde, kann man davon ausgehen, daß sich hier noch ganz erhebliche finanzielle Potentiale auftun werden (HEINRICHS/SCHÄFER 1999).

3.2.4 Künstlersozialversicherung

Zur Sicherung der sozialen Lebensbedingungen gehört auch die 1983 geschaffene Künstlersozialversicherung. Sie regelt die Kranken, Pflege- und Rentenversicherung der freiberuflichen Künstler und Publizisten. Zur Durchführung der Künstlersozialversicherung wurde eine zunächst selbständige Künstlersozialkasse eingerichtet, die allerdings schon 1988 in die Landesversicherungsanstalt Oldenburg-Bremen eingegliedert wurde, ihren Sitz aber in Wilhelmshaven beibehalten hat. Die Künstlersozialkasse erhebt die Beiträge der Versicherten und die Abgaben der Verwerter und leitet die Gesamtbeiträge an die für die Leistungen zuständigen Rentenversicherungen bzw. Krankenversicherungen weiter. Diese Beitrags- und Leistungsströme zeigt Abbildung 8.

Die Finanzierung dieser Versicherung erfolgt demnach zu 50 % durch eigene Beiträge der Künstler, zu 25 % über einen Bundeszuschuß sowie – analog zum Arbeitgeberanteil in der Arbeiter- und Angestelltenversicherung – zu weiteren 25 % über die Künstlersozialabgabe der „Vermarkter", also der Unternehmen und Einrichtungen, die Kulturmanagement betreiben. Vor allem diese Künstlersozialabgabe hat zu heftigen gerichtlichen Streitigkeiten geführt, aber auch zu einer Grundsatzentscheidung des Bundesverfassungsgericht vom 8. 4. 1987, die den Anspruch auf eine solche Abgabe bestätigt. In dieser wichtigen Entscheidung ist das Gericht auch auf das

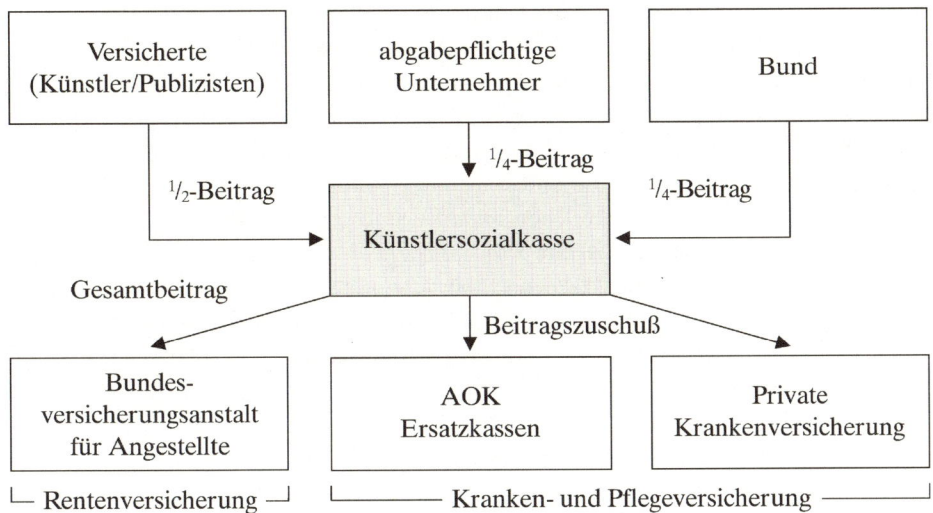

Abb. 8: Beitrags- und Leistungsströme der Künstlersozialkasse (NORDHAUSEN 1995: 4).

besondere Verhältnis zwischen Künstler und Vermarkter eingegangen und hat damit auch auf die Verflechtungen im Kulturbetrieb hingewiesen:

„Die Belastung der Vermarkter mit der Künstlersozialabgabe zur Finanzierung eines Teils der Kosten der Sozialversicherung selbständiger Künstler und Publizisten findet ihre Rechtfertigung in dem besonderen kulturgeschichtlich gewachsenen Verhältnis zwischen selbständigen Künstlern und Publizisten auf der einen sowie den Vermarktern auf der anderen Seite. Dieses Verhältnis hat einen spezifischen Charakter, der über ein bloßes wechselseitiges Aufeinanderangewiesensein, wie es etwa zwischen Produzenten und Handel oder Erzeugern und Verbrauchern besteht, hinausgeht. Künstler und Publizisten erbringen unvertretbare, d. h. höchst persönliche Leistungen, die in besonderer Weise der Vermarktung bedürfen, um ihr Publikum und also ihre Abnehmer zu finden. Dieses Verhältnis hat gewisse symbiotische Züge; es stellt einen kulturgeschichtlichen Sonderbereich dar, aus dem eine besondere Verantwortung der Vermarkter für die soziale Sicherung der – typischerweise wirtschaftlich Schwächeren – selbständigen Künstler und Publizisten erwächst, ähnlich der der Arbeitgeber für ihre Arbeitnehmer" (zitiert nach NEUE JURISTISCHE WOCHENSCHRIFT 87/3115 ff.).

Diese höchst bemerkenswerte Entscheidung, die auch dem Kulturmanager – als Vermarkter oder als Vermittler zwischen Künstler und Vermarkter – eine besondere Verantwortung auferlegt, hatte leider für eine Reihe von freien Kulturinitiativen katastrophale Folgen, weil nun für alle Veranstaltungen rückwirkend ab dem 1. 1. 83 die Künstlersozialabgabe nachgezahlt werden mußte. Noch am 30. 12. 92 klagte beispielsweise die Badische Zeitung in Freiburg im Breisgau darüber, daß das „Gesetz, das die Kultur fördern sollte, ... den Kulturveranstaltern den Boden entzieht". Doch ist dies keine Folge des international vorbildlichen Gesetzes, sondern eine Folge der leichtgläubigen (aber unberechtigten) Hoffnung, freie Kulturinitiativen bis hin zu Festspielen in der Rechtsform eines gemeinnützigen Vereins seien von der Abgabepflicht befreit. Als dann die endgültige Entscheidung des Bundesverfassungsgerichts erging, war das Management dieser Veranstalter auf die hohen Nachzahlungen nicht eingerichtet, was zu ganz erheblichen Finanzierungsschwierigkeiten führte.

Bis 1988 wurde eine einheitliche Künstlersozialabgabe von 5 % von der Summe aller gezahlten Honorare und Gagen erhoben; seitdem wird der Abgabesatz für die abgabepflichtigen Verwerter jährlich vom Bundesminister für Arbeit und Sozialordnung spartenspezifisch und nach dem jeweiligen Bedarf festgesetzt. Von 1992 bis 1996 galten die in Tab. 8 zusammengefaßten Sätze.

Tab. 8: Künstersozialabgabesätze in Prozent der Summen der Honorare und Gagen

Sparten	1992	1993	1994	1995	1996
Wort	0,0	0,6	0,0	0,8	3,0
Bildende Kunst	2,0	3,6	0,0	2,1	6,9
Musik	0,0	0,0	0,0	0,0	1,1
Darstellende Kunst	3,4	4,8	0,3	0,3	0,7

Wie die Tabelle zeigt, unterliegen die Abgabesätze erheblichen Schwankungen. So begrüßenswert die bedarfsgerechte Festsetzung der Abgabesätze auch ist, so erschwert das ständige Auf und Ab der Sätze für die Verwerter doch die Kakulierbarkeit.

Die Kenntnis des Urheberrechts, der Ansprüche aus Verwertungsrechten und Leistungsschutzrechten, des Künstlersozialversicherungsrechts, des Steuerrechts, vor allem aber auch die Berücksichtigung der Kunstfreiheitsgarantie sind – neben allgemeinen Rechtsnormen, wie beispielsweise dem Vertragsrecht – besondere Rahmenbedingungen, ohne die ein Kulturmanagement in keinem Bereich des Kulturbetriebs möglich wäre. Sie tragen ganz wesentlich dazu bei, daß unser höchst differenzierter Kulturbetrieb mit den unterschiedlichen Interessen öffentlicher und privatwirtschaftlicher Kulturarbeit überhaupt funktionieren kann. Ohne diese Rahmenbedingungen würde im Kulturbetrieb sehr bald das Recht des Stärkeren oder des Schnelleren herrschen, was sicherlich unmittelbar zu Lasten der Arbeit der Künstler ginge. Dies aber kann nicht im Interesse des Kulturbetriebs und des Kulturmanagements sein.

3.2.5 Rechts- und Betriebsformen

Zu den Rechtsfragen, die in den letzten Jahren verstärkt ins Interesse einzelner Kulturbetriebe gerückt sind, gehören auch Fragen nach einer effizienten Rechts- und Betriebsform. Über mehrere Jahre hinweg war dies gleichsam kein Thema, weil kommerzielle Kulturbetriebe als handelsrechtliche Personen- oder Kapitalgesellschaft, gemeinnützige als Vereine und öffentlich-rechtliche als Regiebetriebe geführt wurden. Erst mit der Diskussion um eine Privatisierung öffentlicher Einrichtungen (vgl. Abschnitt 2.5) gewann dieses Thema an Bedeutung. (Wobei man einschränkend sagen muß, daß im 19. Jahrhundert eine weit größere Vielfalt an Rechts- und Betriebsformen im Kulturbereich üblich war; insofern wurde mit der Diskussion zu Beginn der neunziger Jahre nur eine Gestaltungsmöglichkeit wiederentdeckt, die für einige Jahrzehnte in Vergessenheit geraten war.)

Die für das Kulturmanagement wichtigsten Rechts- und Betriebsformen sind der Regiebetrieb, der Eigenbetrieb, der Verein, die Stiftung und die Gesellschaft mit beschränkter Haftung (GmbH). Andere Formen wie die Eigengesellschaft oder der Zweckverband sind nur Modifikationen oder sie sind, wie die BGB-Gesellschaft und die Aktiengesellschaft, für den Kulturbetrieb nur von marginaler Bedeutung.

Regiebetrieb

Als Regiebetriebe bezeichnet man innerhalb der öffentlichen Verwaltung „eingegliederte, durch diese mitverwaltete rechtlich, organisatorisch, personell, haushalts- und rechnungstechnisch unselbständige wirtschaftliche Unternehmen" (GERN 1994: 398). Sie haben damit den Charakter eines Verwaltungsamtes, unterstehen folglich einer Steuerung über Querschnittsämter wie Hauptverwaltung, Personalverwaltung oder Finanzverwaltung und sind eingebunden in die Hierarchie ihrer Körperschaft. Typische Regiebetriebe in einer Gemeinde sind beispielsweise die Friedhofsgärtnerei und der Bauhof. Übertragen auf den kulturellen Bereich sind alle kommunalen oder Landeseinrichtungen Regiebetriebe, sofern für sie nicht eine andere Rechts- und Betriebsform vereinbart wurde, also beispielsweise alle Staats- und Stadttheater, Volkshochschulen, Bibliotheken, Museen, Musikschulen usw.

Der Regiebetrieb hat zweifellos den Nachteil einer gewissen Inflexibilität, da weder die Kameralistik noch die allgemeine Verwaltungslehre für Betriebe außerhalb der Hoheitsverwaltung sonderlich geeignet sind. Andererseits hat ein Regiebetrieb aber auch den Vorteil, daß er dem Träger einer Einrichtung besonders „nah" ist. Folglich macht man immer wieder die Erfahrung, daß beispielsweise ein Gemeinderat oder ein Oberbürgermeister für „ihren" Regiebetrieb wesentlich engagierter eintreten als für einen rechtlich ferner stehenden Verein. Da es zudem möglich ist, auch in einen Regiebetrieb betriebswirtschaftliche Steuerungselemente einzubringen (z. B. über eine sogenannte Budgetierung, bei der das Zugriffsrecht des Trägers nur eintritt, wenn die Gesamtsumme des Zuschußbedarfs überschritten wird), zeigt sich, daß der so altmodisch erscheinende Regiebetrieb durchaus nicht ohne Vorteile ist.

Eigenbetrieb

Auch der Eigenbetrieb ist eine Betriebsform der öffentlichen Verwaltung. Es handelt sich um eine Mischform, denn einerseits ist der Eigenbetrieb eine Rechtsform ohne eigene Rechtspersönlichkeit, d. h., seine Handlungen werden ausschließlich dem Träger zugerechnet. Andererseits ist er aber als Betriebsform weitgehend selbständig, d. h., ihm steht eine eigene Haushalts- und Rechnungsführung zu, die nach betriebswirtschaftlichen Gesichtspunkten (einschließlich einer kaufmännischen Buchführung mit Bilanz und Gewinn- und Verlustrechnung) aufgebaut sein kann. Die Anbindung an die demokratischen Entscheidungs- und Kontrollorgane (z. B. einen Gemeinderat) erfolgt durch die Schaffung eines Betriebsausschusses, der sich aus Mitgliedern des Gemeinderats zusammensetzt und wie jeder andere Ausschuß tätig wird. Geleitet wird der Eigenbetrieb von einer Betriebsleitung.

Der Eigenbetrieb, den man im öffentlichen Verwaltungsrecht noch nicht allzu lange kennt, hat sich bereits sehr bewährt, weil er weit mehr Möglichkeiten einer Anbindung an die Verantwortlichkeit des Trägers kennt als beispielsweise ein Verein, gleichzeitig aber auch alle Chancen einer flexiblen Unternehmensführung nach betriebswirtschaftlichen Gesichtspunkten zuläßt. Nachdem die ursprüngliche Regelung, nach der sich der Eigenbetrieb zu mindestens 50 % aus eigenen Einnahmen zu finanzieren habe, inzwischen aus vielen Eigenbetriebsgesetzen gestrichen wurde, scheint sich der Eigenbetrieb zur idealen Rechts- und Betriebsform für Kulturbetriebe in öffentlicher Trägerschaft zu entwickeln.

Verein

Die im privatrechtlich-gemeinnützigen Bereich am weitesten verbreitete Rechtsform ist der eingetragene Verein. Als Verein im Sinne des Bürgerlichen Gesetzbuches (§§ 21–79 BGB) bezeichnet man einen auf Dauer angelegten, körperschaftlich organisierten und in seinem Bestand vom Wechsel der Mitglieder unabhängigen Zusammenschluß mehrerer Personen (FRIEDRICH 1994: 40–88). Folglich ist der Verein die ideale Rechtsform, um ein Ziel zu verfolgen, das unabhängig von den aktuell agierenden Personen erreicht werden soll. Wenn also beispielsweise schon in den dreißiger Jahren des 19. Jahrhunderts einige Personen es sich zum Ziel gesetzt hatten, Volkslieder zu pflegen, und dazu einen Gesangverein gründeten, so kann dieser Verein auch 170 Jahre später noch problemlos bestehen, sofern sich nur genügend Personen finden, die dieses Ziel auch heute noch verfolgen möchten. Damit eignet sich der Verein vor allem für gemeinnützige Zwecke, handelt es sich dabei doch in aller Regel um Ziele, die unabhängig von einzelnen Personen erstrebenswert und förderungswürdig bleiben.

Der Verein kennt als Organe die Mitgliederversammlung, die beispielsweise über

Satzungsfragen zu entscheiden hat, sowie den Vorstand, der das operative Geschäft betreibt. Von ganz wenigen Ausnahmen abgesehen nennt das Gesetz für die Vereinsführung keine Vorschriften. Das bedeutet, daß es dem Verein freigestellt ist, in welcher Form er seine Rechnungsführung betreibt oder nach welchen Prinzipien er sein vereinsinternes Management ausrichtet. Das gibt dem Verein eine große Flexibilität und einen fast unbegrenzten Gestaltungsspielraum. Folglich kann es nicht überraschen, daß nicht nur kleine Gesangvereine, sondern auch millionenschwere Bundesligaclubs nach dem Vereinsrecht geführt werden können.

In wirtschaftlicher Hinsicht ergeben sich für den gemeinnützigen Verein zwei Vorteile, nämlich die weitgehende Steuerbefreiung und das Recht, Spenden entgegennehmen zu dürfen. Entgegen einer öffentlich-rechtlichen Einrichtung, die grundsätzlich von jeder Steuerpflicht befreit ist, sind privatrechtliche Vereine und Stiftungen prinzipiell steuerpflichtig, und zwar zur Körperschaft-, Gewerbe-, Grund-, Erbschaft- und Vergnügungssteuer. Das Steuerrecht kennt aber eine Befreiung oder Ermäßigung von der Steuerpflicht, sofern die Institutionen laut Satzung oder Stiftungsurkunde „ausschließlich und unmittelbar gemeinnützigen ... Zwecken dienen" (§ 5 Abs. 1 Nr. 9 Körperschaftsteuergesetz). Eine solche Steuerbefreiung muß beim zuständigen Finanzamt beantragt werden (BISCHOFF 1990: 49 ff.).[1]

Mit der Anerkennung der Gemeinnützigkeit ergibt sich nicht nur der Vorteil der Befreiung von der Steuerpflicht, sondern auch die – häufig weit interessantere – Berechtigung, Spenden entgegenzunehmen, die der Spender steuerbegünstigend einsetzen kann. Dabei unterscheidet man die sogenannte Große und die Kleine Gemeinnützigkeit. Die Große Gemeinnützigkeit gilt nur für Einrichtungen in Wissenschaft und Forschung, während die Kleine Gemeinnützigkeit im Bereich von Kunst, Kultur und Denkmalpflege zur Anwendung kommt. In der Praxis bedeutet dies, daß die Inhaber der Großen Gemeinnützigkeit (also beispielsweise wissenschaftliche Hochschulen oder Forschungsinstitute) ihre Spendenbescheinigungen direkt ausstellen können, während sowohl privatrechtliche als auch öffentlich-rechtliche Einrichtungen der Kunst, Kultur und Denkmalpflege als Zwischenstation eine Körperschaft der öffentlichen Hand benötigen, um eine Spendenbescheinigung erteilen zu können.

Die Geldspende beispielsweise an einen Kunstverein muß also an die Gemeindekasse gezahlt werden, die die Spendenbescheinigung ausstellt und die Spende an den Kunstverein überweist. Dies bedeutet keinerlei rechtliche oder finanzielle Konsequenzen, aber vielleicht doch eine zusätzliche Barriere, weil sich weder Spender noch Begünstigter gern in die „Karten" sehen lassen.

Wegen der finanziellen Vorteile, die sich aus dem Status der Gemeinnützigkeit ergeben (und der damit verbundenen finanziellen Nachteile für den Staat), achtet das Finanzamt allerdings sehr darauf, daß die Tätigkeit eines Vereins oder einer Stiftung wirklich ausschließlich gemeinnützigen Zwecken dient. § 5 Abs. 1 Nr. 9 des Körperschaftsteuergesetzes schränkt denn auch ein: „Wird ein wirtschaftlicher Geschäftsbetrieb unterhalten, ist die Steuerbefreiung insoweit ausgeschlossen." Ein solcher wirtschaftlicher Geschäftsbetrieb ist beispielsweise dann gegeben, wenn ein Verein aus Vereinsfesten oder dem Verkauf von Merchandisingprodukten Jahresbruttoeinnahmen von mehr als 60000 DM erzielt. Dann unterliegt der gesamte Gewinn aus dem wirtschaftlichen Geschäftsbetrieb der Körperschaftsteuer und der Gewerbesteuer.

Nehmen die wirtschaftlichen Zwecke solche Ausmaße an, daß sie als Hauptzweck der Institution zu gewichten sind, droht der Verlust der Gemeinnützigkeit. Es ist dann dringend geboten, den wirtschaftlichen Geschäftsbereich vom gemeinnützigen Bereich rechtlich abzutrennen, etwa durch Bildung eines weiteren Vereins ohne Gemeinnützigkeit oder einer Gesellschaft mit beschränkter Haftung (vgl. dazu ausführlich HEINRICHS 1997: 233 ff.).

Einschränkungen sind für den Verein auch dort gegeben, wo in größerem Umfang Rücklagen oder Vermögen gebildet werden sollen. Für den Verein gilt der Grundsatz der zeitnahen Mittelverwendung, d. h., daß Einnahmen in der Regel innerhalb eines Jahres wieder zu verwenden sind. Davon ausgenommen sind zweckfreie Rücklagen bis zu höchstens 25 % des Jahresüberschusses sowie zweckgebundene Rücklagen (beispielsweise für den Bau eines Vereinsheims). Darüber hinaus ist es dem Verein aber nicht möglich, Vermögen zu bilden und etwa eine größere Spende oder Erbschaft für eine spätere, noch ungewisse Verwendung zurückzulegen (durch sogenannte Thesaurierung). (Zur Eignung der Vereinsform für eine formelle Privatisierung öffentlicher Kulturbetriebe vgl. Abschnitt 2.3.3.)

Stiftung

Während der Verein dem Grundsatz der zeitnahen Mittelverwendung unterliegt, ist die Stiftung geradezu auf die Vermögensbildung und -erhaltung ausgerichtet. „Stiften heißt, ein Vermögen auf Dauer einem bestimmten Zweck zu widmen" (STRACHWITZ 1994: 41). Jede Stiftung – ganz gleich, ob privatrechtlicher oder öffentlich-rechtlicher Natur – ist durch folgende Merkmale gekennzeichnet:
- Stifterwille,
- Stiftungszweck,
- Stiftungsvermögen,
- Dauerhaftigkeit und
- staatliche Stiftungsaufsicht.

Durch die Dauerhaftigkeit der Stiftung, weitgehend gesichert durch eine auf Kontinuität ausgerichtete Organisation, unterscheidet sich die Stiftung von der Spende, die nur für einen einmaligen Zweck zur Verfügung gestellt wird. Damit dem Stifterwillen gegebenenfalls auch noch nach dem Tod des Stifters Folge geleistet wird, stehen alle Stiftungen unter einer staatlichen Aufsicht. Dies hat zur Folge, daß es neben den grundsätzlichen Rechtsvorschriften des Bürgerlichen Gesetzbuches (§§ 80 ff. BGB) auch noch zahlreiche Landesvorschriften gibt (STRACHWITZ 1994 und SEIFART/VON CAMPHAUSEN 1998).

Die Stiftung kann einerseits Träger einer Einrichtung sein und kann andererseits der Förderung von Projekten und Einrichtungen dienen. Beispielsweise wird das „Haus der Geschichte der Bundesrepublik Deutschland" in Bonn getragen von einer öffentlich-rechtlichen Stiftung, die allein den Zweck verfolgt, dieses Museum zu betreiben. Solche Stiftungen verfügen in der Regel über kein Vermögen (wenn man vom Vermögen der Einrichtung einmal absieht), sondern werden finanziert über Zuwendungen der öffentlichen Hand an die Stiftung (im Falle des „Hauses der Geschichte" durch eine gesetzlich abgesicherte Verpflichtung des Bundes). Insofern ist die finanzielle Absicherung einer solchen Stiftung nicht anders als die eines Regiebetriebs oder einer formell als Verein privatisierten öffentlichen Kultureinrichtung. Und dennoch ergeben sich über die Trägerrechtsform der Stiftung große Vorteile. Dies betrifft vor allem den hohen Grad an Unabhängigkeit, denn die Stiftung gehört niemandem. Wie wertvoll dies sein kann, zeigt wiederum das Beispiel „Haus der Geschichte", das allein aufgrund der Stiftungsstruktur gegenüber einem Regierungswechsel autark ist. Der zweite Vorteil zeigt sich im Management, denn ähnlich wie ein Verein kann eine Stiftung die manageriale und betriebswirtschaftliche Steuerung nach eigenem Gutdünken bestimmen.

Dem Grundgedanken einer Stiftung folgt eine Institution aber vor allem dann, wenn sie sich auch auf ein entsprechendes Vermögen stützen und seinen laufenden Geschäftsbedarf weitgehend aus Vermögenserträgen bzw. Stiftungsausschüttungen finanzieren kann. Das gilt beispielsweise für die Morath-Stiftung in Freiburg im Breisgau, die ihre bemerkenswerten Ausstellungen und ihre beachtliche Kunstsammlung allein aus Stiftungserträgen finanziert.

Darüber hinaus kennt man noch Förderstiftungen, die ihre Vermögenserträge zur Förderung von Aktivitäten Dritter nutzen, sowie Projektstiftungen (auch operative Stiftungen genannt), die in Kooperation mit anderen Institutionen gemeinsame Projekte durchführen. Für beide Stiftungsarten gilt aber der unumstößliche Grundsatz, daß eine Förderung oder Kooperation nur möglich ist, wenn dies dem Stifterwillen entspricht (vgl. auch Abschnitt 5.4.2).

GmbH

Die Gesellschaft mit beschränkter Haftung (GmbH) ist eine Kapitalgesellschaft mit eigener Rechtspersönlichkeit, die zwar als Gesellschaft mit ihrem Vermögen unbegrenzt haftet, bei der aber die Haftung der Gesellschafter gegenüber der Gesellschaft nur auf die Höhe ihrer Kapitaleinlagen beschränkt ist (daher der Name). Das Stammkapital der GmbH beträgt mindestens 50 000 DM, je Stammeinlage mindestens 500 DM, wobei die Beteiligung für die verschiedenen Gesellschafter – es darf sich auch nur um einen Gesellschafter handeln – verschieden hoch sein kann.

Die handelnden Organe der GmbH sind die Gesellschafterversammlung, der Aufsichtsrat und die Geschäftsführung. Die Aufgaben der Gesellschafterversammlung als oberstem Organ entsprechen etwa denen einer Mitgliederversammlung im Verein. Die Gesellschafterversammlung kann aber zusätzlich auch Kompetenzen an sich ziehen und der Geschäftsführung bindende Einzelanweisungen erteilen, d. h., sie kann unmittelbar die Führung der Geschäfte beeinflussen. Die Bildung eines Aufsichtsrates ist im GmbH-Gesetz nicht zwingend vorgeschrieben, sie kann aber im Gesellschaftsvertrag festgelegt werden. Dem Aufsichtsrat obliegt dann insbesondere die Überwachung der Geschäftsführung in Hinsicht auf Ordnungsmäßigkeit und Wirtschaftlichkeit. In einem GmbH-Kulturbetrieb, bei dem eine Kommune alleiniger oder Hauptgesellschafter ist, wird man den Aufsichtsrat nutzen, um beispielsweise eine Anbindung an den Gemeinderat als demokratisches Willensbildungs- und Kontrollorgan sicherzustellen. Man wird also einen Aufsichtsrat bilden, dem ausschließlich oder überwiegend Gemeinderatsmitglieder angehören Der Geschäftsführung obliegt die kaufmännische und, vor allem im Bereich von Kulturbetrieben, die künstlerische Gesamtverantwortung. Der Geschäftsführung der GmbH ist allerdings kein eigener Kompetenzbereich gesetzlich garantiert, d. h., Gesellschaftsvertrag und -satzung können deren Handlungsfreiheit einengen. Zu den Aufgaben der Geschäftsführung gehören beispielsweise die Vertretung der Gesellschaft, die laufende Betriebsführung, die Aufstellung des Wirtschaftsplanes und des Jahresabschlusses sowie die Personalplanung.

Die GmbH ist in kommerziellen Kulturbetrieben die bevorzugte Rechts- und Betriebsform, denn sie ist ganz auf ein kaufmännisches Wirken mit Gewinnabsicht ausgerichtet. Durch die Beschränkung der Haftung auf das Stammkapitel bzw. auf die einzelnen Geschäftsanteile bietet sie zudem für die Gesellschafter ein stets überschaubares Risiko. Wenn auch öffentliche und gemeinnützige Träger nun dazu übergehen, eine Kultureinrichtung als GmbH zu betreiben, so ist dies eigentlich eine wenig überzeugende Lösung. Die mit der GmbH in der Regel gegebene Handlungsflexibilität kann durchaus auch über einen Eigenbetrieb oder eine Stiftung erreicht werden, zumal nicht wenige GmbHs öffentlicher Gesellschafter die gesetzlich mögliche Handlungsfreiheit der Geschäftsführung durch einen starken Aufsichtsrat erheblich einschränken. Eine GmbH ist grundsätzlich darauf angelegt, sich aus eigenen Erträgen finanzieren zu können. Bei Theatern mit einem durchschnittlichen Eigenfinanzierungsanteil von unter 15 % ist man von diesem Ziel meilenweit entfernt, weshalb sich die Rechtsform einer GmbH für ein öffentliches Theater eigentlich verbieten müßte. Zudem wird im öffentlichen Bereich dem Stellenwert des Stammkapitals zu wenig Aufmerksamkeit gewidmet. Das Stammkapital soll einerseits so niedrig bemessen sein, daß die GmbH nicht zu unverhältnismäßig riskanten Geschäften verleitet wird, es soll andererseits aber auch so hoch sein, daß nicht ständig Liquiditätsengpässe entstehen. Wenn aber eine Stadttheater-GmbH über ein Stammkapital von nur 500 000 DM verfügt, so liegt dieser Betrag unterhalb der Kosten einer mittleren Operninszenierung. Ein solches Stammkapital steht in keinem Verhältnis zum Umsatz der GmbH und müßte deshalb erheblich aufgestockt werden, um als Risikokapital überhaupt ernst genommen werden zu können. Im öffentlichen und gemeinnützigen Bereich sollte die GmbH als Rechts- und Betriebsform deshalb nur dann in Betracht kommen, wenn erhebliche Umsatzerlöse zu erwarten sind und wenn das Stammkapital wirklich als Risikokapital eingesetzt werden kann (beispielsweise in einer Kultur- und Tourismus-GmbH).

Insgesamt zeigt sich, daß es keine für alle Fälle ideale Rechts- und Betriebsform gibt. Wie in anderen Bereichen ist auch hier wieder sorgfältig der Einzelfall zu prüfen, wobei die grundsätzliche Ausrichtung als Profit- oder Nonprofit-Betrieb, der Eigenfinanzierungsanteil, die erstrebte Handlungsflexibilität sowie – im öffentlichen Bereich – ein unverzichtbarer Mindestgrad an demokratischer Steuerung und Kontrolle die wichtigsten Auswahl- und Entscheidungskriterien sind.

3.3 Kultur und Europa

Nach der Schaffung der Europäischen Union und der Einführung einer gemeinsamen Währung gewinnt auch Europa als eine politische, rechtliche und wirtschaftliche Rahmenbedingung zunehmend an Bedeutung für ein Kulturmanagement im deutschsprachigen Raum. Zwar wird es auf absehbare Zeit keine einheitliche europäische Kulturpolitik geben (und sie wäre wohl auch nicht zu wünschen), doch sind die Harmonisierung des Rechts (vgl. die Diskussion um die Buchpreisbindung im Rahmen der Harmonisierung des Wettbewerbsrechts) und die Förderung zwischenstaatlicher kultureller Aktivitäten (vgl. die zahlreichen EU-Fördertöpfe) durchaus schon heute gewichtige Faktoren, die die Beschäftigung mit der europäischen Komponente von Kulturmanagement rechtfertigen.

Unsere Erfahrung kulturellen Erlebens ist ganz wesentlich geprägt durch räumliche Nähe und Unmittelbarkeit. Wenn wir Kultur nicht medial erleben, suchen wir sie in einem lokalen oder regionalen, höchstens noch nationalen Bezug. Obwohl wir mit großer Selbstverständlichkeit von der abendländischen Kulturtradition sprechen, tun wir uns mit einer europäischen Kultur als einem persönlichen Anliegen recht schwer. Dieser Widerspruch verschwindet aber seltsamerweise, wenn wir im Zusammenhang weltwirtschaftlicher Wettbewerbe zwischen den Kulturräumen Fernost, Nordamerika oder Europa zu unterscheiden haben. Die Gefahr, daß die Kultur Europas in erster Linie die Kennzeichnung eines Weltmarkt-Segments ist, läßt sich in diesem Zusammenhang nicht ganz von der Hand weisen.[2]

Was also ist unter Kultur und Europa oder gar einer europäischen Kulturpolitik und Kulturarbeit zu verstehen? Geht es um den grenzüberschreitenden Kulturbetrieb, um eine internationale Kulturarbeit oder geht es um die Wahrung einer Kulturtradition, die sich in unserer Kunst, Musik und Literatur, aber auch in unserem Alltagsgeschmack niederschlägt?

Liest man die „Kulturklausel" (Artikel 128) im Vertrag von Maastricht (in der Fassung vom 9./10. 12. 1991), so geht es genau um dies alles:

„(1) Die Gemeinschaft leistet einen Beitrag zur Entfaltung der Kulturen der Mitgliedstaaten unter Wahrung ihrer nationalen und regionalen Vielfalt sowie gleichzeitiger Hervorhebung des gemeinsamen kulturellen Erbes.

(2) Die Gemeinschaft fördert durch ihre Tätigkeit die Zusammenarbeit zwischen den Mitgliedstaaten und unterstützt und ergänzt erforderlichenfalls deren Tätigkeit in folgenden Bereichen:
– Verbesserung der Kenntnis und Verbreitung der Kultur und Geschichte der europäischen Völker,
– Erhaltung und Schutz des kulturellen Erbes von europäischer Bedeutung,
– nichtkommerzieller Kulturaustausch,
– künstlerisches und literarisches Schaffen, einschließlich im audiovisuellen Bereich.

(3) Die Gemeinschaft und die Mitgliedstaaten fördern die Zusammenarbeit mit dritten Ländern und den für den Kulturbereich zuständigen internationalen Organisationen, insbesondere mit dem Europarat.

(4) Die Gemeinschaft trägt den kulturellen Aspekten bei ihrer Tätigkeit aufgrund anderer Bestimmungen des Vertrags Rechnung.

(5) Als Beitrag zur Verwirklichung der Ziele dieses Artikels, erläßt der Rat
– gemäß dem Verfahren des Artikels 189b nach Anhörung des Ausschusses der Regionen Fördermaßnahmen unter Ausschluß jeglicher Harmonisierung der Rechts- und Verwaltungsvorschriften der Mitgliedstaaten; der Rat beschließt im Rahmen des Verfahrens des Artikels 189b einstimmig;
– einstimmig auf Vorschlag der Kommission Empfehlungen."

In der Tat kehren alle Stichworte der Eingangsfrage in diesem Artikel wieder: von der „nationalen und regionalen Vielfalt" ist ebenso die Rede wie vom „gemeinsamen kulturellen Erbe", die „Unterstützung von Aktionen" (Kulturarbeit) wird gleichermaßen erwähnt wie das „künstlerische und literarische Schaffen". Aber immer wird sorgfältig auf die Abstimmung mit den Mitgliedstaaten hingewiesen und die „Wahrung ihrer nationalen und regionalen Vielfalt" beachtet. Zwangsläufig denkt man eher an eine neue administrative Ebene für Kulturförderung als an eine eigenständige europäische Kultur und Kulturpolitik.

Und in der Tat zeichnet sich die europäische Kulturpolitik vor allem durch eine Reihe von Förderprogrammen aus, mit teilweise komplizierten und aufwendigen Verwaltungsvorschriften. Da sich die EU-Kulturförderprogramme relativ häufig ändern, kann hier nur sehr allgemein ein Überblick über aktuell geltende Programme gegeben werden:
– KALEIDOSKOP (Förderung künstlerischer und kultureller Projekte, die von Organisationen – nicht Einzelpersonen – aus mindestens drei europäischen Ländern durchgeführt werden)
– RAPHAEL (Förderung des Erhalts und der Zugänglichkeit des beweglichen und unbeweglichen kulturellen Erbes)

– ARIANE (Förderung zeitgenössischer Literatur und Übersetzungen, auch von
   Nachschlagewerken)

Ab dem Jahr 2000 ist ein neues Förderprogramm mit Namen „Kultur 2000" vorgesehen, das die bislang bestehenden Einzelprogramme weitgehend ersetzen wird.
Es soll ein Volumen von 67 Mio. DM haben. Da es aber Kulturprojekte in 29 teil-
nahmeberechtigten Ländern fördern soll, relativiert sich das mit großen Erwartungen verbundene Projekt doch erheblich. (Zum Vergleich: das Volumen des europäischen Programms „Kultur 2000" entspricht etwa dem jährlichen Kulturetat von Städten wie Heidelberg, Augsburg, Münster oder Kiel.)

Um sich im administrativen Dschungel der EU-Förderprogramme wenigstens
noch halbwegs zurechtfinden zu können, wurde 1999 vom Deutschen Kulturrat eine
Informations- und Kontaktstelle mit Namen „Cultural Contact Point" eingerichtet.
Diese Informationsbörse befindet sich im Bonner „Haus der Kultur"; sie bietet
selbstverständlich auch einen Zugang per Internet (www.kulturrat.de/ccp).

So löblich und im Einzelfall auch hilfreich solche Förderprogramme auch sein
mögen, darüber ist eine „Kulturgesellschaft Europa" sicherlich nicht zu erreichen.
Colette Flesch, die ehemalige EU-Generaldirektorin des Ressorts „Audiovisuelle
Medien, Information, Kommunikation und Kultur", geht deshalb in ihren Forderungen weit über solch administrative Rahmenbedingungen hinaus:

„Ich rede … von Kultur durchaus in einem weiten, umfassenden Sinne, denn der
Zukunftsdiskurs Europa wird sein:
– ein Geschichtsdiskurs,
– ein Ökologie- und Ökonomiediskurs,
– ein Technik- und Wissenschaftsdiskurs,
– ein Diskurs über Europa als Wanderungs- und Einwanderungsland,
– ein Diskurs über Eigenes und Fremdes, Kulturkontakt und Kulturaustausch und
   ein Religions- und Toleranzdiskurs" (FLESCH 1992: 14).

Und an anderer Stelle im gleichen Aufsatz heißt es: „Wir müssen darauf reagieren,
daß das Modell Westeuropa weder ökologisch, ökonomisch, technologisch noch gei-
stig beliebig expandierbar ist. Es muß sich qualitativ ändern" (ebd. 14).

Darin kommt ein gänzlich anderer Anspruch zum Ausdruck, nämlich eine eigene
qualitative Dimension von Kultur in einem europäischen Bezugsrahmen. In einem
Europa der unterschiedlichen Nationen mit eigenständigen politischen, wirtschaftlichen und gesellschaftlichen Traditionen, mit erheblichen Sprachbarrieren und der
Last vieler Kriege kann es nicht viele Wege geben, über die der umfangreiche, von
Colette Flesch angesprochene „Zukunftsdiskurs" geführt werden könnte. Vielleicht
der einzige Weg in diese Richtung, vielleicht unsere letzte Chance ist der kulturell
orientierte Diskurs.

Leider ist davon im Vertrag von Maastricht nicht die Rede, denn die Völkerrecht-
ler scheinen hierfür keinen Handlungsbedarf zu sehen. „Aufgrund der funktionalen
Zuständigkeitsordnung der EWG-Organe (Politikverflechtung) ist ein Eingreifen

der EG in die nationale Kulturpolitik in einzelnen Sachmaterien, wie z. B. zur Herstellung des freien Warenverkehrs, der Niederlassungs- und Dienstleistungsfreiheit, durchaus möglich und zulässig. Andererseits verfügt die EG nicht über eine generelle Kulturkompetenz. Im Gegenteil, diese steht nach wie vor den Mitgliedstaaten zu. Auch über die Zielsetzung eines ‚immer engeren Zusammenschlusses' und der Verpflichtung der Mitgliedstaaten zur Herstellung einer Europäischen Union nach Artikel 1 der Einheitlichen Europäischen Akte läßt sich eine Kulturkompetenz der EG nicht begründen, von Maßnahmen zur Funktionserhaltung einmal abgesehen. Diese können aber kaum ins Gewicht fallen. Daher ist die Schaffung eines europäischen Kulturraumes – der existiert, aber nicht der EG-Regelung bedarf – keine Aufgabe einer Wirtschaftsgemeinschaft" (RESS 1990: 5).

In völlig richtiger Erkenntnis dieser besonderen Situation hat deshalb schon 1988 der Deutsche Kulturrat Freizügigkeit, Freiwilligkeit in der Zusammenarbeit, Offenheit und die gegenseitige Anerkennung von Besonderheiten als die vier Prinzipien für die kulturellen Aktivitäten in Europa empfohlen (AUSTEN/CORNEL 1989: 14). Nur diese Freizügigkeit und Offenheit – und dies keineswegs nur in der körperlichen Überwindung von Grenzen – macht den „Zukunftsdiskurs", von dem Colette Flesch spricht, möglich. Es ist zugleich das beste Mittel für einen „Kampf gegen Provinzialismus, gegen den Rückzug auf Schrebergärten aller Art, die Überprüfung identitärer Nabelschau, der Kampf gegen Fremdenfeindlichkeit, gegen Nationalismus und gegen jede Form der Irrationalität, die sich gegenüber der Ungewißheit einzukapseln versucht oder auf falsche Propheten hereinfällt" (PICHT 1992: 32).

Eine so verstandene Kulturpolitik der Offenheit verlangt eine nicht unerhebliche Veränderung auch im Einsatz von Kulturmanagement. Ein europäisches Kulturmanagement kann nur Rahmenbedingungen für koordiniertes oder gemeinsames Handeln bereitstellen; als Steuerungshandlung zur Überwindung von Unterschieden und zur Realisierung einer zwischenstaatlich definierten Kulturpolitik müßte es scheitern. Dies allerdings darf nicht als Beschränkung erlebt werden; vielmehr „muß die Fähigkeit entwickelt werden, die Unterschiede als Reichtum zu akzeptieren" (BIEDENKOPF 1989: 21). „Das heißt, wir müssen diese kulturellen Unterschiede erforschen, sie darstellen und sie in der gesamten kulturellen Substanz auch immer wieder anbieten und deutlich machen, sonst ist die Toleranz, die wir brauchen, nicht zu erreichen" (ebd. 22).

Ein Kulturmanagement, daß in diesem Kontext Kultur ermöglichen will, unterliegt folglich nicht einer Beschränkung, sondern steht statt dessen vor deutlich erweiterten Herausforderungen. Gaben wir uns beispielsweise noch vor wenigen Jahren damit zufrieden, daß die Romanistik-Lehrstühle unserer Universitäten sich auf die Erforschung der französischen Literatur- und Kulturgeschichte beschränkten, so haben wir heute an das Institut für Frankreich-Forschung (Freiburg im Breisgau) oder an das Deutsch-Französische Institut (Ludwigsburg) gänzlich andere, weit darüber hinausgehende Anforderungen. Was für die wissenschaftliche Forschung gilt, muß auch für das Kulturmanagement gelten: europäische Kulturpolitik und europäische Kulturarbeit müssen so angelegt sein, daß der „Reichtum der Unterschiede" erkennbar gemacht und – im Sinne des erwähnten kulturell orientiertes Diskurses – gewinnbringend umgesetzt werden kann.

3.4 Kultur und Wirtschaft

Daß es einen Zusammenhang geben könnte zwischen Kultur und Wirtschaft wurde im deutschsprachigen Raum lange Zeit übersehen, wenn nicht sogar geleugnet (vgl. die doch sehr ablehnenden Bemerkungen von Horkheimer und Adorno über die Kulturindustrie in HORKHEIMER/ADORNO 1971: 108–150). Erst Mitte der achtziger Jahre wurde dieses Thema erstmals aufgegriffen, rückte dann aber auch gleich in den Mittelpunkt des kulturpolitischen Interesses. Dies zeigt sich nicht zuletzt an der relativ großen Zahl von wissenschaftlichen Publikationen, die sich diesem Thema widmeten. In chronologischer Folge waren dies in Europa[3] vor allem folgende Untersuchungen:

- Die Bundestheater in der österreichischen Wirtschaft (ABELE/BAUER 1984)
- Die wirtschaftliche Bedeutung der Züricher Kulturinstitute (Gutachten im Auftrag des Züricher Bankhauses Bär, BISCHOF 1984)
- Die wirtschaftliche Bedeutung der Künste in Amsterdam (VAN PUFFELEN 1986)
- Wirtschaftliche Auswirkungen von Kulturangeboten in Bremen (TAUBMANN/ BEHRENS 1986)
- Der wirtschaftliche Nutzen von Festspielen, Fachmessen und Flughäfen am Beispiel der Region Salzburg (KYRER 1987)
- Die volkswirtschaftliche Bedeutung von Kunst und Kultur. Gutachten im Auftrag des Bundesministers des Innern (sogenannte Ifo-Studie, HUMMEL/BERGER 1988)
- Investitionen der öffentlichen Hand in die Kunsthalle in Emden unter dem Aspekt der regionalen und lokalen Nutzenstiftung (HENSMANN 1988)
- Kultur als Wirtschaftsfaktor. Dargestellt am Beispiel der Bonner Oper (HEINRICHSMEYER/BRITZ/RAU 1989)

Auffallend ist, daß in Europa die ersten Untersuchungen zum Thema „Kultur und Wirtschaft" im benachbarten Ausland entstanden, nämlich in Österreich (ABELE/BAUER 1984), in der Schweiz (BISCHOF 1984) und in den Niederlanden (VAN PUFFELEN 1986). In Westdeutschland verhinderte die kulturpolitische Zielsetzung der siebziger Jahre zunächst noch die Öffnung für dieses Thema. „Nach einer Epoche der Kapitalismuskritik" (FOHRBECK/WIESAND 1989: 13) wurde es erst mit einer zeitlichen Verzögerung von drei bis vier Jahren auch hier aufgegriffen (TAUBMANN/BEHRENS 1986, aber in vollem Umfang erst nach dem Ifo-Gutachten von HUMMEL/BERGER 1988).

Dann aber beherrschten gleichsam über Nacht Stichwörter wie „Umwegrentabilität" (HUMMEL/BERGER 1988), „Standortfaktor Kultur" (WEILEPP 1988), „Kultur als Wirtschaftsfaktor" (TAUBMANN/BEHRENS 1986 und HEINRICHS-MEYER/BRITZ/RAU 1989), „Multiplikatoreneffekte" und vor allem „Sponsorship" (BRUHN 1987/1991) und „Mäzenatentum" (FOHRBECK 1988) mit einer Intensität die Diskussion in der kulturellen Öffentlichkeit, wie man sie sich angesichts der vorausgegangenen Abstinenz kaum hätte vorstellen können. Ohne nun im einzelnen auf die Ursachen dieses Sinneswandels eingehen zu müssen (vgl. hierzu FOHRBECK/WIESAND 1989: 11 ff. und 31 ff.), ist festzuhalten, daß ab etwa 1988/89 Begriffe wie „Kulturbetrieb" oder „Kulturwirtschaft" ihre Außenseiterrolle überwunden hatten.

3.4.1 Kultur als Wirtschaftsfaktor

Eines der wichtigsten und der bis heute unbestrittenen Ergebnisse der genannten Untersuchungen war die Feststellung, daß Kultur ein Wirtschaftsfaktor ist. Wie in jeder anderen Wirtschaftsbranche werden auch im Kulturbetrieb Umsätze getätigt, die eine Wertschöpfung im volkswirtschaftlichen Sinne erbringen. Und wie in jedem anderen Wirtschaftszweig stellt auch der Kulturbetrieb Arbeitsplätze bereit. So sehr diese Feststellungen auch in einem vorwissenschaftlichen Verständnis unbestritten sind, zeigte sich dank der erwähnten Untersuchungen allerdings, daß der Kulturbetrieb in weit größerem Maße ein Wirtschafts- und Arbeitsmarktfaktor ist, als man dies vorher vermutet hatte.

Allerdings war es nicht ganz leicht, hier zu verwertbaren Daten zu gelangen, weil der Kulturbetrieb sich mit seinen kommerziellen und nicht-kommerziellen Bereichen für eine volkswirtschaftliche Erfassung als sehr problematisch erwies. Da die von den Ökonomen gewählte Lösung wiederum sehr viel aussagt über das neue Verständnis des Kulturbetriebs, lohnt es sich, die Diskussionen um eine volkswirtschaftlich Abgrenzungen des Kulturbereichs kurz in Erinnerung zu rufen.

Schon in der für die Diskussion so wichtigen Ifo-Studie wird festgestellt: „Die Erfassung des Kunst- und Kulturbereichs bereitet teilweise außerordentliche Schwierigkeiten. Das vorhandene Datenmaterial ist lückenhaft und teilweise sehr unterschiedlich hinsichtlich der Abgrenzung der erfaßten Bereiche" (HUMMEL/BERGER 1988: 55). Dies gilt vor allem für die Bereiche, in denen zwar nicht unmittelbar Kunst und Kultur produziert werden, die aber dennoch in einem engen Zusammenhang mit dem Kulturbetrieb stehen (z. B. der Buchhandel). Doch die Unterscheidung zwischen der Kulturwirtschaft im engeren und der im weiteren Sinne (FOHRBECK/WIESAND 1989: 44 f.) ist dabei ebenso eine Verlegenheitslösung wie die Aufgliederung in vor- und nachgelagerte Bereiche (HUMMEL/BERGER 1988: 106 ff.). Da die Finanz- und Wirtschaftsstatistik wiederum nach anderen Gesichtspunkten ordnet, ist es kaum möglich, die Aussagen zweier Publikationen zu diesem Thema miteinander zu vergleichen.[4]

Die Vergleichbarkeit wird noch dadurch erschwert, daß häufig von verschiedenen wirtschaftlichen Meßwerten ausgegangen wird. Während HUMMEL/BERGER (1988: 115) den Produktionswert und die Bruttowertschöpfung bevorzugen, nehmen FOHRBECK/WIESAND (1989: 44 f.) und HUMMEL/BRODBECK (1991: 45) die Umsätze zum Maßstab. Die Qual der Wahl zwischen diesen drei Größenordnungen hängt vor allem mit der Schwierigkeit zusammen, Daten eines Wirtschaftsunternehmens mit denen des öffentlichen Kulturbetriebs zu vergleichen; was soll man den Netto-Ausgaben für kulturelle Aufgaben in öffentlichen Haushaltsplänen als betriebswirtschaftliche Größenordnung in einem privatwirtschaftlichen Kulturbetrieb entgegensetzen? Da aber beide Bereiche sehr eng miteinander verbunden sind, ist der Wunsch, hier zu sinnvollen Vergleichsdaten zu kommen, nur verständlich.

Der Umsatz kennzeichnet den Wert der innerhalb eines Jahres veräußerten Güter und Dienstleistungen. Er ist Grundlage des betrieblichen Rechnungswesens und der Rentabilitätsberechnung, aber für eine volkswirtschaftliche Bewertung nur bedingt verwendbar. Da die öffentliche Hand nur in geringem Umfang Dienstleistungen und Güter veräußert, ist die Umsatzgröße kaum als Vergleichsgröße geeignet.

Der Produktionswert geht deutlich über die Umsätze hinaus und bezieht daneben auch die Bestandsveränderungen an Halb- und Fertigfabrikaten (Lagerbestände) sowie die selbsterstellten Anlagen (z. B. eine neue Produktionshalle) mit ein. „Als Produktionswert des Staates, für dessen Leistungen es im allgemeinen keine Marktpreise gibt, werden die Aufwendungen des Staates (staatliche Materialkäufe sowie Löhne und Gehälter an öffentliche Bedienstete) angesetzt" (MENTZEL/WITTELSBERGER 1977: 319).

Zieht man vom Produktionswert, der auch als Bruttoproduktionswert bezeichnet wird, die von anderen Bereichen erbrachten Vorleistungen ab (z. B. Rohmaterial, Betriebsstoffe, Halbfabrikate, an anderer Stelle erbrachte Lohnarbeiten), so erhält man den Nettoproduktionswert, der häufig als Bruttowertschöpfung oder „wirtschaftliche Leistung eines einzelnen Wirtschaftsbereichs" (Gabler Wirtschaftslexikon 1993: 3756) bezeichnet wird. Diese Bruttowertschöpfung „ist eine Meßgröße für die eigene wirtschaftliche Leistung eines Bereichs. Sie setzt sich zusammen aus
- den Einkommen aus unselbständiger Arbeit,
- den Einkommen aus Unternehmertätigkeit und Vermögen,
- den Abschreibungen und
- dem Saldo von Produktionssteuern (Gewerbesteuer, Grundsteuer, Kfz-Steuer u. a.) abzüglich Subventionen (laufende Zuschüsse zur Produktion u. ä.).

Bei Institutionen wie öffentlichen Theatern, die keine Gewinnerzielungsabsicht haben, enthält die Bruttowertschöpfung nur die Abschreibungen, die Produktionssteuern und die Einkommen aus unselbständiger Arbeit. Die Verluste und die Ver-

lustabdeckung durch die öffentliche Hand werden hier nicht erfaßt, sondern gesondert – im Rahmen der Übertragungen – verbucht" (HUMMEL/BERGER 1988:
55).

Für den gesamten Kulturbetrieb im öffentlichen und privatwirtschaftlichen Bereich der alten Bundesländer ergaben sich 1988 die in Tab. 9 genannten Produktionswerte (brutto), Bruttowertschöpfungen (Nettoproduktionswerte) und Erwerbstäti-
genzahlen (nach HUMMEL/WALDKIRCHER 1992).

Tab. 9: Produktionswerte, Bruttowertschöpfung und Erwerbstätige in allen Bereichen des
Kulturbetriebs (1988)

Bereiche	Produktions-werte	Bruttowert-schöpfung	Anzahl der Erwerbstätigen
	in Mio. DM		
Kernbereich (Künstler, Theater und Orchester, Museen, Ausstellungen, Volkshoch-schulen, Musikschulen, Denkmal-pflege, Verlage, Film/Video, Rund-funk, Kulturverwaltung)	59 150	25 050	382 400
Vorgelagerte Bereiche (Unternehmen, die Vorleistungen wie Papier u. Filmmaterial erbrin-gen sowie Unternehmen, die Gerä-te für die Erstellung und Vermark-tung von Leistungen herstellen, wie z. B. Musikinstrumente, Fotogeräte, Papiermaschinen)	36 890	13 140	203 800
Nachgelagerte Bereiche (Handel mit Büchern, Zeitschriften, Schallplatten, Musikinstrumenten sowie Bibliotheken)	54 220	12 320	202 000
Kulturbetrieb insgesamt	150 260	50 510	788 200

Ohne auf die inzwischen veralteten Daten im einzelnen einzugehen, ist doch noch
einmal festzuhalten, welch überraschende Erkenntnisse mit der neuen volkswirtschaftlichen Sicht des Kulturbetriebs in Westdeutschland verbunden waren. Eine
Bruttowertschöpfung von mehr als 50 Mrd. DM entsprach doch immerhin der Bruttowertschöpfung der Energieversorgung, und die Anzahl von 800 000 Beschäftigten
übertraf noch die Vergleichszahl des Ernährungsgewerbes. Diese Ergebnisse haben
ganz wesentlich dazu beigetragen, daß der Kulturbetrieb seit dem Ende der achtziger

Jahre auch außerhalb des Kulturbetriebs in einem völlig anderen Licht gesehen wird (vgl. auch Abschnitt 2.4).

Die volkswirtschaftliche Größenordnung des gesamten Kulturbetriebs, wie sie vor allem in HUMMEL/BERGER 1988 und HUMMEL/WALDKIRCHER 1992 ermittelt wurde, berücksichtigt nicht nur die unmittelbaren Umsätze der verschiedenen Kulturbetriebe, sondern bezieht auch die Folgewirkungen mit ein, die in einer klar umgrenzten Region des Wirtschaftsbetriebs anfallen. Diese Folgewirkungen – auch Multiplikatoreneffekte genannt – werden in einer sogenannten Inzidenz-Analyse ermittelt, bei der dann beispielsweise zu den Umsätzen eines Theaterbesuchs auch die Kosten für Anreise, Parken, Abendessen und Übernachtung hinzugerechnet werden. Einige Berechnungen gehen sogar so weit, den Friseurbesuch und Anteile an den Ausgaben für Kleidung und Schmuck hinzuzurechnen (BISCHOF 1984). Dadurch ergeben sich bis zu 200 % induzierte wirtschaftliche Multiplikatoreneffekte, d. h., das Doppelte dessen, was das Theater der öffentlichen Hand kostet, wird als Folgewirkung dieses Theaterbetriebs volkswirtschaftlich zusätzlich umgesetzt. Kulturelle Einrichtungen sind demnach Produktionsstätten, die zahlreiche externe Effekte auslösen.

Da diese externen Effekte wieder an anderer Stelle Umsätze und Einkommen zur Folge haben (in den Hotels, in der Autoindustrie, im Friseurhandwerk usw.), dafür aber wiederum Steuern und Sozialabgaben entrichtet werden müssen, ergibt sich ein Rückfluß an den Staat, den man als Netto-Übertragung des Kultursektors an den Staat oder – unter betriebswirtschaftlichen Rentabilitätsgesichtspunkten – als Umwegrentabilität bezeichnet.

HEINRICHSMEYER/BRITZ/RAU (1989) haben für die Bonner Oper folgende Berechnung über die Auswirkungen des Opernbetriebs auf die Privatwirtschaft und die öffentlichen Haushalte aufgestellt:

Sachausgaben der Oper	6,1 Mio. DM
Konsumausgaben der Beschäftigten der Oper	19,4 Mio. DM
Nebenausgaben der Opernbesucher	2,8 Mio. DM
Vorleistungsverflechtungen[5]	17,7 Mio. DM
Multiplikatoreneffekte	24,8 Mio. DM
Gesamtumsatz	70,8 Mio. DM
entspricht einer Bruttowertschöpfung von	33,3 Mio. DM

Auswirkungen des Opernbetriebs auf die öffentlichen Haushalte:

Öffentliche Zuschüsse	34,2 Mio. DM
Steuerrückflüsse	11,0 Mio. DM
Nettobelastung	23,2 Mio. DM

Das Ergebnis zeigt, daß aus den Umsätzen und den Einkommen im Sinne der Bruttowertschöpfung 11,0 Mio. DM an Steuern und Abgaben an den Staat zurück-

fließen, so daß der Staat netto nur 23,2 Mio. DM (statt brutto 34,2 Mio. DM) der
Bonner Oper als Zuschüsse zahlt.[6]

Noch eindrucksvoller ist das Ergebnis, wenn man es auf die gesamte Kulturwirtschaft bezieht, weil dann auch solche Betriebe in die Netto-Übertragung einbezogen werden, die keine staatlichen Zuschüsse erhalten (z. B. Verlage). Wie die Stu-
dien des Ifo-Instituts gezeigt haben, standen z. B. 1988 den Zuwendungen der öffentlichen Hand von 8,77 Mrd. DM Rückflüsse aus dem gesamten Kulturbetrieb in
Höhe von 19,13 Mrd. DM gegenüber. Damit betrug die Netto-Übertragung des
Kultursektors an den Staat 10,36 Mrd. DM (HUMMEL/WALDKIRCHER 1992:
14).

Die verständlicherweise große Begeisterung bei den Künstlern und Kulturvermittlern ob dieser Zahlen ist inzwischen längst einer Ernüchterung gewichen, denn bei
sorgfältigem Nachdenken zeigte sich doch, daß diese Ergebnisse nicht mehr als ein
Pyrrhussieg sind:

– Die Netto-Übertragung oder Umwegrentabilität erreicht nur dann ein positives
  Gesamtergebnis, wenn öffentliche und privatwirtschaftliche Kulturbetriebe in einer gemeinsamen volkswirtschaftlichen Berechnung aufgeführt werden. Öffentliche Betriebe erhalten Zuschüsse aus Steuermitteln, ohne aber Umsatzsteuer und
  Körperschaftsteuer zu zahlen, während privatwirtschaftliche Betriebe Steuern
  und Abgaben zahlen, ohne aber öffentliche Zuschüsse zu erhalten. Die sogenannte Netto-Übertragung ergibt sich aus dem Saldo von Steuern und Abgaben auf
  der einen Seite und öffentlichen Zuschüssen auf der anderen Seite. Folglich ist
  die Netto-Übertragung um so höher, je größer der Anteil der nicht bezuschußten,
  aber steuerpflichtigen privatwirtschaftlichen Kulturbetriebe in dieser Gesamtrechnung ist. Wäre es mithin ein politisches Ziel, die Netto-Übertragung zu erhöhen, so müßte man lediglich den öffentlichen Kulturbetrieb reduzieren und den
  privatwirtschaftlichen weiter ausbauen. Wenn man dies nicht will – und so sehen
  es wohl alle Theater, Bibliotheken oder Museen –, sollte man das (verführerische)
  Argument der Umwegrentabilität sehr schnell in der Versenkung verschwinden
  lassen.

– Mit Blick auf die Netto-Übertragung und die wirtschaftlichen Sekundäreffekte
  (vgl. die Multiplikatoreneffekte in einer Inzidenz-Analyse) ist immer wieder das
  Argument zu hören, daß Zuschüsse an die Kultur eigentlich keine Subventionen,
  sondern Investitionen in die Wirtschaft seien. Auch dieses Argument ist nicht ohne
  Tücken. Würde es sich nämlich wirklich um Investitionen zur Wirtschaftsförderung handeln, müßte stets auch die Frage der Effektivität dieser Investitionen
  geprüft werden, d. h., man müßte sich immer wieder neu die Frage stellen, ob die
  mit der Investition erzielten wirtschaftlichen Effekte (Arbeitsplätze, Einkommen)
  nicht als Investitionen in eine andere Branche zu wesentlich besseren Ergebnissen
  führen würden. Wenn beispielsweise eine Großstadt mit einem Kulturetat von
  100 Mio. DM diesen Betrag statt in die Kultur in die High-Tech-Industrie inve-

stieren würde, könnte sie dadurch möglicherweise weit mehr Arbeitsplätze und eine weit höhere Bruttowertschöpfung sichern als im Kulturbereich.

Trotz dieser Einschränkungen ist aber der Wirtschafts- und Arbeitsmarktfaktor Kultur unbestritten. Selbst das Argument der Umwegrentabilität gewinnt wieder an Bedeutung, wenn man es richtig einsetzt. Das ist beispielsweise immer dann der Fall, wenn das kulturelle Angebot Gäste in eine Stadt oder Region lockt und sie zu Ausgaben veranlaßt, die sonst nicht oder in gänzlich anderen Ländern oder Regionen getätigt worden wären. Ein typisches Beispiel sind hier die Salzburger Festspiele. Eine Untersuchung von 1998 (GAUBINGER 1998) hat gezeigt, daß 81,9 % der Besucher in Hotels und Pensionen übernachten und das bei einer durchschnittlichen Aufenthaltsdauer von immerhin 7,5 Tagen. Es kann folglich nicht überraschen, daß von den Festspielbesuchern allein für Übernachtung und Verpflegung jährlich 538 Mio. Schilling ausgegeben werden. Eine so hohe wirtschaftliche Zusatzleistung neben den Eintritten für die Festspiele muß zwangsläufig zu einer günstigen Gesamtrechnung führen. Dazu die weiteren Zahlen im einzelnen:

direkte Umsätze aus dem Betrieb der Festspiele	293 Mio. Schilling
direkte Umsätze der Festspielbesucher (einschl. Übernachtung usw.)	725 Mio. Schilling
indirekte Multiplikatoreneffekte	1 113 Mio. Schilling
gesamtwirtschaftliche Umsatzeffekte	2 131 Mio. Schilling
daraus resultieren Steuern und Abgaben von	330 Mio. Schilling
staatliche und städtische Zuwendungen (einschl. Fremdenverkehrsförderungsfonds)	153 Mio. Schilling
Differenz	177 Mio. Schilling

Demnach nehmen die Bundesrepublik Österreich, das Land Salzburg und die Stadt Salzburg 177 Mio. Schilling (oder 25 Mio. DM) mehr an Steuern und Abgaben ein, als sie zugunsten der Salzburger Festspiele an Zuwendungen zahlen. Diese „echte" Umwegrentabilität rührt aber allein daher, daß vor allem ausländische Besucher in Salzburg Ausgaben tätigen, die sie sonst nicht oder in ihrem Heimatland erbracht hätten.

Es ist folglich durchaus berechtigt, mit kulturfremden Begründungen für Kulturausgaben zu werben, doch sollte man dies nur gezielt und nach sorgfältiger Überprüfung der Argumente tun.

3.4.2 Kultur als Standort- und Imagefaktor

Zwei weitere Themen werden seit Ende der achtziger Jahre gern angesprochen, wenn es um den Zusammenhang zwischen Staat und Wirtschaft geht. Es ist dies zum einen „Kultur als Standortfaktor" und zum zweiten „Kultur als Imagefaktor". Im Rahmen von Standortuntersuchungen werden immer wieder harte und weiche Standortfaktoren ins Feld geführt. Als harte Standortfaktoren bezeichnet man solche Aspekte, die sich für ein Unternehmen unmittelbar als materielle Vorteile niederschlagen (z. B. Grundstückspreise, Autobahnanschluß oder Gewerbesteuerhebesätze), während als weiche Standortfaktoren materiell schwer faßbare Aspekte gesehen werden (Wohn- und Lebensqualität am Ort sowie Freizeit-, Kultur- und Bildungsangebote) (LÜDER/KÜPPER 1983 und GRABOW/HENCKEL/HOLLBACH-GRÖMIG 1995).

In diesem Zusammenhang wird auch Kultur immer wieder als weicher Standortfaktor genannt (WEILEPP 1988). Will beispielsweise eine Kleinstadt umweltverträgliche Industrie- und Gewerbebetriebe ansiedeln, also etwa Unternehmen aus dem High-Tech-Bereich, so wird sie ihre Kultur- und Bildungsangebote in den Vordergrund stellen, um so selbst die Kleinstadt für hochqualifizierte Mitarbeiter attraktiv zu machen. High-Tech-Unternehmen und Dienstleistungsbetriebe benötigen nämlich vorrangig Mitarbeiter mit gehobenen Bildungsabschlüssen (Fachhochschule, Universität), die in aller Regel für sich und ihre Familien ein überdurchschnittliches Kultur- und Bildungsinteresse geltend machen. Ohne ein solches Angebot dürfte es einem Unternehmen der genannten Branche kaum gelingen, die erforderlichen hochqualifizierten Mitarbeiter (etwa aus einer renommierten Universitätsstadt) in eine Kleinstadt abzuwerben. Der Standortfaktor Kultur wird damit sowohl für die Stadt (zur Sicherung von umweltfreundlichen Arbeitsplätzen und zur Erzielung von Steuereinnahmen) als auch für das ansiedlungswillige Unternehmen von Interesse.

Allerdings muß man hierzu deutlich zwei Einschränkungen machen. Zunächst einmal ist zu beachten, daß für solche Mitarbeiter das kulturelle Angebot nicht allein ausschlaggebend ist; gleichbedeutend stehen daneben das Freizeit- und Sportangebot, die Wohnqualität, die Bildungseinrichtungen für die Kinder der Mitarbeiter sowie das Gesundheitswesen und die Möglichkeiten der Naherholung. Der kulturelle Standortfaktor ist also immer im Zusammenhang mit anderen weichen Faktoren der sozialen Infrastruktur zu sehen, sollte dort aber keinesfalls unterschätzt werden.

Zweitens ist festzuhalten, daß sich Kultur als Standortfaktor nur im Personalmanagement (z. B. Anwerbung und Bindung von Mitarbeitern) sowie – mit Einschränkungen – im Unternehmensmarketing niederschlägt. In einer empirischen Untersuchung, die 1995–97 vom Institut für Kulturmanagement Ludwigsburg in Zusammenarbeit mit der Hochschule für Wirtschaft und Politik Hamburg in 12 Mittelstädten Deutschlands durchgeführt wurde, kommt sehr deutlich zum Ausdruck, daß der Faktor weder in der Standortwahl noch in der Standortsicherung eine nennenswerte

Rolle spielt (WÜSTENROT STIFTUNG 1999). Wie auch andere Untersuchungen gezeigt haben, kommt dem Faktor Kultur „nur beschränkte Relevanz im Hinblick auf unternehmerische Standortentscheidungen zu, denn er gehört zu den aus Sicht der Unternehmen unwichtigsten Faktoren" (GRABOW/HENCKEL/HOLLBACH-GRÖMIG 1995).

Ganz anders ist dagegen „Kultur als Imagefaktor" zu bewerten. Wie in der oben erwähnten empirischen Studie nachgewiesen werden konnte, gehört das Kulturangebot zu den wichtigsten imageprägenden Elementen einer Stadt. Auf die Frage, was ihre Stadt besonders auszeichne, nannten 2400 Befragte in 12 deutschen Mittelstädten folgende Elemente des Stadtimages (nach HEINRICHS/KLEIN/HELLMIG 1999: 125):

1.	Stadtbild	28,4 %
2.	Landschaft	25,6 %
3.	Kultur	15,5 %
4.	Wohnlichkeit	15,0 %
5.	Freizeit	8,3 %
6.	Gastlichkeit	7,2 %

Es zeigt sich, daß von den veränderbaren Imageelementen (Stadtbild und Landschaft lassen sich nicht oder nur sehr begrenzt verändern) der Kultur der höchste Stellenwert zukommt. Zu ähnlichen Ergebnissen gelangt man auch bei der Frage nach dem Fremdimage (die Bewertung des Images einer Stadt durch Bewohner anderer Städte) und nach dem Sollimage (welche Elemente sollten für das Image einer Stadt bestimmend sein?).

Weiter zeigte sich in dieser Untersuchung, daß ein Kulturangebot, sofern es das Fremdimage einer Stadt prägt, in 92,1 % aller Fälle eine positive Prägung hat. Wenn also Kultur wahrgenommen wird, ist dies fast immer nur eine positive Wahrnehmung. Dagegen werden nicht-kulturelle Imageelemente (Freizeit, Wohnlichkeit, Sport usw.) nur von 71,8 % der Befragten als positiv bewertet. Das bedeutet, daß eine kulturelle Imageausrichtung einer Stadt fast keine Risiken mit sich bringt; nur in den seltensten Fällen wird eine solche Imageausrichtung zu einer negativen Bewertung führen (ebd. 129).

Es ist deshalb nicht verwunderlich, daß Städte und auch Länder dazu übergegangen sind, das kulturelle Angebot gezielt für ihre Marketingaktivitäten zu nutzen; kulturelles Stadtmarketing heißt hier das entsprechende Stichwort (vgl. Abschnitt 2.2.2). Für den Kulturbetrieb aber noch weit interessanter ist die Tatsache, daß auch Wirtschaftsunternehmen diese positive Imagewirkung von Kultur erkannt haben und dies für ihre Marketingmaßnahmen nutzen. Dies betrifft im Ergebnis einerseits die bereits angesprochenen kulturellen Events, die von Wirtschaftsbetrieben im Rahmen neuer Werbestrategien eingesetzt werden, und andererseits das Kultursponsoring, bei dem es das Ziel ist, das positive Image von der Kultur auf ein Wirtschaftsprodukt zu transferieren (vgl. Abschnitt 5.4.2).

3.4.3 Wirtschaft als Kulturfaktor

Wenn vom Verhältnis von Kultur und Wirtschaft die Rede ist, sollte man sich allerdings nicht nur auf die bisher dargestellte Blickrichtung beschränken. Es gibt nicht nur ein Verhältnis der Kultur zur Wirtschaft, sondern auch ein Verhältnis der Wirtschaft zur Kultur. Es besteht durchaus auch eine wesentliche Wechselbeziehung, die von der Wirtschaft ausgeht und in die Kultur hineinwirkt. Das betrifft nicht nur das bereits angesprochene Kultursponsoring, mit dessen Hilfe vielfach Kultur überhaupt erst ermöglicht wird, sondern betrifft auch beispielsweise die industrielle Produktion. So beeinflussen nicht wenige industrielle Innovationen unmittelbar den Kulturbetrieb und die konkrete Arbeit der Künstler. Die Erfindung des Hörfunks beispielsweise machte das Hörspiel als eigene Literaturform überhaupt erst möglich; dem Fernsehen folgte das Fernsehspiel und die Fernsehdiskussion (Talk-Show). Die jüngste Entwicklung zeigt sich im Video und in den sogenannten Neuen Medien. Ohne die in der Industrie für gänzlich andere Zwecke gebauten Computer stünden die Neuen Medien als künstlerische Ausdrucksform nicht zur Verfügung. Ganz ähnlich ist die Wirkung zu sehen, die von Design und Werbegrafik ausgeht; der Hinweis auf Roy Lichtenstein ist hier sicherlich angebracht. Was häufig übersehen wird: der Kulturbetrieb profitiert auch innovativ in einem hohen Maße von Industrie und Wirtschaft; man hat es offensichtlich nicht nur mit einem „Wirtschaftsfaktor Kultur", sondern auch mit einem „Kulturfaktor Wirtschaft" (SCHEYTT 1990: 119) zu tun.

Insgesamt ist das Verhältnis von Kultur und Wirtschaft sehr vielseitig und läßt sich deshalb kaum mit einer pauschalen Beurteilung abtun. Kultur im weiteren Sinne ist eine wesentliche Grundlage des Wirtschaftens; die arbeitsteilige Organisation in Produktion und Handel, das Spiel von Bedürfnisweckung und Bedürfnisbefriedigung, und selbst der Markt sind selbstverständlich kulturelle Leistungen. Ohne das Bewußtsein, daß die Führung von Menschen und deren Ausrichtung auf ein gemeinsames Ziel kulturbedingt sind (was sich spätestens im Vergleich mit dem wirtschaftlichen Handeln in anderen Kulturräumen zeigt) ist eine Unternehmenskultur nicht möglich. Das bedeutet im Umkehrschluß, daß ein Wirtschaften in einem kulturfreien Raum (den es selbstverständlich nicht geben kann) nicht möglich wäre. Kultur (besonders im Sinne von Kunst) braucht eine florierende Wirtschaft, weil nur in einer wohlhabenden Gesellschaft ein Kulturbetrieb von der Differenziertheit, wie man sie in Deutschland kennt, möglich und überlebensfähig ist. Die Wirtschaft braucht aber auch die Kultur, weil ohne eine hohe Kultur weder die für eine blühende Wirtschaft erforderlichen Innovationspotentiale noch die notwendigen Nachfragepotentiale gegeben wären. Eine Gesellschaft, die auf der kulturarmen Stufe von Steinzeitmenschen lebte, wäre wohl kaum im Interesse eines differenzierten Wirtschaftssystems nach dem Muster westlicher Industrie- und Dienstleistungsgesellschaften. Bei allen Einschränkungen, die in einer konkreten volkswirtschaftlichen Betrachtung hier und da zu machen sind, darf doch das grundsätzliche Verhältnis, das aus beider Sicht eigentlich nur positiv sein kann, nicht aus den Augen verlorengehen.

Anmerkungen zu Kapitel 3

[1] Neben einschlägigen Handbüchern zum Vereinsrecht halten die Finanzministerien der Länder auch Broschüren bereit, die sehr übersichtlich Auskunft geben über alle steuerrechtlichen Fragen in gemeinnützigen Vereinen.

[2] Vgl. dazu auch die ähnliche Argumentation in Huntington 1996.

[3] Aus den USA sind zusätzlich zwei ältere Untersuchungen besonders erwähnenswert: W. J. Baumol und W. G. Bowen: Performing Arts – The Economic Dilemma, Cambridge/Mass. 1966 sowie The Port Authority of New York and New Jersey: Die wirtschaftlichen Auswirkungen der Künste auf die Stadtregion von New York/New Jersey, New York 1983.

[4] Selbst die Abgrenzung in HUMMEL/BERGER (1988: 267) ist nur mit einiger Mühe mit der in HUMMEL/BRODBECK (1991: 37) vergleichbar, obwohl in beiden Fällen das Ifo-Institut für Wirtschaftsforschung verantwortlich zeichnet.

[5] Im Zuge der Produktion verbrauchte Waren und Dienstleistungen.

[6] Dieses an sich erfreuliche Ergebnis dürfte freilich den Bonner Stadtkämmerer wenig beeindrucken, da es sich vorwiegend um solche Steuern und Abgaben handelt, die dem Bund und den Ländern, weniger aber der Stadt Bonn zugute kommen.

4. Schlüsselqualifikationen im Kulturmanagement

Um im sehr komplexen und höchst heterogenen Kulturbetrieb erfolgreich handeln zu können, ist die Beherrschung von Schlüsselqualifikationen unverzichtbar. Im einzelnen sollten Kulturmanager in besonderer Weise in der Lage sein, Neues zu initiieren, Menschen mit unterschiedlicher Qualifikation und Zielorientierung zu motivieren, erfolgsorientiert zu kommunizieren und Entscheidungen zu treffen.

Zwar sind diese Schlüsselqualifikationen durchaus auch im Industriemanagement gefordert, doch wird sich zeigen, daß im Kulturmanagement andere Schlüsselqualifikationen in den Vordergrund treten als dort. So ist beispielsweise gerade im Umgang mit Künstlern die Kommunikations- und Motivationsfähigkeit weit mehr gefragt als etwa die Fähigkeit, Aufgaben an Mitarbeiter zu delegieren, was wiederum in einem industriellen Großbetrieb mit hohem Personalbestand von entscheidender Bedeutung sein kann. Dennoch ist es ratsam, sich auch hier der Erkenntnisse der allgemeinen Managementlehre zu bedienen, solange einem bewußt bleibt, daß der andere Gegenstand, nämlich hier die Kultur, auch eine andere Gewichtung verlangt.

Verschiedentlich wird bezweifelt, ob solche Schlüsselqualifikationen überhaupt erlernt werden können. Während diese Zweifel in Wirtschaftsbetrieben nach einigen Jahrzehnten Erfahrung im Umgang mit modernem Management immer seltener zu hören sind, werden sie vor allem im öffentlichen Kulturbetrieb noch recht häufig geäußert. Entweder man hat's oder man hat's nicht, lautet hier die grobe, aber einprägsame Formel. Sicherlich gibt es gerade im Kulturmanagement immer wieder Persönlichkeiten, denen diese Fähigkeiten in besonderer Weise und offensichtlich mit spielerischer Leichtigkeit zur Verfügung stehen. August Everding gehörte sicherlich dazu; seine Fähigkeit, andere Menschen für eine Sache zu begeistern oder die unterschiedlichsten Künstler für ein gemeinsames Ziel zu motivieren, war faszinierend und wohl in dieser Form ohne eine natürliche Begabung auch nicht erlernbar. Doch sind dies eher Ausnahmen.

Der bei weitem größte Teil aller Kulturmanager verfügt nur ansatzweise über solche natürlichen Fähigkeiten und muß sie sich deshalb häufig durch jahrelanges Training erarbeiten. Es kann doch kein Schaden sein, wenn man dabei auf Erfahrungen zurückgreifen darf, die andere vorher gemacht haben, und wenn man sich dazu strukturierte Techniken aneignet, die schon an anderer Stelle erfolgreich angewandt wurden. Natürlich kann man beispielsweise das Motivieren von Mitarbeitern nicht erlernen wie das kleine Einmaleins. Aber man kann diese Qualifikation wie eine Grammatik handhaben, die die Struktur vorgibt, innerhalb der man Sprache bzw. Schlüsselqualifikationen anwendet.

4.1 Initiieren

Der Kulturmanager ist nicht künstlerisch tätig, wurde schon mehrfach gesagt, aber er ermöglicht Kunst und Kultur. Im konkreten Verlauf eines solchen Ermöglichens kommt es allerdings selten vor, daß er von einem Künstler oder anderen Personen und Institutionen dazu beauftragt wird. Wesentliches Kennzeichen eines Kulturmanagers ist es vielmehr – und hier hat er sich durchaus als Führungskraft zu verstehen – zur Ermöglichung von Kunst selbst die Initiative zu ergreifen.

Und in der Tat schlägt nicht der Maler oder Bildhauer eine Ausstellung vor, sondern der Ausstellungsmacher und Kulturmanager. Nicht der Sänger fragt an, ob er mal den „Tamino" singen dürfe, sondern der Intendant überlegt sich, ob er die „Zauberflöte" ins Programm nehmen soll und wer für die Tenorpartie in Betracht käme. Und selbst der mit Manuskripten hausierende Autor ist eher die Ausnahme; in der Regel wird der Verlagsmanager initiativ werden, wenn ein neues Buch produziert werden soll. In vielen Bereichen, vor allem auf dem Kunstmarkt und im Ausstellungsbetrieb, ist es geradezu schädlich, wenn der Künstler selbst die Initiative zu einer Ausstellung oder zu einem Verkauf ergreift.

Auch im Bereich der öffentlichen Kulturarbeit, wo doch durch die Einbindung in politische Gremien und die behördliche Hierarchie der Handlungsspielraum der Kulturmanager scheinbar erheblich eingegrenzt ist, spricht die Praxis eindeutig für das Initiativrecht der Kulturmanager. Selbst wenn aus der Mitte des Gemeinderats oder einer Fraktion ein Vorschlag eingebracht wird, geht er häufig auf eine Idee zurück, die der Kulturmanager vorher gezielt eingespeist hat oder die die Fraktion beim Kulturmanager eingeholt hat. Letzteres ist vor allem dann der Fall, wenn der Kulturmanager als Beigeordneter der gleichen Partei angehört.

Etwas zu initiieren und für ein neues Projekt oder eine neue Zielsetzung die Initiative zu ergreifen ist eine wesentliche Funktion des Kulturmanagers, die er anwenden muß, wenn er etwas erreichen will und die auch von ihm erwartet wird. Etwas zu initiieren heißt, einen Impuls zum Beginn einer Handlung zu geben. Damit steht die Initiative als tätige Anregung bereits am Anfang der Handlung. Sie unterscheidet sich dadurch von der bloßen Idee, die sich lediglich auf die Vorstellung von einer Handlung beschränkt.

Dennoch stehen natürlich Initiative und Idee in einem engen Zusammenhang. Während eine Idee oftmals ohne Initiative bleibt, ist eine Initiative ohne vorausgegangene Idee nicht möglich. Dabei stellt sich das Finden einer Idee häufig als ein schwerwiegendes Problem dar. Die Managementlehre widmet sich deshalb diesem Thema besonders ausführlich, indem sie eine Reihe von Kreativitätstechniken anbietet, die ausschließlich der Ideenfindung dienen.

Kreativitätstechniken, die man auch als Problemlösungstechniken bezeichnen kann, sind einzel- oder gruppenorientierte Verfahren, die nach einer systematischen Vorgabe ablaufen und die in erster Linie den Zweck verfolgen, zu möglichst vielen

Ideen zu kommen. Für die Anwendung von Kreativitätstechniken sind verschiedene Voraussetzungen erforderlich, die unabhängig von der gewählten Technik gegeben sein müssen. Dazu zählt zum einen, daß die beteiligten Personen sich soweit wie möglich von Kreativitätssperren und von anderen alltäglichen Hemmnissen befreien sollten. Zum zweiten muß in dem Betrieb, in dem Kreativitätstechniken zum Einsatz kommen sollen, ein kreativitätsförderndes Klima herrschen, d. h., daß vor allem der Vorgesetzte bereit sein muß, Vorschläge seiner Mitarbeiter zu akzeptieren, daß aber auch die Mitarbeiter sich nicht gegenseitig mit Mißgunst und Neid begegnen sollten. Wird die Kreativitätstechnik in der Gruppe angewendet, muß drittens ein Team vorhanden sein, das bereit ist, für eine Sache gemeinsam Verantwortung zu übernehmen (Teamfähigkeit). Dazu gehört auch, daß die Teammitglieder den Willen haben, ein Problem gemeinsam lösen zu wollen, und nicht versteckt die Absicht verfolgen, aus dem Wettbewerb um die beste Idee als Sieger hervorzugehen.

Für alle Kreativitätstechniken gilt zudem die eiserne Regel, daß die Ideenfindung deutlich zu trennen ist von der Ideenbewertung. Werden aufkommende Ideen gleich (negativ) bewertet, hemmt dies die weitere Ideenfindung ungemein. Es ist aber viel leichter, eine vorliegende Idee zu verwerfen, als eine neue Idee zu finden. Ohnehin muß man davon ausgehen, daß am Ende bei weitem der größte Teil der vorgebrachten Ideen unbrauchbar sein wird, weshalb kein Anlaß besteht, schon während der Ideenfindungsphase einzelne Ideen auszuscheiden. Die Bewertung der Ideen erfolgt stets nach drei Kategorien: man trennt die sofort verwertbaren Ideen, von denen, die vielleicht später (nach Überarbeitung) verwertbar sind, und denen, die offensichtlich nicht verwertbar sind.

Die zahlreichen Kreativitätstechniken sind nicht alle im Kulturmanagement einsetzbar, weil manche vor allem auf die Lösung technischer Probleme ausgerichtet sind. Sinnvoll und durchaus erfolgversprechend können in der Gruppe vor allem das Brainstorming und das Brainwriting (Methode 635) sowie für Einzelpersonen oder Kleinstgruppen das Morphologische Gitter eingesetzt werden. Dabei sollte man sich allerdings der grundsätzlichen Unterschiede zwischen diesen Methoden bewußt sein. Brainstorming und Brainwriting sind intuitive Methoden, d. h., sie dienen der Ideenfindung und bieten vor allem die Chance, über Assoziationsketten recht phantasievoll zu neuen Geistesblitzen zu gelangen. Das Morphologische Gitter dagegen ist eine analytische Methode, die von einer Ideenordnung ausgeht, trotzdem aber zu sehr nützlichen Ergebnissen kommen kann (KNIESS 1995 sowie HEINRICHS 1999: 185 ff.).

Aus der Ideenbewertung heraus entstehen die Vorschläge für eine Initiative. Welcher Vorschlag für eine Initiative ausgewählt wird, unterliegt der Entscheidung einer Person oder eines Gremiums, die weder der Ideenfindungs- noch der Ideenbewertungsgruppe anhörten. Dies bedeutet keine Bevormundung oder gar Entmündigung der Kreativgruppe, sondern ist als eine (sehr positiv einzuschätzende) vorübergehende Befreiung von komplexeren Problemzusammenhängen zu sehen. Die Initiative, die dem Ideenfindungs- und Ideenbewertungsprozeß folgt, hat allerdings die komplexeren Zusammenhänge wieder zu berücksichtigen, da andernfalls jede Initiative schon im Ansatz zum Scheitern verurteilt wäre. Die Ideenfindungsgruppe einer Bibliothek beispielsweise kann Vorschläge für eine attraktivere Gestaltung des Eingangsbereichs erarbeiten, ohne dabei Fragen der Finanzierung, des Baurechts und der Versammlungsstättenverordnung berücksichtigen zu müssen. Die Bibliotheksleitung aber, die diese Vorschläge zu einer Initiative der Bibliothek für die Beratung und Entscheidung des Gemeinderats formuliert, muß die komplexeren Zusammenhänge wie Finanzierung und rechtliche Bedingungen berücksichtigen.

Deshalb wird eine Initiative immer von einer Position ausgehen, von der aus komplexere Zusammenhänge auch gesehen und bewertet werden können. Will man vermeiden, daß solche Kontexte nur für Führungspersonen in hierarchischen Strukturen erkennbar sind und ausführende Mitarbeiter davon weitgehend ausgeschlossen werden, muß man auf kooperative Organisations- und Führungsstrukturen zurückgreifen (vgl. Abschnitt 5.1.3).

4.2 Motivieren

Eine wesentliche Voraussetzung für das Gelingen von Kulturmanagement ist die Motivation. Sie „ist dasjenige in uns und um uns, was uns dazu bringt, uns so und nicht anders zu verhalten" (GRAUMANN 1974: 1). „Das Motivieren selbst ist ein aktives, zielgerichtetes Steuern des Verhaltens und somit ist die Wahrnehmung der Motivierungsaufgabe ein komplexes Führungsinstrument" (WÖHE 1993: 131).

Als Führungsinstrument wird Motivation zunächst einmal eingesetzt mit Blick auf die Mitarbeiter eines Managementbereichs. Insofern deckt sich Motivation im Kulturmanagement mit jedem anderen Industrie- oder Dienstleistungsbetrieb. Motivation spielt im Kulturmanagement aber zusätzlich noch eine wesentliche Rolle im Umgang mit freiberuflichen Künstlern, die dem Betrieb nicht als Mitarbeiter angehören. Ein Maler beispielsweise, der nicht gerade in der Nähe des Existenzminimums lebt, wird nur dann für eine Ausstellung zu interessieren sein, wenn er von deren Zielsetzung überzeugt ist und den Eindruck hat, daß die verantwortlichen Kulturmanager ihm adäquate Partner sind. Der finanzielle Anreiz ist für arrivierte Künstler häufig von weit geringerem Interesse als das Gefühl, ihre Kunst in einem ihnen geeignet erscheinenden Umfeld anbieten zu können. Wer Künstler dazu bewegen möchte, als Gestalter von „Kunst am Bau", als Musiker in einem Konzert oder als Schauspieler in einem Theaterstück „ihr Bestes" zu geben, muß sie motivieren können. In einem langfristigen Arbeitsverhältnis und eingebunden in einen durchorganisierten Betrieb mögen feste Mitarbeiter noch mit Anordnungen und der Androhung von Sanktionen (wenigstens vorübergehend) zu motivieren sein, gegenüber freiberuflichen Künstlern funktioniert es ganz sicher nicht. Kulturmanager sollten deshalb sehr gut wissen, wie Motivation entsteht und wie sie sich steuern läßt.

In der Psychologie wurden seit den fünfziger Jahren zahlreiche Theorien[1] entwik-kelt, die sich mit der Begründung menschlicher Leistungsbereitschaft in der Arbeits-welt auseinandersetzen. „Ziele von Motivationstheorien sind Beschreibung und Er-klärung des Aufbaus, der Aufrechterhaltung und des Abbaus von Verhalten sowie dessen Richtung, Intensität und Dauerhaftigkeit" (STAEHLE 1994: 204). Man glie-dert sie üblicherweise in zwei Gruppen, nämlich die Prozeßtheorien und die Inhalts-theorien.

„Die Prozeßtheorien versuchen, formal den Prozeß der Entstehung, Ausrichtung und Energieladung von Verhaltensweisen zu erklären. Sie führen dazu Variablen-klassen relativ hohen Allgemeingrades (Belohnung, Anreiz, Trieb etc.) ein und zei-gen, wie durch das Zusammenwirken der Variablen Motivation entsteht" (STEIN-MANN/SCHREYÖGG 1991: 409). Bekannteste Prozeßtheorie ist das von Vroom entwickelte und von Porter/Lawler fortgeschriebene Erwartungs-Valenz-Modell (VROOM 1964 und PORTER/LAWLER 1968). Demnach ist ein Anreiz um so wir-kungsvoller, je höher subjektiv die Wahrscheinlichkeit einer Belohnung (= Erwar-tung) und je höher subjektiv der Wert der zu erwartenden Belohnung (= Valenz) eingeschätzt werden.

Die Theorie geht folglich davon aus, daß Leistungsbereitschaft eine Frage ratio-nalen Kalküls ist: die Motivation der „kühlen Rechner". Es ist zu vermuten, daß eine solche Motivation im Kulturmanagement eher von untergeordneter Bedeutung ist, denn dann gäbe es die vielen unbezahlten Überstunden in Kulturzentren, in Museen, in Volkshochschulen usw. nicht.[2]

„Im Gegensatz dazu beschäftigen sich inhaltliche Theorien mit konkreten Moti-ven (z. B. Bedürfnisse nach Sicherheit, Anerkennung, gerechter Entlohnung), die das Verhalten eines Individuums bestimmen. Inhaltliche Theorien wollen zeigen, welche tieferliegenden Motive Menschen bewegen, und stellen den Bezug zu organisatori-schen Aktivitäten her. Sie beantworten in direkterer Art und Weise, wie eine Orga-nisation oder ein Vorgesetzter positiv ‚motivieren' kann" (STEINMANN/SCHREY-ÖGG 1991: 409 f.).

Verkürzt gesagt kann man folglich unterscheiden: „Inhaltstheorien versuchen zu erklären, *was* im Individuum oder in seiner Umwelt Verhalten erzeugt und aufrecht-erhält", während Prozeßtheorien zu erklären versuchen, „*wie* ein bestimmtes Ver-halten hervorgebracht, gelenkt, erhalten und abgebrochen wird" (STAEHLE 1994: 206).

Bekannteste Inhaltstheorie ist die Maslowsche Bedürfnispyramide (MASLOW 1954).[3] Sie unterscheidet fünf grundlegende menschliche Bedürfnisse, die in einer Hierarchie von Vorrangigkeit einander zugeordnet werden (siehe Abb. 9).

Als elementarste Bedürfnisse hat Maslow physiologische Bedürfnisse wie Essen und Trinken ausgemacht. Erst wenn diese Bedürfnisse befriedigt sind, wendet sich der Mensch gewissen Sicherheitsbedürfnissen wie Schutz vor Beraubung, Unfall, Krankheit usw. zu. An dritter Stelle folgen soziale Bedürfnisse, in denen der Wunsch

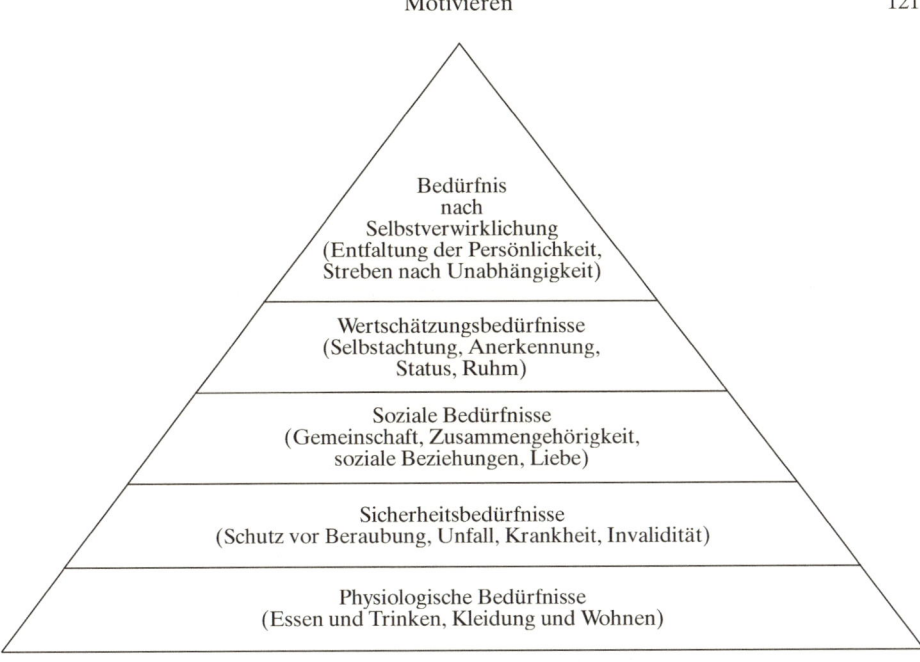

Abb. 9: Maslowsche Bedürfnispyramide.

nach Gemeinschaft, Liebe und Zusammengehörigkeit zum Ausdruck kommt. Auf der vierten Ebene der Bedürfnispyramide finden sich die Wertschätzungsbedürfnisse wie Selbstachtung und Anerkennung durch andere, aber auch Statussymbole. Die Spitze der Pyramide wird gebildet von Selbstverwirklichungsbedürfnissen, wie die freie Entfaltung der Persönlichkeit und ein Streben nach Unabhängigkeit.

„Nach Maslow beherrschen die Bedürfnisse auf den unteren Ebenen der Hierarchie die Motivation eines Menschen so lange, wie sie unbefriedigt bleiben. Sind sie jedoch in angemessener Weise befriedigt worden, so beschäftigen die höheren Bedürfnisse die Aufmerksamkeit und die Bestrebungen des Menschen" (ZIMBARDO 1992: 352). Maslow spricht deshalb auch von einem Zusammenwirken von Defizitprinzip (Befriedigung von Grundbedürfnissen) und Progressionsprinzip (Ausrichtung auf höhere Bedürfnisse). Lediglich in der Spitze der Pyramide ist eine Sättigung nicht zu erreichen, weshalb Maslow hier einen Bedürfnistypus besonderer Art sieht, den er Wachstumsbedürfnis nennt und der im Modell manchmal durch eine offene Spitze angedeutet wird.

„So wird ein Mensch, der Hunger leidet (Bedürfnisstufe 1), weder an den jüngsten Ereignissen in der Welt der Kunst Interesse zeigen (Bedürfnisstufe 5) noch daran interessiert sein, wie er von anderen gesehen oder welche Anerkennung ihm zuteil wird (Bedürfnisstufen 3 bzw. 4) – ja noch nicht einmal daran, ob die Luft, die er atmet, sauber ist (Bedürfnisstufe 2). Erst wenn das jeweils wichtigste Bedürfnis befriedigt ist, rückt das nächstdringliche in den Vordergrund" (KOTLER/BLIEMEL 1992: 264).

Sollen also in einem Betrieb Mitarbeiter zu einer bestimmten Leistung motiviert werden, so sind immer Defizit- und Progressionsprinzip gleichzeitig anzuwenden:

1. Empfindet der Mitarbeiter auf der Bedürfnisstufe, über die hinausgegangen werden soll, noch Defizite? Was kann getan werden, um diese Defizite zu befriedigen?
2. Welche Anreize können geschaffen werden, damit sich der Mitarbeiter der nächsthöheren Stufe seiner Bedürfnisse zuwendet und darin die wünschenswerten Leistungen erbringt?

Dazu zwei praktische Beispiele, die das Zusammenspiel von Defizit- und Progressionsprinzip zeigen. Zunächst zum Übergang von Stufe 3 zu Stufe 4:

In einer Gruppe von drei Veranstaltungsreferentinnen, die seit Jahren gemeinsam das Theater- und Konzertprogramm in einer Stadt betreuen, wird eine Mitarbeiterin für zwei Jahre zur Projektleiterin für das Programm des Stadtjubiläums bestellt. Sie wird dazu in einen separaten Raum versetzt und erhält eine angemessene Gehaltszulage. Nach einigen Tagen erklärt sie, daß sie sich der neuen Aufgabe nicht gewachsen sehe und bittet um Rückversetzung zu ihren Kollegen und zu ihrem alten Arbeitsbereich.

Mit der Versetzung in einen separaten Raum waren die sozialen Bedürfnisse (Stufe 3) der Mitarbeiterin wieder unbefriedigt; eine Progression in Richtung auf Stufe 4 (Anerkennung als besonders qualifizierte Mitarbeiterin) erscheint ihr deshalb nicht erstrebenswert.

Nun ein Beispiel, das die Bedeutung der vierten Stufe zeigen soll:

Der persönliche Referent des Oberbürgermeisters hat seinem Chef eine glänzende Rede geschrieben. Nachdem die Rede gehalten wurde und der Redner noch mit seinem Referenten zusammensteht, kommt eine Zuhörerin und lobt den Oberbürgermeister mit strahlenden Augen für seine ausgezeichnete Rede. Der Oberbürgermeister hört sich das Lob dankbar an und sagt anschließend zu seinem Referenten: „Sie haben's ja gehört!" Der Referent ist verärgert und nimmt sich vor, sich künftig etwas weniger für die Reden seines Chefs zu engagieren.

Diese Situation, die für andere Konstellationen nicht untypisch ist (Dramaturg und Theaterintendant oder Kustos und Museumsdirektor), ließe sich weitaus glücklicher handhaben. Selbstverständlich kann und wird der Referent nicht erwarten, daß der Oberbürgermeister in dieser Situation bekennen wird, nicht Urheber der Rede zu sein. Aber er muß doch deutlich erkennbar das ihm zugekommene Lob anschließend an seinen Referenten weiterreichen und vielleicht auch selbst ein anerkennendes Wort anfügen.

Die Maslowsche Bedürfnispyramide eignet sich auch für eine Darstellung jener Motivationsprobleme, wie sie sich speziell im Kulturbetrieb immer wieder zeigen:

Im Theater findet wieder einmal eine festliche Premiere statt. Nach anstrengenden Probenwochen, vielen Überstunden und manchem Frust erleben alle Beteiligten die erste Aufführung als Erlösung von ihrer wochenlangen Anspannung. Nach der Veranstaltung lädt der Intendant zu einer Premierenfeier ein, in deren Verlauf er in einer kleinen Rede die anwesenden Künstler sowie Regisseur und Bühnenbildner noch einmal lobend hervorhebt. Die Ensemblemitglieder sonnen sich denn auch zufrieden in ihrer vielfachen Anerkennung. Die Bühnenarbeiter aber, die Handwerker aus den Werkstätten, der Inspizient, die Souffleuse und die Beleuchter sind nicht zur Premierenfeier eingeladen. Vielmehr treffen sie sich in den Theaterkantine, um gemeinen „einen zu heben".

Für das Publikum erscheinen nur die Künstler als die Agierenden. Der Intendant erkennt (richtig) deren Bedürfnis nach Wertschätzung (Stufe 4) und dankt ihnen öffentlich. Dabei übersieht er völlig das Wertschätzungsbedürfnis (Anerkennung, Dank für geleistete Arbeit) seiner Mitarbeiter im Hintergrund. Diese sind enttäuscht, gehen aber dennoch nicht nach Hause, sondern ziehen sich in die Theaterkantine zurück. Weil ihnen die erwartete Stufe der Anerkennung (Stufe 4) verwehrt bleibt, haben sie nun ein großes Bedürfnis nach sozialer Geborgenheit (Stufe 3). Leider ist diese Situation fast typisch für Mitarbeiter im Kulturmanagement, weil sich die Wertschätzung (Applaus, Pressebericht) fast immer nur auf die Künstler, selten aber auf die Manager im Hintergrund bezieht.

Weit weniger überzeugt die Maslowsche Bedürfnispyramide allerdings, wenn man sie unmittelbar auf die Situation der Künstler anwendet. Die 5. Stufe der Pyramide (Selbstverwirklichungsbedürfnis) umfaßt alle Bedürfnisse nach Realisierung und Weiterentwicklung der individuellen Kenntnisse und Fähigkeiten und damit der Verwirklichung auch jener Potentiale, die nur latent vorhanden sind. Zweifellos sind dazu auch künstlerische Fertigkeiten zu rechnen. Aus der inneren Logik der Bedürfnispyramide heraus wäre eine künstlerische Tätigkeit im Sinne von Selbstverwirklichung nur möglich, wenn gleichzeitig alle Bedürfnisse auf den darunter liegenden Stufen (also vor allem physiologische und soziale Bedürfnisse) in vollem Umfang befriedigt wären. Der „arme Poet" oder auch die Boheme wären demnach nicht möglich. Zwar kann man darüber streiten, ob der „arme Poet" und die Boheme nicht nur romantischen Phantasiebildern entspringen, doch daß Künstler auch in materiell äußerst schwierigen Situationen zu herausragenden künstlerischen Leistungen fähig sind, dürfte unbestritten sein. Im übertragenen Sinne gilt dies auch für die Rezeption von Kunst, die ja auch eine Form von Selbstverwirklichung ist. Demnach wären Sozialhilfeempfänger, Arbeitslose und Obdachlose keinesfalls für ein Kulturangebot zu gewinnen; eine Schlußfolgerung, die im kulturellen Alltag vielfach widerlegt wird.

In der Tat ist die Maslowsche Bedürfnispyramide nicht geeignet, alle nur erdenklichen Situationen überzeugend zu erklären. Schließlich handelt es sich nur um ein Modell, das folglich eine nur reduzierte Wirklichkeit zugrunde legt. Dies gilt im übrigen auch für alle anderen Motivationstheorien; sie stimmen nur in bestimmten Konstellationen, nämlich dort, wo die reduzierte Wirklichkeit des Modells noch am ehesten der tatsächlichen Wirklichkeit entspricht. Das soll aber nicht davon abhalten,

die eine oder andere Situation mit Hilfe eines Modells wie der Maslowschen Bedürfnispyramide zu erklären; zumindest die ersten drei Beispiele dürften hier Über-
zeugung genug sein.

Wie kann man nun solchermaßen erkannte Motivationszusammenhänge umsetzen. Dazu gilt es zunächst einmal, das „Motivationssubjekt" (BESTMANN 1992:
122) im konkreten Einzelfall zu betrachten. „Die tatsächliche Leistung ist nicht nur
eine Frage des ‚Wollens‘, sondern auch des ‚Könnens‘: Ein Mitarbeiter bedarf entsprechender Fähigkeiten, um zielgerecht handeln zu können. Dabei sind sensumo-
torische Fähigkeiten (Geschicklichkeit) und kognitive Fähigkeiten (technische,
Wahrnehmungs- und Problemlösungsfähigkeiten) sowie Kenntnisse erforderlich, die
z. T. als Begabung vorhanden sind, z. T. durch Vor-, Aus- und Fortbildung vermittelt
werden" (REICHARD 1987: 203).

Im Mitarbeiter, der für eine Motivierung zu höherer Leistung geeignet zu sein
scheint, müssen in einem zweiten Schritt Motive geweckt bzw. geschaffen werden,
die ihm den Aufstieg in die nächste Bedürfnisstufe erstrebenswert machen. „Die
Mittel hierzu liegen
– in einem der Befähigung entsprechenden Schwierigkeitsgrad der Aufgabenstellung,
– in der Herausstellung der Bedeutung einer Handlung an sich sowie im Rahmen
  des Betriebsganzen und
– in der Aufstellung eines Katalogs von Konsequenzen vornehmlich positiver Art
  bei der Zielerreichung" (BESTMANN 1992: 122 f.).

Doch bei aller systematischen und modellhaften Vorgabe hängt die Motivation
von Mitarbeitern wie von Künstlern am Ende entscheidend davon ab, inwieweit der
Vorgesetzte bzw. Partner des Künstlers bereit ist, sich für eine Motivierung einzubringen. Die Handhabung von Bedürfnispyramiden und Motivationsmodellen sind
nur Hilfsmittel, die nie ersetzen können, daß Motivation immer auch vom persönlichen Engagement und dem dringenden Wunsch, den anderen für etwas zu gewinnen,
abhängen.

4.3 Informieren und kommunizieren

Management in arbeitsteiligen Prozessen ist nur möglich durch Information. Den
Austausch von Informationen bezeichnet man als Kommunikation.[4]

Information im Management ist Wissen, das auf ein bestmögliches Handeln vor-
bereiten soll. Je besser und sicherer die Informationen sind, um so zielorientierter
ist Handeln möglich. „Auch wenn betriebswirtschaftliche Entscheidungen generell
auf der Grundlage unvollkommener Informationen getroffen werden müssen, so
hängt der Wert von Entscheidungen doch ceteris paribus von der Güte und dem
Umfang an Informationen ab" (BESTMANN 1992: 94).

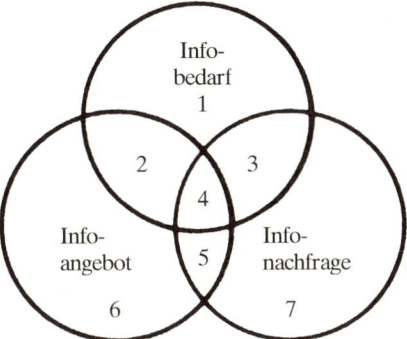

1 = Informationen, die weder angeboten noch nachgefragt werden
2 = Informationen, die angeboten, aber nicht nachgefragt werden
3 = Informationen, die nachgefragt, aber nicht angeboten werden
4 = Angebotene und zugleich nachgefragte Informationen
5 = Nachrichten, die angeboten und nachgefragt werden, aber nicht notwendig sind
6 = Nachrichten, die angeboten werden, aber weder nachgefragt werden noch notwendig sind
7 = Nachrichten, die nachgefragt werden, aber weder angeboten werden noch notwendig sind

Abb. 10: Informationsbedarf, -nachfrage und -angebot.

Dies gilt in besonders hohem Maße für das Kulturmanagement: wie gut eine Veranstaltung ist bzw. beim Publikum „ankommt", weiß man letzten Endes immer erst, wenn die Veranstaltung schon läuft. Dennoch wird ein verantwortungsbewußter Kulturmanager immer versuchen, schon vor Vertragsabschluß durch möglichst viele Informationen das Risiko des Mißgriffs so gering wie möglich zu halten.

Information und Kommunikation sind in jedem betrieblichen Management – und folglich auch im Kulturmanagement – sowohl betriebsextern als auch betriebsintern von Bedeutung. Es gilt, sowohl betriebsexterne Informationen einzuholen als auch für einen angemessenen betriebsinternen Informationsfluß und -austausch zu sorgen. Dabei stellt sich das Problem der Informationsbeschaffung als ein Zusammenwirken von Informationsbedarf, Informationsnachfrage und Informationsangebot dar (vgl. Abb. 10, BERTHEL 1975: 30, zitiert nach SCHIERENBECK 1987: 119).

Die Probleme im Umgang mit Informationen im Kulturmanagement lassen sich an dieser Abbildung leicht verdeutlichen:
– man hat es mit einer Fülle von Informationen zu tun (über Feuilletons, Fachzeitschriften, Buchpublikationen, Hörfunk und Fernsehen, Hinweise interessierter Bürger/Kunden usw.), ohne daß für diese Informationen eine Nachfrage besteht (2); es entsteht eine Informationsschwemme, deren Bewältigung (etwa das Auswerten der täglichen Feuilletons) einen nicht unerheblichen Zeitaufwand (bei verhältnismäßig geringer Ausbeute) zur Folge hat;
– häufig handelt es sich dabei sogar um solche Nachrichten, die nicht nur nicht

nachgefragt werden, sondern auch nicht notwendig sind (6), die aber allein durch ihre Präsenz die Arbeit ganz erheblich behindern; irrelevante Nachrichten (6) von nur möglicherweise relevanten (2) zu unterscheiden, verlangt schon sehr viel Geschick und Erfahrung;

– gleichzeitig entsteht die unbefriedigende Situation, daß Informationen, die man eigentlich dringend braucht (z. B., wie weit sich ein Musikagent auf die Minderung des Honorars einläßt), als Herrschaftswissen einiger weniger zurückgehalten werden (3);

– ein besonders schwerwiegender Fall von Mißmanagement liegt dann vor, wenn man vielen Nachrichten hinterherläuft, die überhaupt nicht notwendig sind (5 bzw. 7); hier wäre dann dringend eine Überprüfung der Informationsbeschaffung anzuraten.

Während die Beschaffung externer Informationen in jedem Betrieb als wünschenswerte Aufgabe herausgestellt wird, ist der innerbetriebliche Umgang mit Informationen durchaus auch von Führungsprinzipien abhängig. Dies ist besonders dort spürbar, wo Vorgesetzte glauben, Informationen als „Herrschaftswissen" Mitarbeitern vorenthalten zu dürfen, um sie gezielt zur Einschüchterung (gegenüber den Mitarbeitern) oder als wichtigtuerisches Gehabe (gegenüber dem nächsthöheren Vorgesetzten) einsetzen zu können. Doch sollte Information als Führungsinstrument immer nur unter zwei Aspekten gesehen werden: „Einerseits ist sie als zweckorientiertes Wissen Voraussetzung für den Erfolg der Tätigkeit der Mitarbeiter, andererseits gibt sie den Mitarbeitern das Bewußtsein, ,Bescheid zu wissen'" (WÖHE 1993: 134 f.).

Wie dieser Informationsfluß und -austausch (Kommunikation) erfolgt, hängt nicht unwesentlich von den organisatorischen Strukturen eines Betriebs ab, denn sie geben vor, wer mit wem ohne Zwischenstationen Informationen austauschen kann. Grob kann man unterscheiden zwischen den Grundformen Stern, Kreis und Vollstruktur (BESTMANN 1992: 96):

– Bei der Grundform des Sterns laufen die Informationen sternförmig vom Vorgesetzten zu den Mitarbeitern, den Mitarbeitern aber ist ein Informationsaustausch untereinander nicht möglich. In einer solchen Kommunikationsstruktur wird Herrschaftswissen kultiviert.

– Bei der Grundform des Kreises können alle Personen nur auf der Kreislinie miteinander kommunizieren, also jeder nur mit maximal zwei Nachbarn. Diese Kommunikationsstruktur ist im Kulturmanagement sehr häufig gegeben, wenn beispielsweise die Kostümabteilung und die Werkstatt eines Theaters zwar miteinander Informationen austauschen können, nicht aber mit der Verwaltung oder der Intendanz; die Informationen dorthin müssen über den Technischen Leiter erfolgen.

– Die Grundform der sogenannten Vollstruktur (auch als Informationsnetz bezeichnet) ermöglicht allen mit allen zu kommunizieren, was einen optimalen Informationsaustausch zur Folge hat, aber auch zu vielen unnötigen und nicht nachgefragten Informationen führt (Fall 6 aus Abb. 10).

Gerade die letzte Grundform zeigt, daß Kommunikationsstrukturen zwar den Informationsfluß und -austausch steuern können, aber noch keine Gewähr dafür bieten, daß die richtigen (und nur die richtigen) Informationen an die richtige (und nur an die richtige) Stelle gelangen. Es bleibt in allen Fällen das gewichtige Problem der Informationsbeschaffung und -verarbeitung.

Im Kulturmanagement ist es mit Blick auf die anstehende Aufgabe und angesichts der ständigen engen Zusammenarbeit mit freiberuflichen Künstlern besonders wünschenswert, daß die Kommunikation nicht nur strukturell optimal funktioniert, sondern auch nach Regeln erfolgt, die die emotionale und soziale Ebene der Kommunikationspartner berücksichtigt. Diese Erkenntnis, die in hohem Maße auf psychologische Zusammenhänge reflektiert, gewinnt auch im allgemeinen Management unter dem Stichwort „Dialektik" mehr und mehr an Bedeutung. Rupert Lay (1989/1991: 24 f.) ruft hierzu die drei Dialektik-Grundsätze des Plato wieder in Erinnerung:

1. Verhalte dich alterozentrisch.
2. Erreiche eigene und fremde Emotionalität.
3. Stelle dich auf die kommunikativen Bedürfnisse deines Partners ein.

Für die praktische Umsetzung dieser Grundsätze hat Lay (1989/1991: 32) einige „Regeln" für die Kommunikationssituation „Gespräch" entwickelt, die gerade auch im Kulturmanagement erfolgreich eingesetzt werden können. Dabei spielt die Art und Weise, wie man auf einen Gesprächspartner zugeht (Ansprache), eine entscheidende Rolle:

- „Die Ansprache muß auf ein vorhandenes oder gewecktes Bedürfnis treffen.
- Die Ansprache muß im sprachlichen Horizont des Partners geschehen. Dabei gilt es, Worte zu vermeiden, die vom Partner emotional negativ besetzt sind.
- Die Ansprache muß im Wir-Feld (also in Koordination) und nicht im Ich-Du-Feld (Subordination) erfolgen.
- Der Ansprechende darf beim Zuhören kein Verhalten zeigen, das der Sprechende nicht mit der Situation des Hörens verbinden kann (Wippen mit den Beinen, Spielen mit dem Bleistift, Unter-die-Decke-Schauen).
- Die Ansprache muß Angst-, Scham-, Schuldgefühle oder geminderte Selbstachtung abbauen oder doch für den Angesprochenen sinnvoll mit diesen Gefühlen umgehen.
- Der Angesprochene muß das Gefühl haben, ernst genommen und für wichtig gehalten zu werden. Dieses Gefühl ist nur zu vermitteln, wenn der Ansprechende seinen Partner ernst nimmt und für wichtig hält.
- Das Gespräch muß den Eindruck vermitteln, daß es auf ein für beide erwünschtes Ziel ausgerichtet ist.
- Um glaubwürdig zu wirken, muß beim Ansprechenden das, was er sagt, mit dem,

wie er es sagt (dem sprachlichen und körperlichen Ausdruck), übereinstim-
men."

Eine Kommunikation, die sich an solche Spielregeln hält, kann zu einem erfolg-
reichen Informationsaustausch führen. Spätestens hier zeigt sich aber auch, daß
Information und Kommunikation nicht nur Schlüsselqualifikationen in einem auf
Effizienz ausgerichteten Management sind, sondern auch ganz entscheidend zum
Arbeitsklima eines Betriebs und damit zur Motivation der Mitarbeiter und (frei-
beruflichen) Partner beitragen.

4.4 Entscheiden

Für viele Kulturmanager ist die heikelste Schlüsselqualifikation im Kulturmanagement das Entscheiden. Schwierigkeiten bereitet dabei nicht so sehr die Entscheidung *für* etwas, sondern viel eher die Entscheidung *gegen* etwas. Dahinter steht
weniger die Befürchtung, die falsche Entscheidung zu treffen – dieses Risiko gilt für
jedes Management –, als vielmehr die Scheu, durch die eigene Entscheidung eine
(an sich berechtigte) Realisierung von Kunst und Kultur unmöglich zu machen. Vielleicht steckt ja in einem junger Künstler, dessen Bilder man für eine Ausstellung
ablehnt, ein schon bald viel beachtetes Talent? Was ist mit dem jungen Geiger, dessen
Förderung man ablehnt, der aber bei entsprechender Unterstützung zu einem wirklich guten Musiker geworden wäre? Zerstört man eine kulturelle Initiative für alle
Zeiten, nur weil man es ablehnt, die Miete für den Probenraum zu bezuschussen?

Immer bleibt das Problem des Entscheidens, und das heißt immer auch, die (an
sich wünschenswerte) Ermöglichung von Kultur zu verhindern. Solange aber die für
die Ermöglichung von Kultur erforderlichen Ressourcen knapp sind – und das gilt
nicht nur für Finanzmittel, sondern auch für Räume und (wenn man es recht bedenkt) für das Publikum –, wird man immer entscheiden müssen zwischen der Ermöglichung und der Verhinderung von Kultur.

Zu entscheiden, das ist eine Schlüsselqualifikation des Managements, die folglich
auch im Kulturmanagement von zentraler Bedeutung ist; Kulturmanagement erfolgt
ganz wesentlich mit Hilfe der Steuerungsfunktion Entscheiden! „Das Unterlassen
von Entscheidungen bedeutet ein Warten darauf, daß sich eine Lösung von selbst
einstellt. Dies führt zu dem Verzicht auf Eigengestaltung und damit zu einer Auslie-
ferung an die Umwelt" (BESTMANN 1992: 88). Kulturmanagement, also Kultur zu
ermöglichen, kann sich aber nicht darauf beschränken, Hindernisse aus dem Weg zu
räumen, um Kunst und Kultur den Freiraum zur Entfaltung zu sichern. Wohl auch
das! Kulturmanagement heißt aber immer auch, Ziele umzusetzen und damit das
Möglich-Machen im Einzelfall an den Zielen zu messen. Das aber bedingt aktives
Mitgestalten und Handeln, und das heißt Entscheiden.

Entscheiden wird definiert als das ständige Wählen zwischen verschiedenen Möglichkeiten. Das bedeutet, daß mehrere Alternativen vorhanden sein müssen, um eine Entscheidung treffen zu können. Wenn einem Verlag für ein vorgegebenes Thema nur ein Autor zur Verfügung steht, bleibt ihm keine Wahl, folglich ist auch der Auftrag an den betreffenden Autor keine echte Entscheidung. Wer wählt, muß zudem über einen Handlungs- und Ermessensspielraum verfügen. Die Vorgabe beispielsweise, wie sie im Bauvergaberecht gilt, daß bei mehreren Bietern der preiswerteste den Zuschlag erhält, schränkt die Wahlmöglichkeit und damit die Entscheidung ganz erheblich ein.

Die Betriebswirtschaftslehre hat für die Schlüsselfunktion Entscheiden eine Reihe von technischen Hilfsmitteln erarbeitet, die aber für das Kulturmanagement weniger geeignet sein dürften, da sie in hohem Maße meßbare und bewertbare Faktoren einbeziehen, wie sie im Kulturmanagement kaum zur Verfügung stehen (vgl. hierzu WÖHE 1993: 157–170 und STAEHLE 1994: 491–512 sowie ausführlicher BAMBERG/COENENBERG 1996 und KAHLE 1998). Statt dessen sollte im Kulturmanagement der Stellenwert der persönlichen und durchaus subjektiven Entscheidung hervorgehoben werden. Welcher Sänger einer Opernpartie die notwendige „Farbe" gibt, läßt sich wohl kaum mit Entscheidungsbäumen ermitteln.

Dieser Anspruch, Subjektivität und Individualität in Entscheidungen wieder verstärkt gelten zu lassen, deckt sich durchaus mit aktuellen Tendenzen in der Managementlehre. So räumt denn auch Bestmann ein, „daß der formale, auf rein rationaler Einstellung beruhende Entscheidungsprozeß einen idealisierten Ablauf darstellt. Neuere Erkenntnisse verhaltenswissenschaftlicher und organisationswissenschaftlicher Art haben gezeigt, daß Entscheidungsabläufe in der Praxis durch folgende Faktoren geprägt sind, die auf die Entscheidungsfindung wesentlichen Einfluß haben:
– je höher die Komplexität einer Entscheidung, um so individueller wird der Entscheidungsvorgang abgewickelt (…);
– es liegt nur eine begrenzte Kapazität der Informationsaufnahme und -verarbeitung bei den Entscheidungsträgern vor, was oft zu Voreingenommenheit führt;
– auf der Basis eines unvollkommenen Suchprozesses wird meist nur eine begrenzte Anzahl von Alternativen entwickelt;
– es wird keine maximale Lösung des Entscheidungsproblems, sondern lediglich eine befriedigende Lösung auf der Grundlage des jeweils vorherrschenden Anspruchsniveaus angestrebt" (BESTMANN 1992: 92).

Gerade im Kulturmanagement hat man es mit hochkomplexen Entscheidungsvorgängen zu tun, in die eben nicht nur finanzielle, organisatorische und technische Aspekte einfließen, sondern auch ästhetische, kulturhistorische und – im weitesten Sinne – auch soziale. Daß dabei Voreingenommenheiten – im Sinne von Vorlieben – eine große Rolle spielen, ist kaum abzustreiten; sie sind die Folge der Belastungen, die sich aus subjektiven Entscheidungen zwangsläufig ergeben.

Aber gleich ob Entscheidungen nach Prozeßmustern oder subjektiv und individuell gefällt werden, es bleibt immer auch die Verantwortung für die richtige oder falsche Entscheidung. Insofern ist Entscheiden – gerade im Kulturmanagement – immer auch eine Frage des Entscheiden-Wollens.

Anmerkungen zu Kapitel 4

[1] Vgl. dazu ausführlich aus der Sicht der Psychologie beispielsweise ZIMBARDO (1992: 344–397) und aus der Sicht der Managementlehre beispielsweise STAEHLE (1994: 204–228) und STEINMANN/SCHREYÖGG (1991: 409–449).

[2] Als weitere Prozeßtheorien sind zu nennen die Zieltheorie von LOCKE (1968), das Gleichheitstheoretische Motivationsmodell von ADAMS (1963) sowie Attributionstheoretische Motivationsmodelle (z. B. WEINER 1976).

[3] Weitere Inhaltstheorien sind das Reifekontinuum (ARGYRIS 1957), die Zwei-Faktoren-Theorie (HERZBERG 1959), das Motivationsmodell (RICHARDS/GREENLAW 1966) sowie die Erweiterung des Maslowschen Modells (ALDERFER 1972).

[4] Kommunikation im Managementprozeß darf nicht verwechselt werden mit Kommunikation als Marketinginstrument (vgl. hierzu Abschnitt 5.3.4).

5. Betriebswirtschaftliche Funktionen im Kulturmanagement

Im Rahmen einer Einführung in das Kulturmanagement kann es nicht das Ziel sein, alle Aspekte der Betriebswirtschaftslehre mit einem Anspruch auf Vollständigkeit unter dem Blickwinkel des Kulturmanagements vorzustellen. Dieses Kapitel verfolgt deshalb lediglich das Ziel, jene betriebswirtschaftlichen Funktionen auf den Bereich des Kulturmanagements zu übertragen, die einerseits den Nutzen der Betriebswirtschaftslehre, selbst für nicht-kommerzielle Kulturbetriebe, leicht einsichtig machen und gleichzeitig jene Themen vorzustellen, denen sich Studierende oder Berufsanfänger vertiefend widmen müßten.

Im Vordergrund steht dabei der Managementprozeß, also jenes Zusammenwirken von Zielsetzung, Planung und Organisation, das auch für Marketing und Projektmanagement das Grundmuster bildet. Das zweite Teilkapitel wirft einen Blick auf das betriebswirtschaftliche Controlling, das auch in Kulturbetrieben als umfassendes Steuerungsinstrument (und keineswegs als Kontrolle) zunehmend an Bedeutung gewinnt. Da Kulturmanagement von einer sich in der Rezeption erst vollendenden Kunst ausgeht (vgl. Abschnitt 1.2.1), ist der Weg zum Publikum von elementarer Bedeutung; er kommt hier durch das Kulturmarketing zum Ausdruck. Die beiden letzten Teilkapitel erweisen eine gewisse Referenz an höchst aktuelle Themen des Kulturmanagements, nämlich die ständig neue und scheinbar nie befriedigend zu beantwortende Frage nach der Kulturfinanzierung sowie das gerade auch im Rahmen von Event-Kultur zunehmend unverzichtbarere Projektmanagement.

5.1 Planung und Organisation

Eingangs war von der Unterscheidung zwischen Managementfunktionen und Managementtechniken die Rede (vgl. Abschnitt 1.1). Als Funktionen wurden dort die Steuerungshandlungen bezeichnet, „die bei der Leistungserstellung und -sicherung in arbeitsteiligen Systemen erbracht werden müssen" (STEINMANN/SCHREY-ÖGG 1991: 7). Beispielsweise ist Planung eine solche Managementfunktion. Zur Wahrnehmung der Managementfunktionen wendet man eine Reihe von Instrumenten, Methoden und Verfahren an, die man als Managementtechniken bezeichnet (etwa die Kreativitätstechniken, die im Rahmen der Planung zum Einsatz kommen können).

Die einzelnen Managementfunktionen sind nicht isoliert zu betrachten, sondern stehen in einem sich gegenseitig beeinflussenden Zusammenhang. Die Betriebswirtschaftslehre hat sich deshalb schon früh mit der Frage beschäftigt, wie die Steuerungshandlungen zu definieren und miteinander zu verknüpfen sind. Einen ersten durchschlagenden Erfolg konnte 1937 der amerikanische Organisationswissenschaftler Luther H. Gulick verzeichnen. Er erarbeitete eine Klassifikation, der er – wie dies bei amerikanischen Wissenschaftlern besonders beliebt ist – nach den Anfangsbuchstaben der Schlüsselbegriffe den einprägsamen Namen POSDCORB gab:

„POSDCORB ist aus den Anfangsbuchstaben folgender Tätigkeiten zusammengesetzt:
- *P*lanning, d. h. Richtlinien zu erstellen, was auf welche Weise zur Realisierung des Objektes getan werden muß;
- *O*rganizing, d. h. eine formale Autoritätsstruktur zu errichten, wodurch Arbeitseinsichten im Hinblick auf das Objekt gebildet, voneinander abgegrenzt und koordiniert werden;
- *S*taffing, d. h. Personal in die Organisation einzubringen, anzulernen und fortzubilden, und zudem günstige Arbeitsbedingungen zu erhalten;
- *D*irecting, d. h. Entscheidungen treffen und sie in die Form spezieller oder genereller Anweisungen zu bringen und als Leiter der Unternehmung zu fungieren;
- *CO*-ordination, d. h. die verschiedenen Arbeitsteile in Beziehung zueinander setzen – eine überaus wichtige Aufgabe;
- *R*eporting, d. h. für den Leiter, die Leute, denen er verantwortlich ist, über alles ständig zu informieren, was gleichzeitig bedeutet, daß er sich selbst und seine Untergebenen durch Berichte und Inspektionen immer auf dem laufenden halten muß;
- *B*udgeting, d. h. Haushaltsplanung, Buchhaltung und Kontrolle" (GULICK 1976: 170).

In der weiteren Entwicklung der Managementlehre wurden diese Funktionen zu immer wieder neuen Gruppen zusammengefaßt, ohne daß sich die Inhalte wesentlich änderten. Hinzu kam allerdings der Bereich Controlling (Kontrolle), der bei Gulick nur angedeutet im letzten Begriff auftaucht. Koontz und O'Donnell entwickelten 1955 ein fünfgliedriges System, das im Prinzip bis heute gilt (KOONTZ/ O'DONNELL 1955; zitiert nach STEINMANN/SCHREYÖGG 1991: 8):
- Planung (planning)
- Organisation (organizing)
- Personaleinsatz (staffing)
- Führung (directing)
- Kontrolle (controlling)

In einigen Klassifikationen verzichtet man allerdings auf eine eigenständige Funktion „Personaleinsatz" und faßt diese Steuerungshandlung mit der Funktion „Führung" zusammen (so auch SCHIERENBECK 1987: 72).

Nach den Vorstellungen von Koontz und O'Donnell stehen die Managementfunktionen nicht separat nebeneinander, sondern sind so miteinander verbunden, daß man von einem Managementprozeß sprechen kann. Darin „werden die Managementfunktionen dynamisch als Phasen im Sinne einer aufeinander aufbauenden Abfolge von Aufgaben angesehen" (STEINMANN/SCHREYÖGG 1991: 9).

Gerade in der Kulturarbeit kann es bisweilen sogar sinnvoll sein, statt von einem Managementprozeß, der irgendwann zum Abschluß kommt, von Managementzyklen zu sprechen. Nach einem solchen Verständnis wäre das Ende eines Prozesses zugleich der Anfang eines neuen, was ja beispielsweise in einem Theater- oder Konzertzyklus auch tatsächlich der Fall ist, weil mit der letzten Veranstaltung die „Kunden" schon wieder für die nächste Spielzeit angesprochen werden. Damit fallen in der Phase der Kontrolle wichtige Entscheidungen für den Beginn des neuen Managementprozesses, d. h., der neue Zyklus wird mit Rückkopplungen zum vorhergehenden Prozeß begonnen (WILD 1982: 37).

Mit Blick auf die eingangs zu diesem Kapitel formulierte Einschränkung, daß es sich nicht um eine Wiedergabe der Betriebswirtschaftslehre in ihrer gesamten Themenvielfalt handeln kann, werden hier nur die Funktionen Zielsetzung, Planung und Organisation kurz vorgestellt. Dabei wird sich zeigen, daß sie für das Kulturmanagement von besonderer Bedeutung sind.

5.1.1 Zielsetzung

„Unter einem Ziel wird ein erstrebenswerter Zustand verstanden, der in der Zukunft liegt und dessen Eintritt von bestimmten Handlungen bzw. Unterlassungen abhängig ist, der also nicht automatisch" (BESTMANN 1992: 98) erfolgt.

Wenn man über Ziele im Sinne von Kulturmanagement spricht, sollte man sorgfältig eine Verwechslung mit Zwecken vermeiden (HEINRICHS 1997: 41). Der Zweck ist von weitaus allgemeinerer Art (z. B. Kultur ermöglichen) als das demgegenüber doch recht konkrete Ziel. Wenn man Zielsetzung/Planung und Kontrolle miteinander in Verbindung sieht, wird sehr schnell deutlich, daß sich nicht oder nur sehr schwer feststellen läßt, ob ein Zweck erreicht wurde. Dagegen kann man wohl sehr konkret etwas darüber sagen, ob ein bestimmtes Ziel verwirklicht wurde. Auch die Betriebswirtschaftslehre unterscheidet deshalb deutlich zwischen Zweck und Ziel, weshalb in Anlehnung an STAEHLE (1994: 412) und PERROW (1970: 135) für das Kulturmanagement die in Tab. 10 aufgelistete Differenzierung vorgeschlagen wird.

Wie leicht erkennbar ist, lassen sich die Ziele weit konkreter darstellen als der allgemeine Zweck. Ziele bewegen sich zudem auf verschiedenen Ebenen, wobei diese Ebenen in der Regel gleichzeitig zur Anwendung kommen. Um dies am Beispiel zu verdeutlichen, sei unterstellt, es bestehe das Outputziel einer Kunstausstel-

Tab. 10:   Zielarten und Zielobjekte im Kulturmanagement

Zweck/Zielart	Zielobjekt
Zweck	Kultur ermöglichen
Outputziele	Leistungen des Kulturbetriebs (von der Steuerung beispielsweise eines Theaters oder Museums bis zu Teilleistungen wie Theaterauf-führungen, Kunstausstellungen, Konzerte usw.)
Systemziele	Struktur und Verhalten des Kulturbetriebs, z. B. Wachstum, Stabili-tät, Kostendeckungsgrad, Marktpositionierung
Produktziele	Charakteristika der Produkte und Dienstleistungen, z. B. Quantität, Qualität, Erscheinungsbild, Image
abgeleitete Ziele	Bereiche außerhalb des primären Organisationszwecks, z. B. ökono-mische, gesellschaftspolitische, soziale Sekundärzwecke

lung. Dann zeigen sich die übrigen Zielarten möglicherweise wie in Tab. 11 zusam-mengestellt.

Solchermaßen konkretisiert zeigt sich, daß sich die genannten Ziele umsetzen und kontrollieren lassen. Das Outputziel ist die Kunstausstellung selbst; das Ziel ist mit der Ausstellungseröffnung erreicht. Das Systemziel der Kontinuität ist bei-spielsweise dadurch erreicht, daß regelmäßig (vielleicht jeden zweiten Monat) Aus-stellungen gezeigt werden. Das Ziel der Positionierung im regionalen Kunstgesche-hen kann sowohl in der Auswahl der Künstler als auch in der Zielgruppenreich-weite der Besucher zum Ausdruck kommen. Das Produktziel ist hinsichtlich der Quantität klar vorgegeben und läßt sich entsprechend überprüfen. Die hohe Qua-lität und der eigene Stil müßten etwa durch ein Ausstellungskonzept sowie durch entsprechende Expertenbewertungen (z. B. durch Kunstkritiker) nachgewiesen wer-den. Die abgeleiteten Ziele müßten sich in einer Nutzung von touristischen An-geboten (Hotellerie, Gastronomie) niederschlagen; die Zusammenarbeit von Kom-mune und Wirtschaft ließe sich durch ein entsprechendes Sponsoring dokumentie-ren.

Management ist immer zielorientiertes Handeln, aber diese Ziele müssen klar und eindeutig sein, und sie müssen operationalisierbar sein. Diffuse Ziele wie beispiels-weise die Erhöhung von Lebensqualität durch Kunst und Kultur mögen zwar aus kultursoziologischer oder kulturpädagogischer Sicht vorstellbar sein, als Manage-mentziele aber scheiden sie aus, da sie nicht durch konkretes und unmittelbar ziel-orientiertes Handeln umsetzbar sind. Diese Einschränkung sollte man sich stets ver-gegenwärtigen; sie macht noch einmal deutlich, daß Kulturmanagement bei weitem nicht alles leisten kann, was man von Kultur erwarten darf.

Wenn von Zielen die Rede ist, empfiehlt es sich, deutlich zwischen strategischen und operativen Zielen zu unterscheiden. Strategische Ziele sind übergeordnete Zie-

Tab. 11: Zielarten und Zielobjekte am Beispiel einer Kunstausstellung

Zweck/Zielart	Zielobjekt
Zweck	Kultur ermöglichen
Outputziel	Kunstausstellung in einer Städtischen Galerie
Systemziele	Kontinuität in der Förderung der Bildenden Kunst; Positionierung der Städtischen Galerie als Zentrum des regionalen Kunstgeschehens
Produktziele	Ausstellung von 50 Bildern und 10 Skulpturen; hohe Qualität der ausgestellten Exponate; Behauptung eines eigenen Stils, der deutlich Bildungs- und Kunstförderung vor kommerziellen Zielen stellt
abgeleitete Ziele	Förderung der touristischen Attraktivität der Stadt; durch Sponsoring die enge Verbindung zwischen Kommune und Wirtschaft dokumentieren

le, die noch nicht zu einem konkreten Ergebnis führen, sondern diese erst auf einer zweiten Ebene möglich machen. Strategisches Kulturmanagement (HEINRICHS 1996) schafft Potentiale, die die Erfolge von morgen sichern können. Operatives Kulturmanagement dagegen setzt unmittelbar Leistungen um und führt geradewegs zu Erfolg oder Mißerfolg. Wenn eine Stadt eine Stadthalle baut, um dort Kulturveranstaltungen anbieten zu können, so handelt es sich dabei um ein strategisches Ziel. Die Stadthalle selbst ist nämlich allein noch kein Kulturangebot; sie stellt lediglich ein Potential dar, daß die Grundlage für künftige Kulturangebote bietet. Entschließt man sich dann, in der fertigen Stadthalle jährlich zehn Sinfoniekonzerte zu veranstalten, so handelt es sich dabei um ein operatives Ziel.

Hier werden im weiteren Verlauf vor allem die operativen Ziele im Mittelpunkt stehen, da sie bei weitem den größten Teil des Kulturmanagements ausmachen.

5.1.2 Planung

Während die Zielsetzung beschreibt, was erreicht werden soll, dient die Planung dazu, Wege festzulegen, über die die Ziele umgesetzt werden können. Die Planung steht deshalb in einem engen Zusammenhang mit der Zielsetzung; ohne eine klare Zielsetzung ist eine effiziente Planung nicht möglich.

Doch so einsichtig die Bedeutung der Planung auch ist, so wenig systematisch wird sie in der Praxis vor allem der öffentlichen und gemeinnützigen Kulturbetriebe betrieben. Soweit überhaupt geplant wird, geschieht dies vorwiegend mit Hilfe sehr subjektiver „Erfahrungswerte", aber ohne ernsthafte Prognosen, Alternativenprüfungen oder Konzeptionen. Die Folge sind Veranstaltungen ohne Publikum oder auch immer wieder einmal katastrophale Rechnungsergebnisse. Es ist schon erstaunlich: eine professionelle Presse- und Öffentlichkeitsarbeit wird im öffentlichen Kulturbetrieb durchaus akzeptiert, aber von der arbeitsaufwendigen und häufig auch etwas langweiligen (weil nicht unmittelbar zu sichtbaren Erfolgen führenden) Planung will kaum jemand etwas wissen. Dabei erleichtert eine gute Planung alle späteren Aufgaben im Management- und Marketingprozeß; sie erst ist der eigentliche Garant für einen Erfolg.

Wie in jedem Managementbereich erfolgt auch im Kulturmanagement die Planung in vier Schritten:

Problemanalyse

Die Planung dient der Lösung des Problems, das da lautet: Wege finden, für eine Umsetzung der Ziele. Dazu ist es sinnvoll, zunächst einen Ist-Zustand (Lageanalyse) festzustellen und zu beschreiben. In einem zweiten Schritt sollte das Problem möglichst in Teilprobleme oder Problemelemente gegliedert werden, um so besonders schwierige Bereiche frühzeitig erkennen zu können. Der dritte Schritt wäre eine Ordnung der Teilprobleme und die Bildung von Prioritäten.

Alternativensuche

„Der Problemerkenntnis genetisch nachgelagert ist die Alternativensuche, in der es darum geht, solche Handlungsmöglichkeiten zu finden und inhaltlich zu konkretisieren, die geeignet erscheinen, das erkannte Problem zu lösen" (SCHIERENBECK 1987: 74). Dabei kommt es entscheidend darauf an, sich nicht zu frühzeitig auf eine Lösung festzulegen. Wenn beispielsweise eine Volkshochschule ihre Ausgaben nicht mehr decken kann, muß die Lösung dieses Problems nicht zwangsläufig in einem höheren Zuschuß des Trägers oder in einer Erhöhung der Teilnehmerentgelte bestehen; es ist durchaus denkbar, daß auch organisatorische, finanztechnische oder strukturelle Maßnahmen zur Lösung des Problems führen.

Deshalb empfiehlt es sich sehr, für die Alternativensuche Kreativitätstechniken einzusetzen, weil dann am ehesten die Gewähr geboten ist, daß nicht immer nur die gleichen Lösungsmöglichkeiten herangezogen werden (vgl. Abschnitt 4.1).

Prognose

In der Prognosephase sind die aufgelisteten Alternativen hinsichtlich ihrer voraussichtlichen Wirkung zu prognostizieren. In einem Wirtschaftsbetrieb wird man beispielsweise prüfen, ob sich das geplante Produkt tatsächlich innerhalb der vorgesehenen Zeit realisieren läßt und ob die technischen Voraussetzungen für die gewünschte hohe Produktqualität gegeben sind. Auch wird man im Rahmen des Marketings schon jetzt prüfen, ob für das Produkt später ein Markt zu finden sein wird.

Dazu dienen gewissenhafte Schätzungen ebenso wie Tests und Befragungen. Die Betriebswirtschaftslehre hat hierzu aber auch eine Reihe differenzierterer Techniken entwickelt (SCHNECK 1995 und RUDOLPH 1998), von denen in der Vergangenheit quantitative Methoden (z. B. die Trendextrapolation) stets im Vordergrund standen. Dabei „handelt es sich um mathematisch-statistische Methoden, deren Durchführung beziehungsweise Erfolg im wesentlichen davon abhängt, ob Datenreihen aus der Vergangenheit vorliegen und keine Struktureinbrüche in der Zukunft zu erwarten sind. Die meisten derartigen Prognoseverfahren basieren dabei auf der Überlegung, daß in der Vergangenheit festgestellte Zusammenhänge auch für die Zukunft gelten" (REICHARD 1987: 90).

Hier zeigen sich die Differenzen zwischen einem allgemeinen betriebswirtschaftlichen Management und dem Kulturmanagement besonders deutlich: das Management der Kultur entzieht sich in weiten Bereichen einer Meßbarkeit und damit auch einer mit Daten und Zahlen operierenden quantitativen Methode. Lediglich bei der Kulturentwicklungsplanung ist es möglich, beispielsweise aus der voraussichtlichen Entwicklung eines neuen Stadtteils Folgerungen für das dortige Kulturangebot (z. B. einer Stadtteilbibliothek) mit quantitativen Mitteln zu prognostizieren.

In den letzten Jahren haben allerdings in der Betriebswirtschaftslehre zunehmend auch qualitative Methoden an Bedeutung gewonnen, weil sie zusätzlich zu den meßbaren Daten auch nicht-meßbare Umfeldsysteme und subjektive Einschätzungen in die Prognose mit einbeziehen können. Zwei dieser Methoden dürften auch für das Kulturmanagement geeignet sein, nämlich die Szenario-Technik und die Delphi-Methode. Sie lassen sich sowohl im strategischen als auch im operativen Kulturmanagement einsetzen (HEINRICHS 1999: 196 ff.).

In der Szenario-Technik werden Szenarien entworfen, d. h., es werden Bilder einer zu erwartenden Zukunft aneinandergefügt. „Im Rahmen einer Lageprognose ist es Ziel der Szenario-Technik, festzustellen, wie sich die Haupteinflußfaktoren der internen und externen Lageanalyse in den nächsten Jahren mit welchem Wahrscheinlichkeitsgrad verändern werden. Ausgehend von der Gegenwart werden denkbare künftige Situationen durch Darstellung logischer Schrittfolgen erarbeitet. Der Hauptgedanke der Szenario-Technik ... besteht darin, daß bei strukturellen Einbrüchen einfache Trendextrapolationen versagen und es dann vielmehr darum geht, übergeordnete Entwicklungstendenzen – vor allem sozioökonomischer und rechtlich-politischer Art – rechtzeitig zu antizipieren" (FRANKE/ZERRES 1992: 72 f.).

STEINMANN/SCHREYÖGG (1991: 143) sprechen von einem „Mittel der Komplexitätsreduktion", bei dem die verschiedensten Einflüsse „zu einem überschaubaren plausiblen Bild der Zukunft verdichtet" werden. Allerdings empfehlen sie wegen des geringen Wahrscheinlichkeitsgrads, mindestens zwei alternative Szenarien (optimistisch und pessimistisch) nebeneinander zu entwickelt, um so vor allzu großen

Überraschungen geschützt zu werden (zur Szenario-Technik vgl. GANSEMEIER/ FINK/SCHLAKE 1996 sowie STEINMANN/SCHREYÖGG 1991: 137–144 und BEA/HAAS 1997: 264–270).

Die Delphi-Methode ist eine Form der Gruppenprognose. In Anlehnung an HAUSMANN (1983: 22) ist sie durch folgende Eigenschaften gekennzeichnet:
- „Die Prognosen werden von Experten erstellt, die sich jeweils mit unterschiedlichen Aspekten des Prognoseproblems beschäftigt haben;
- diese Experten bleiben untereinander anonym (…);
- die Prognose vollzieht sich in mehreren Runden, wobei von einer Runde zur anderen eine kontrollierte Informationsrückkoppelung stattfinden soll; die einzelnen Prognosen der Experten sind dabei zwischenzeitlich jeweils entsprechend statistisch auszuwerten" (FRANKE/ZERRES 1992: 152).

Es handelt sich also um eine Gruppenbefragung, die in mehreren Stufen stattfindet, ohne daß die Gruppe zusammentritt, was organisatorische Vorteile hat, aber auch einen zu frühen Willen zum Konsens vermeidet. Durch die Rückkoppelungen – nach jedem Durchgang erfolgt eine Auswertung, die allen Gruppenmitgliedern zur Verfügung gestellt wird – haben die Experten immer wieder Gelegenheit, ihre eigene Einschätzung im Vergleich mit anderen zu überprüfen. „Nach drei bis vier solcher Befragungsrunden besteht meist hinreichende Konvergenz der Ergebnisse" (REICHARD 1987: 91 sowie ausführlich WECHSLER 1978).

Bewertung

In der abschließenden Bewertung der gesamten Planungsphase besteht die letzte Möglichkeit, auf die nun anstehende Entscheidung, was zu tun sein wird, Einfluß zu nehmen.

Zusammenfassend kann man die Merkmale einer so angelegten Planung wie folgt charakterisieren:
- „Planung ist ein komplexer, mehrstufiger Denk- und Informationsprozeß ohne definitiven Beginn und Abschluß, der aus den oben genannten Teilprozessen besteht.
- Planung ist in dem Sinne rational, als im Gegensatz zum rein intuitiven Handeln oder der sogenannten ad-hoc-Entscheidung bewußtes zielgerichtetes Denken und methodisch systematisches Vorgehen dominieren.
- Planung ist der Versuch einer zieladäquaten Beherrschung zukünftigen Geschehens.
- Planung ist stets zukunftsbezogen und fußt demnach auf Prognosen, die mehr oder weniger unsicher sind" (SCHIERENBECK 1987: 77).

Am Ende der Planungsphase sollten mehrere alternative Lösungsvorschläge zur Verfügung stehen, deren Wirkung sorgfältig prognostiziert und deren Eignung mit

Blick auf die Zielsetzung bewertet wurde. Nun gilt es, aus den vorliegenden Planungsalternativen einen Vorschlag auszuwählen und ihn für eine Realisierung vorzusehen. Diese Auswahl nennt man im Managementprozeß die Phase der Entscheidung.

Sicherlich wurden auch vorher immer wieder Entscheidungen getroffen, sei es, daß Planungsalternativen verworfen wurden oder im Ideenfindungsprozeß Vorschläge nicht weiterverfolgt wurden. Dennoch ist die wichtigste Entscheidung nun zu treffen, denn von diesem Zeitpunkt an, geht die Planung in eine Realisierung über, d. h., was bisher nur gedanklich vorbereitet wurde und deshalb fast ausschließlich Personalkosten verursachte, soll nun zur Ausführung kommen, was häufig Investitionen, Sachausgaben, zusätzliche Personalausgaben usw. zur Folge hat. Auch wird man spätestens jetzt an die Öffentlichkeit treten, womit man sich häufig selbst unter einen Realisierungsdruck setzt.

5.1.3 Organisation

„Planung ist lediglich gedankliche Arbeit. Sie bedarf der Umsetzung, wenn sie das Handeln der Organisationsmitglieder tatsächlich steuern soll. Der Managementfunktion Organisation obliegt es daher, in einem ersten Umsetzungsschritt ein Handlungsgefüge herzustellen, das alle notwendigen Aufgaben spezifiziert und so aneinander anschließt, daß eine Realisierung der Pläne gewährleistet ist" (STEINMANN/SCHREYÖGG 1991: 9).

Im Rahmen jeder Organisation sind zwei Leistungen zu erbringen:
– die Differenzierung des gesamten Spektrums nach Teilbereichen sowie
– die anschließende Koordinierung dieser Teilbereiche zu sinnvollen Einheiten.

„Die Aufrechterhaltung eines Gleichgewichts zwischen diesen beiden Aspekten stellt das organisatorische Grundproblem dar" (ULRICH/FLURI 1992: 171). Dieses Grundproblem versucht die Organisationslehre auf zwei Ebenen zu lösen. Sie unterscheidet zwischen der Aufbauorganisation, die die Strukturen eines Betriebs regelt, und der Ablauforganisation, die die zeitliche Komponente in Arbeitsprozessen steuert (HEINRICHS/KLEIN 1996: 1 und 14).

Aufbauorganisation
„Die Aufbauorganisation bezieht sich auf die Gliederung des Unternehmens in Teileinheiten sowie deren Koordination. Dazu müssen Aufgabengebiete gebildet und auf Aufgabenträger zugeordnet sowie die Beziehungen zwischen den Aufgabenträgern geregelt werden" (BESTMANN 1984: 103). Die Aufbauorganisation ist im Kulturmanagement deshalb von besonderem Interesse, weil sich daraus auch Bedingungen für die Motivation von Mitarbeitern und die Nutzung von Kreativitätspotentia-

len ergeben. Auch hängt es in hohem Maße von der Aufbauorganisation ab, ob eine spartenübergreifende Zusammenarbeit – etwa in einem Theater oder in Projekten – realisiert werden kann.

Leider können hier nicht alle Varianten einer Aufbauorganisation vorgestellt werden, doch scheint es sinnvoll zu sein, zumindest auf vier Grundmuster zu verweisen, um die Chancen und Grenzen erkennbar werden zu lassen, die sich aus einer den Aufgaben adäquaten Aufbauorganisation ergeben können (vgl. dazu die Übersicht in ULRICH/FLURI 1992: 186 f.).

(1) Linienorganisation

Die Linienorganisation geht von einer klaren Hierarchie aus und ordnet der Betriebsleitung die Abteilungsleiter zu und diesen wiederum die Mitarbeiter. Alle Informations- und Kommunikationskanäle verlaufen vertikal über die nächsthöhere Leitungsebene.

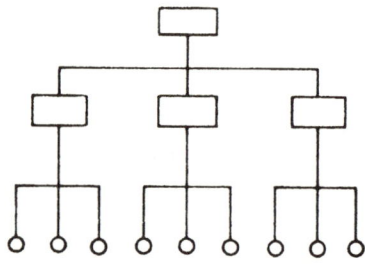

Abb. 11: Linienorganisation.

Vorteile
- klare Kompetenzen und Verantwortlichkeiten
- Koordination und Kontrolle leicht möglich
- „Sicherheit" bei Vorgesetzten und Mitarbeitern

Nachteile
- schwerfällig, Hang zur Bürokratisierung
- Hierarchie, hohe Belastung der Leitung
- Informationsfilterung, hoher Kommunikationsbedarf

(2) Stab-Linienorganisation

In der Grundstruktur bleibt die Linienorganisation erhalten, doch wird sie durch Stäbe, die einzelnen Vorgesetzten zugeordnet werden, ergänzt. Die Stäbe bilden dabei eine Art zweite Organisationsebene. Die Mitarbeiter des Stabs können aus der vorhandenen Organisation kommen oder aber – wie in der Abbildung – den verschiedenen Leitungspositionen zusätzlich zugeordnet sein.

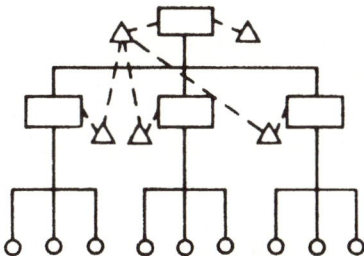

Abb. 12: Stab-Linienorganisation.

Vorteile
- trotz gewisser Spezialisierung bleibt die Einheit der Leitung erhalten
- die Leiter werden durch Stabsstellen entlastet
- die Stäbe können bei Projekten als Koordinierungselemente fungieren

Nachteile
- Stäbe können sich zu „Wasserköpfen" entwickeln
- Stäbe wirken leicht als „Graue Eminenz" (Macht ohne Verantwortung)
- Stäbe überdecken möglicherweise nur eine mangelhafte Organisation

(3) Mehrlinien-Organisation
Eine feste Zuordnung der Mitarbeiter zur zweiten Leitungsebene (Abteilungs-leiter) besteht nicht mehr; alle Mitarbeiter können in allen Arbeitsbereichen einge-setzt werden. Dadurch kann die Fachkompetenz der Mitarbeiter unabhängig von deren „Zuständigkeit" genutzt werden, d. h., die Funktionen überlagern die Hierar-chie.

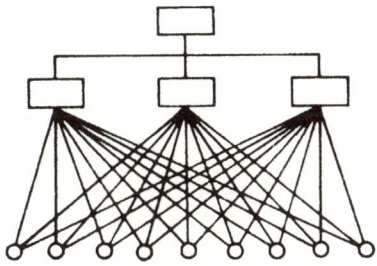

Abb. 13: Mehrlinien-Organisation.

Vorteile
- Übereinstimmung von Fachkompetenz und Zuständigkeit
- kurze Kommunikationswege
- basisdemokratisch

Nachteile
- Kompetenzüberschreitungen eher die Regel als die Ausnahme; Unsicherheit bei Vorgesetzten und Mitarbeitern
- hoher Abstimmungsbedarf (in zahlreichen Dienstbesprechungen)
- Koordination und Kontrolle für die Leiter kaum mehr möglich

(4) Matrix-Organisation
Die Matrix-Organisation ist projektorientiert und macht eine hohe Flexibilität bei gleichzeitiger Beibehaltung der Grundstruktur der Aufbauorganisation möglich. Alle Mitarbeiter bleiben nicht nur in ihrer Abteilungen tätig (vertikale Ebene), sondern arbeiten auch an übergreifenden Projekten mit (horizontale Ebene). So könnte beispielsweise für die Abteilungen Museum, Bibliothek und Volkshochschule das Projekt einer gemeinsamen Öffentlichkeitsarbeit organisatorisch umgesetzt werden.

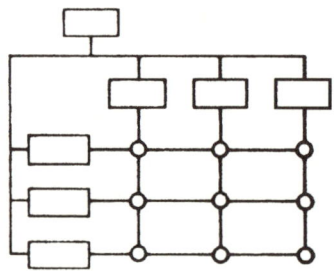

Abb. 14: Matrix-Organisation.

Vorteile
- für spartenübergreifende Projektarbeit besonders geeignet
- funktions- und aufgabenorientierte Teamarbeit möglich
- Innovationspotential kann sehr gut genutzt werden

Nachteile
- Kompetenzabgrenzung aufwendig
- hoher Kommunikationsbedarf
- geringerer Einfluß der Abteilungsleiter

Es ist nicht sinnvoll, eines dieser Modelle generell zu favorisieren; diese Entscheidung hängt vielmehr vom Einzelfall ab, nämlich von der Aufgabe, die konkret ansteht, und auch von der Größe des Betriebs. In einem Betrieb mit fünf Mitarbeitern kann man das dritte Modell sicherlich noch ohne weiteres einsetzen, in einem Betrieb mit fünfzig Mitarbeitern dagegen wohl kaum noch. Nicht unwesentlich sind auch Vorgaben, die etwa aus der übergeordneten Organisation einer größeren Einheit stammen. Folglich sind viele kommunale Kulturämter und öffentliche Kultureinrichtungen nach dem Linienmodell organisiert, weil dies die gängige Organisationsform der öffentlichen Verwaltungen ist. Allerdings ist nicht zu erkennen, warum diese Vorgabe die Anwendung anderer Organisationsmodelle für Aufgaben der öffentlichen Kulturverwaltung zwangsläufig ausschließen muß.

Ablauforganisation
„Die Ablauforganisation bezieht sich auf die Gliederung des Betriebsprozesses in Teilprozesse sowie deren Koordination. Dazu müssen der Vollzug der Arbeitsabläufe festgelegt, die räumlichen und zeitlichen Gesichtspunkte beachtet sowie die Verteilung auf die Aufgabenträger vorgenommen werden" (BESTMANN 1984: 103).

Auf diese Ablauforganisation hat man als Kulturmanager immer erheblichen Einfluß, was gleichzeitig bedeutet, daß eine Steuerungshandlung bedient werden muß, bei der der Kulturmanager tatsächlich Managerqualitäten beweisen muß, ohne die Chance, sich unter Hinweis auf andere Zuständigkeiten herauszureden.

Managementfunktion im Sinne einer Steuerungshandlung ist dabei nicht die handwerkliche oder technische Realisierung von etwas. Die Managmentleistung besteht ausschließlich in der Organisation der Abläufe, d. h. in der vorgezogenen Strukturierung der zu erwartenden Aufgaben. Das Gegenteil hierzu wäre eine im Einzelfall, nach Lage der Dinge zu treffende Ad-hoc-Entscheidung, die dann gern als die „hohe Kunst der Improvisation" glorifiziert wird. Natürlich kann Improvisation notwendig werden, und jeder Kulturmanager sollte auch über gewisse „Improvisationskünste" verfügen, aber eine Improvisation, die zur Dauereinrichtung wird, sollte nicht das Bild von einem professionellen Kulturmanagement prägen.

Eine Ablauforganisation erfolgt in der Regel mit Hilfe von Ablaufplänen; diese sollten möglichst folgende Leistungen erbringen:
– die Gliederung eines Produktionsprozesses in einzelne, überschaubare und handhabbare Arbeitsschritte;
– die Terminierung der Arbeitsschritte nach Anfangs- und Endtermin sowie Dauer;
– die Abfolge der Arbeitsschritte in einer sinnvollen Reihenfolge;
– die zeitliche Verknüpfung von Arbeitsschritten, soweit dies für den Gesamtprozeß sinnvoll und notwendig ist;
– die Verdeutlichung von Abhängigkeiten zwischen den einzelnen Arbeitsschritten;
– die Berücksichtigung der personellen, räumlichen und finanziellen Komponente.
Für das Kulturmanagement haben sich vor allem folgende Ablaufpläne bewährt:

(1) Checklisten
Die bei weitem einfachste Form der Ablaufplanung ist die Checkliste. Dazu erstellt man zunächst eine Liste aller anstehenden Arbeitsschritte und ordnet jedem Schritt den sich aus dem organisatorischen Ablauf ergebenden Endtermin zu, d. h., man hält fest, bis zu welchem Termin welche Arbeiten erledigt werden müssen. Hat man es mit einem Ereignis mit festem Endtermin zu tun (z. B. die Vorbereitung und Organisation eines Konzertabends), so rechnet man die Termine der einzelnen Ar-

beitsvorgänge sinnvollerweise vom Endtermin rückwärts. Darüber hinaus kann man neben dem Termin noch die Namen der zuständigen Mitarbeiter vermerken sowie einen Erledigungsvermerk vorsehen. Damit sind die Möglichkeiten der Checkliste allerdings auch bereits erschöpft. Weder ist die Dauer der einzelnen Vorgänge noch sind evtl. Abhängigkeiten zwischen den einzelnen Arbeitsschritten erkennbar.

Die Checkliste eignet sich deshalb nur für sogenannte lineare Vorgänge, in denen in aller Regel ein Arbeitsschritt nach dem anderen folgt. Doch für solche, ständig in gleicher Form ablaufenden Vorhaben ist sie eine sehr hilfreiche terminliche Planungs- und Überwachungstechnik. Sie sollte deshalb z. B. im Konzertmanagement, bei Vortragsveranstaltungen in der Volkshochschule, Autorenlesungen oder kleineren Ausstellungen immer angewendet und am besten als Aktenvorblatt genutzt werden (Beispiele für Checklisten im Kulturmanagement finden sich in HEINRICHS 1988: 195–205).

(2) Balkendiagramm

Das Balkendiagramm ist eine zweidimensionale Darstellung eines zeitlichen Ablaufs. Es entsteht in einem Koordinatensystem, in dem entlang der Senkrechten (y-Achse) die Arbeitsvorgänge aufgelistet und entlang der Waagerechten (x-Achse) die Zeitintervalle (in Tagen, Wochen oder Monaten) eingetragen werden. Entsprechend der x/y-Funktion werden für jeden Arbeitsvorgang waagerechte Balken (daher der Name dieser Technik) entlang der Zeitschiene eingezeichnet. Jeder Balken gibt damit Auskunft über die Dauer eines Vorgangs (entsprechend der Länge des Balkens) sowie über den Anfangs- und Endtermin.

Die Vorteile des Balkendiagramms liegen vor allem darin, daß es relativ leicht erstellbar und auch für Dritte ohne größere Übung lesbar ist. Zudem macht es einen Verlauf auf wirklich überzeugende Weise transparent. Daraus ergibt sich zudem der nicht zu unterschätzende Vorteil der leichteren Planoptimierung.

Balkendiagramme haben sich im Kulturmanagement schon vielfach bewährt. Dennoch sind sie nur in noch relativ überschaubaren Projekten (bis zu 30 Vorgängen) zu empfehlen, da bei mehr als 30 Vorgängen leicht der Überblick verlorengeht. Als nachteilig erweist sich nämlich im Balkendiagramm immer wieder, daß logische Abhängigkeiten zwischen einzelnen Vorgängen (welcher Vorgang muß zwingend erledigt sein, bevor mit einem weiteren Vorgang begonnen werden kann?) nicht unmittelbar erkennbar sind. Ähnlich nachteilig wirkt sich auch der Mangel aus, daß im Balkendiagramm nicht unmittelbar deutlich wird, welche Folgen die zeitliche Verschiebung eines Vorgangs für die Einhaltung des Endtermins hat (HEINRICHS 1998b: 4–9).

(3) Meilensteinplanung

Die Meilensteinplanung erfolgt auf der Grundlage des Balkendiagramms. Sie ist relativ einfach und besteht im wesentlichen allein darin, daß nach einer Gruppe relativ homogener Vorgänge eine Zäsur (ein Meilenstein) markiert wird, um zu diesem Zeitpunkt den aktuellen Stand des Verlaufs kontrollieren zu können. Damit sagt die Meilensteinplanung zumindest für den Zeitpunkt des Meilensteins etwas darüber aus, welche Konsequenzen eine zeitliche Verschiebung von Vorgängen bis zum Zeitpunkt des Meilensteins für den Schlußtermin des Gesamtvorhabens hat.

(4) Netzplantechnik

Die bei weitem informativste Ablaufplanung ist die Netzplantechnik. Als Netzplan bezeichnet man die graphische Darstellung der logischen Verknüpfung einer Reihe von Arbeitsvorgängen in einem Projekt mit einem definierten Anfangs- und Endtermin. Entscheidend in dieser Definition ist – gerade auch im Unterschied zum Balkendiagramm und zur Meilensteinplanung – das Merkmal der logischen Verknüpfung. Und in der Tat steht die logische Verknüpfung der Vergänge am Anfang dieser Technik; die zeitliche Komponente ergibt sich erst am Ende mehr oder weniger von selbst. Allerdings ist die Netzplantechnik sehr aufwendig (selbst bei Unterstützung durch ein elektronisches Datenverarbeitungsprogramm), weshalb es sich erst bei wirklich komplexen Projekten mit mehr als 30 einzeln zu terminierenden Vorgängen mit zahlreichen Abhängigkeiten lohnt, sie zum Einsatz zu bringen.

Die Technik der Erstellung und Bearbeitung eines Netzplans ist recht kompliziert und läßt sich kaum ohne die Vorstellung am Beispiel vermitteln. Da dies in einer Einführung in das Kulturmanagement nur andeutungsweise geleistet werden könnte, wird auf einschlägige Veröffentlichungen verwiesen (SCHWARZE 1990, ALTROGGE 1996 und HEINRICHS 1998b).

Abschließend sei nochmals betont, daß es *die* ideale Ablaufplanung nicht gibt, sondern daß die Wahl der richtigen Technik sehr stark vom zeitlichen Umfang und der Komplexität des Vorhaben abhängt. So wird man nur in den seltensten Fällen zur Netzplantechnik greifen, sondern sich in der Regel mit einem Balkendiagramm zufriedengeben können. Kompetenz im Kulturmanagement zeigt sich eben auch darin, daß man für ein Vorhaben die passenden Instrumente wählt; es darf nicht der Planungsaufwand am Ende größer sein als die durch effiziente Planung eingesparte Zeit.

5.2 Kontrolle/Controlling

Im traditionellen Managementprozeß bildet die Kontrolle die letzte Phase. „Sie stellt insofern den letzten Schritt dar, als sie die erreichten Ergebnisse registrieren und mit den Plandaten vergleichen soll. Der Soll/Ist-Vergleich soll zeigen, ob es gelungen ist, die Pläne in die Tat umzusetzen. Allfällige Abweichungen sind daraufhin zu prüfen, ob sie die Einleitung von Korrekturmaßnahmen oder grundsätzliche Planrevisionen erfordern. Die Kontrolle bildet mit ihren Informationen zugleich den

Ausgangspunkt für die Neuplanung und damit den neu beginnenden Managementprozeß. Nachdem Kontrolle ohne Planung nicht möglich ist, weil sie sonst keine
(planmäßigen) Sollvorgaben hätte, und andererseits jeder neue Planungszyklus nicht
ohne Kontrollinformation über die Zielerreichung beginnen kann, bezeichnet man
Planung und Kontrolle auch als Zwillingsfunktionen" (STEINMANN/SCHREY-
ÖGG 1991: 10).

Die Kontrolle macht noch einmal die Notwendigkeit einer sorgfältigen Planung
deutlich. „Planung ohne Kontrolle ist sinnlos, Kontrolle ohne Planung unmöglich"
(WILD 1982, zitiert nach SCHIERENBECK 1987: 79). Wer gegen sorgfältige Planung ist, setzt sich immer dem Verdacht aus, sich einer Kontrolle entziehen zu wollen.
Damit ist aber auch jede Möglichkeit genommen, aus der sogenannten „Abweichungsanalyse" zu entnehmen, welche Fehler gemacht wurden und wo sinnvollerweise Korrekturen anzubringen sind.

„Grundsätzlich lassen sich drei Typen von Kontrollen unterscheiden:
– Prämissenkontrollen
  Sie dienen dem Zweck zu prüfen, ob und inwieweit die Entscheidungsgrundlagen,
  wie sie im Rahmen der Planung erarbeitet bzw. zugrunde gelegt waren, noch
  zutreffen, d. h. mit dem gegenwärtigen Zustand noch vereinbar sind.
– Ergebniskontrollen
  Sie knüpfen (lediglich) an den angestrebten Sollzuständen und den realisierten
  Istzahlen an und stellen etwaige Abweichungen fest.
– Verfahrens-/Verhaltenskontrollen
  Sie sind primär prozeßorientiert und konfrontieren die im Planungsprozeß ver-
  wendeten Techniken und Verfahren, aber auch die Entscheidungs-, Durchset-
  zungs- und Ausführungsvorgänge mit den ursprünglich erwarteten bzw. vorgese-
  henen Verhaltens- und Verfahrensweisen" (SCHIERENBECK 1987: 79).

Wurde vom Kulturamt beispielsweise eine Konzertreihe veranstaltet, die künstlerisch nicht das hielt, was man sich von ihr versprochen hatte, weil die Gewährsleute,
die die Empfehlungen für die betreffenden Künstler ausgesprochen hatten, sich als
inkompetent erwiesen, so ist dies eine Frage der Prämissenkontrolle. Im Rahmen
der Abweichungsanalyse wird man also künftig auf andere oder auf mehrere Gewährsleute zurückgreifen.

Wurden die Konzerte von weit weniger Personen besucht, als in der Planungsphase angenommen wurde, so ist diese Erkenntnis Teil der Ergebniskontrolle. Zeigten
sich im Konzertablauf organisatorische Probleme, weil der Mitarbeiter, der den
Abenddienst zu verrichten hatte, vom Veranstaltungsreferenten, der das Ensemble
„eingekauft" hatte, unzureichend informiert worden war, so gehört diese Feststellung zur Verfahrenskontrolle. Sicherlich wird man in der nächsten Spielzeit das Verfahren ändern, indem man beispielsweise den Veranstaltungsreferenten auch zum
Abenddienst einteilt.

Die moderne Managementlehre vermeidet es, die Kontrolle an das Ende eines

Prozesses zu stellen, weil so doch wieder der bilanzierende Prüfungscharakter zum Ausdruck käme. Statt dessen wird eine engere Verbindung von Planung und Kontrolle angestrebt. „Planung und Kontrolle lassen sich systematisch miteinander verbinden (…) Unter Einbezug qualitativer Analysen ist aus der Integration von Planungs-, Kontroll- und Informationssystemen das neuzeitliche Managementinstrument des Controlling entstanden" (BLEICHER 1992: 267). Ein solches Controlling empfiehlt sich auch in einem modernen Kulturmanagement.

Während man mit Management den deutschen Begriff „führen" (ein Unternehmen führen) verbindet, sollte man Controlling mit „steuern" übersetzen. Der Controller ist demnach „eine Art betriebswirtschaftlicher Lotse oder Steuermann, der mit Hilfe von Zahleninformationen hilft, daß die ‚Kapitäne' in Verkauf, Produktion, Forschung und Einkauf mit ihren ‚Schiffen' sicher im unruhigen geschäftlichen ‚Meer' operieren" (DEYHLE 1996). Die Grundidee des Controllings besteht darin, daß vorausschauend gehandelt und auf sich abzeichnende Abweichungen vom Plan schon während der Realisierungsphase reagiert wird. Abweichungen lassen sich nicht vermeiden! Aber es reicht nicht, Abweichungen nur im nachhinein zu registrieren. Vielmehr müssen sie frühzeitig erkannt werden, damit der Manager unmittelbar gegensteuern kann. Dies aber setzt ein sensibles Steuerungsinstrument voraus, das einerseits solche Abweichungen erkennt und andererseits Maßnahmen zur Gegensteuerung bereithält.

Controlling ist eine Funktion des Managements, die jeden Mitarbeiter in leitender wie in nachfolgender Position betrifft. Es handelt sich um eine manageriale Verhaltensnorm, nach der sich jeder im Betrieb auszurichten hat und die in diesem Sinne der Verhaltensnorm des Marketings vergleichbar ist. Controlling kann deshalb nicht abgeschoben werden auf einen Controller, wie etwa die rückwärtsgewandte Kontrolle allein Sache der Rechnungsprüfer ist. Der Controller hat lediglich die Aufgabe, die für ein funktionierendes betriebliches Controlling erforderlichen Instrumente bereitzustellen. Aber solange niemand im Betrieb diese Controllinginstrumente anwendet, nützt auch der beste Controller nichts.

HORVÁTH (1996: 157) beschreibt die Funktion des Controllers in Anlehnung an AGTHE (1969, Sp. 352) recht anschaulich: „Der Controller ist als Co-Pilot zu sehen, der die Unternehmung mitsteuert. Zu einem Instrumentenflug der Unternehmung hat er eine betriebliche Instrumententafel in Form eines Rechnungs- und Berichtswesens aufzubauen. Er muß ferner die Anzeigen auf der Instrumententafel ständig ablesen und seine Kollegen im Management-Team rechtzeitig über Kursabweichungen und gewisse Trends informieren. Die Kontrollaufgabe besteht also vorrangig in dem Aufbau des Meßinstrumentes und der Bereitstellung von Informationen über Soll-Ist-Abweichungen."

Um deutlich zu machen, daß Controlling sich nicht nur auf die nachrangige Kontrolle bezieht, wird auch von einer Feedforward-Kontrolle gesprochen. Dies zeigt die Abbildung 15.

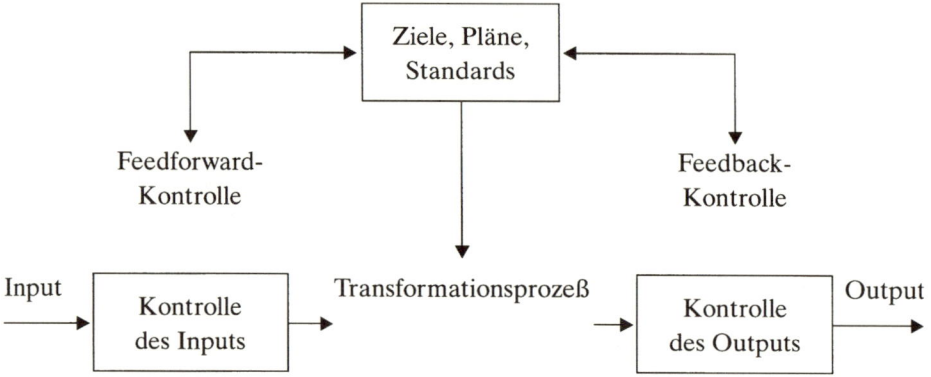

Abb. 15: Feedback- und Feedforward-Kontrolle (STAEHLE 1994: 519).

Die Feedforward-Kontrolle bezieht sich im Kulturmanagement beispielsweise auf das Beschaffungsmarketing: reichen die vorhandenen Kontakte aus, um die richtigen Künstler engagieren zu können; müssen verstärkt Mittel eingesetzt werden (beispielsweise für den Besuch von Messen oder vergleichbarer Veranstaltungen), um die Kontakte zu neuen Künstlern und Agenten aufbauen zu können usw.? Während die Feedback-Kontrolle nur feststellen kann, daß beispielsweise das Konzert mit dem Künstler X schlecht besucht war, ergäbe sich aus der Feedforward-Kontrolle möglicherweise der weit wichtigere Hinweis, daß die bisher benutzten Instrumente im Beschaffungsmarketing nicht ausreichen, um bessere, bekanntere oder auch nachgefragtere Künstler engagieren zu können.

Gerade dieses Beispiel zeigt, daß nur ein differenziertes und ständig aktualisiertes Informationssystem in der Lage ist, die für ein professionelles Controlling erforderlichen Daten bereitzustellen. Folglich ist denn auch der Aufbau eines solchen Informationssystems die eigentliche Herausforderung des Controllings. Dieses Informationssystem sollte mindestens folgende Leistungen erbringen (HORVÁTH 1996: 333):

– „Die Informationsversorgung hat die Planungsprobleme sichtbar zu machen, indem sie betriebsinterne und -externe Zustände abbildet.
– Die Informationsversorgung soll Informationen über die Handlungsmöglichkeiten und deren Wirkung aufzeigen.
– Die Informationsversorgung soll sich flexibel auf die raschen und diskontinuierlichen Umweltänderungen einstellen können.
– Die Informationsversorgung soll wirtschaftlich sein."

In einer kommunalen Musikschule beispielsweise sollten Informationen aus folgenden Datenpools zur Verfügung stehen (SCHNEIDEWIND 1996):

– externes Rechnungswesen (Bilanz sowie Gewinn- und Verlustrechnung bzw. in der Kameralistik Haushaltsplan und Haushaltsrechnung)

– differenzierte Kostenrechnung nach Kostenarten, Kostenstellen und Kostenträger
– Kapazitätsplanung
– Umsatz-/Ergebnisplanung
– Liquiditätsplanung

Darüber hinaus sollten möglichst auch noch Daten aus einer Nachfrageanalyse bzw. Nachfragestatistik zur Verfügung stehen. Bei einem richtigen Einsatz dieses Datenpools müßten sich die für das Musikschulmanagement entscheidenden Fragen beantworten lassen (ebd. S. 14 f.):

– „Entspricht das Angebot der Nachfrage?
– Sind die gegebenen Kapazitäten ausgelastet?
– Welches Ergebnis erwirtschaftet die Musikschule und wie setzt sich dieses zusammen?
– Wie ist die Finanzlage? Gibt es Finanzlücken, wird kurz- oder langfristiges Kapital benötigt?
– Wie entwickelt sich das Personal (Personalplanung und -entwicklung)?
– Wie entwickeln sich die Kosten und Erlöse (bzw. Ausgaben und Einnahmen), sind Steigerungen zu erwarten, in welchen Bereichen? Punktuell oder linear?
– Wie entwickeln sich die öffentlichen Zuschüsse? (Werden sie auf dem bisherigen Stand eingefroren? Sind weitere Kürzungen zu erwarten? Welche Bezugsgrößen werden relevant sein?)
– Wie entwickelt sich die Nachfrage? Kann mein Angebot darauf reagieren; wenn ja, wie?
– Wie sind die Rahmenbedingungen einzuschätzen (Zielsystem)?
– Wie entwickeln sich die relevanten Umweltbedingungen (Bevölkerungswachstum, Anteil der Jugendlichen, Standortqualitäten, Trends etc.)?"

Auch wenn die vorhandenen Datenpools die wichtigsten Informationen bereitstellen, wird man doch nicht umhinkommen, zahlreiche Managementinstrumente und -techniken einzusetzen. Dazu gehören neben einem differenzierten Rechnungswesen beispielsweise auch Kennzahlensysteme, die Portfolio-Analyse, eine Stärken-Schwächen-Analyse sowie eine leistungsfähige Ablaufplanung.

Controlling im hier skizzierten Sinne steckt im Kulturmanagement erst noch in den Anfängen, auch wenn bereits erste einschlägige Untersuchungen und Publikationen vorliegen (z. B. SCHUGK 1996, SCHÄFER/VERMEULEN 1996, SCHNEIDEWIND 1996 und FABEL 1998). Doch kann die bisher noch mangelnde Beachtung nicht darüber hinwegtäuschen, daß ein professionelles Controlling auch im Kulturmanagement dringend erforderlich ist. Es kann nicht angehen, daß auch heute noch viele Theater nicht zu sagen wissen, wie hoch die tatsächlichen Kosten einer Abendveranstaltung sind. Folglich können sie nicht beurteilen, bis zu welchem Werbeaufwand sich eine weitere Veranstaltung lohnt oder zu welchem Preis sich eine Aufführung als Abstecher verkaufen ließe. Es kann auch nicht akzeptiert werden, daß Musikschulen ihre langfristigen Unterrichtsplanungen unabhängig von der sich

abzeichnenden Personalentwicklung vornehmen oder daß Museen ihre Öffnungszeiten nach den Arbeitszeiten des Aufsichtspersonals und nicht nach der Besucher-
nachfrage planen. Solche und andere Planungsergebnisse entspringen Zufällen oder
einer einseitigen Datenlage. Erst mit einem umfassenden und vielseitig einsetzbaren
Managementinformationssystem im Sinne eines modernen Controllings wird es gelingen, zu einer größeren Effektivität und Effizienz im Kulturmanagement zu kommen.

5.3   Kulturmarketing

„Marketing ist ein Prozeß im Wirtschafts- und Sozialgefüge, durch den Einzelpersonen und Gruppen ihre Bedürfnisse und Wünsche befriedigen, indem sie Produkte und andere Dinge von Wert erzeugen, anbieten und miteinander austauschen" (KOTLER/BLIEMEL 1992: 6). Produkt steht als Oberbegriff sowohl für
Güter, wie etwa ein Auto, als auch für Dienstleistungen wie beispielsweise ein Friseurbesuch.

„Marketing(-Management) ist der Planungs- und Durchführungsprozeß der Kon-
zipierung, Preisfindung, Förderung und Verbreitung von Ideen, Waren und Dienstleistungen, um Austauschprozesse zur Zufriedenstellung individueller und organisa-
torischer Ziele herbeizuführen" (ebd. 16). Der ‚Duden' definiert Marketing sehr
richtig als die „Ausrichtung eines Unternehmens auf die Förderung des Absatzes"
(21. Aufl.). Darin kommt bereits zum Ausdruck, daß Marketing nicht nur irgendeine
Unternehmenstätigkeit ist (wie z. B. der Vertrieb), sondern daß das gesamte Unternehmen auf Marketing ausgerichtet sein muß, Marketing in diesem Sinne also auch
eine Form der Unternehmensführung ist.

5.3.1 Zum Begriff von Marketing und seiner Anwendung im Kulturbetrieb

Marketing ist in Deutschland ein relativ junger Teil der Betriebswirtschaftslehre.
Bis Ende der sechziger Jahre sprach man von „Absatzwirtschaft" und beschäftigte
sich ausschließlich mit der sehr vordergründigen Frage des Verkaufs eines Produkts.

Dies ist auch verständlich, wenn man sich vergegenwärtigt, wie die Marktsituation
in West-Deutschland in den fünfziger und sechziger Jahren war. Der Markt war in
jenen Jahren im wesentlichen ein Verkäufermarkt, d. h., die Nachfrage nach Gütern
war größer als das Angebot. Der Wiederaufbau, das Wirtschaftswunder, die Einrich-
tungswelle, die Freßwelle, alle diese Begriffe standen für eine einzigartige Explosion
der Nachfrage. Absatzwirtschaft beschränkte sich damals im wesentlichen auf Probleme der Verteilung von Gütern.

Erst Ende der siebziger Jahre änderte sich die Situation. Die Nachfrage war weitgehend gesättigt; wer jetzt noch Produkte absetzen wollte, mußte sich mit einem gesättigten Markt, mit Konkurrenzangeboten und einem kritischen Käufer auseinandersetzen. Das Angebot war nun größer als die Nachfrage; wir haben es seitdem mit einem Käufermarkt zu tun, wo der Käufer als der Umworbene eine wesentlich stärkere Stellung hat als der Verkäufer.

In dieser Situation wurde auch in Deutschland für die Absatzwirtschaft verstärkt der Begriff Marketing verwendet. Dies war nicht nur die Übernahme eines modischen Begriffs, sondern ein Signal für ein deutlich erweitertes absatzpolitisches Instrumentarium. Marketing ist eben mehr als Absatzwirtschaft; es umfaßt differenzierte Methoden und Techniken in einem vorwiegend vom Käufer bestimmten Markt.

Im Laufe der vergangenen dreißig Jahre hat es bei der Konkretisierung von Marketing die unterschiedlichsten Ansätze gegeben. Ohne darauf im einzelnen eingehen zu wollen, sei doch erinnert an ein Marketing-Verständnis, das in den siebziger Jahren durchaus verbreitet war und das dem Image des Marketings sehr geschadet hat. Demnach war es das Ziel von Marketing, den Widerstand eines Konsumenten gegen den Kauf eines Produkts zu brechen, die Kunden dazu zu bewegen, mehr zu kaufen, als sie eigentlich wollten, und mit fast allen nur möglichen Mitteln sehr hoch gesteckte Planabsatzzahlen zu erreichen.

„Marketing in diesem Sinne", so formuliert es Müller-Hagedorn, „kann auch heißen, den Verbraucher zu überrumpeln, seine mangelnden Kenntnisse auszunutzen, auf die sozialen Zwänge zu bauen, in denen er lebt usw." (MÜLLER-HAGEDORN 1990: 10). Heute findet man ein solches Marketing bisweilen noch in den sogenannten „Kaffeefahrten" oder erkennt es wieder in billigen Witzchen („einem Eskimo einen Kühlschrank" oder „einem Buschmann eine Heizdecke verkaufen").

Allerdings erweist sich immer wieder, daß ein aggressives Marketing nur einen kurzfristigen und einmaligen Erfolg beschert. Der Kunde wird mißtrauisch, kauft das gleiche Produkt nicht ein zweites Mal, erzählt Bekannten von seinen schlechten Erfahrungen usw. Ein solches Marketing kann im Kulturbereich nicht ernsthaft in Frage kommen. Und dennoch hat es gerade im öffentlichen Kulturbetrieb Spuren hinterlassen, weil dort viele Kulturmanager mit dieser Form von Marketing in Berührung gekommen sind und als Folge für sich entschieden haben, daß sie mit Marketing nichts zu tun haben möchten. Daß Marketing im gesamten öffentlichen und gemeinnützigen Bereich so wenig Anwendung findet, ist nicht eine Folge mangelnder Anwendbarkeit und Übertragbarkeit, sondern eher bedingt durch ein Mißtrauen aufgrund schlechter Erfahrungen oder aber auch ein Problem mangelnder persönlicher Bereitschaft.

Seit den achtziger Jahren herrscht dagegen ein ganz anderes Verständnis von Marketing vor. Demnach zielt Marketing auf einen „Gewinn durch zufriedene Kunden" (KOTLER/BLIEMEL 1992: 30). Ziel ist nicht mehr der Verkauf um jeden Preis, sondern Ziel ist nun das zweite Geschäft, und d. h., der Kunde muß nach dem ersten Geschäft so zufrieden sein, daß er gerne wiederkommt. „Für das privatwirtschaftliche Unternehmen liegt der Schlüssel zum Erfolg nicht im Streben nach Gewinn; vielmehr ist der Gewinn der Maßstab für erfolgreiches Wirken" (ebd.).

Die Ausrichtung des Marketings auf die Kundenzufriedenheit ermöglichte es nun auch dem Nonprofitbereich, über den Einsatz von Marketing nachzudenken (zahlreiche Praxisbeispiele zu dieser Diskussion, auch aus dem kommunalen Kulturbereich, siehe in BRAUN/TÖPFER 1989). „Grundsätzlich können öffentliche Unternehmen die Marketing-Theorie und das Marketing-Management auf dieselbe Art und Weise zum Einsatz bringen wie private Erwerbsunternehmen. Wie Erwerbsunternehmen müssen auch öffentliche Unternehmen ihre Märkte identifizieren, die Bedürfnisse der Kunden feststellen, angemessene Produkte und Dienstleistungen entwickeln, Distributionskanäle aufbauen, Massenkommunikation und persönlichen Verkauf zum Einsatz bringen und sowohl Marketing-Forschung betreiben als auch Verkaufsanalysen erstellen, wenn sie mit ihren Märkten Schritt halten wollen" (KOTLER 1978: 239). Allerdings weist Hans Raffée zu Recht darauf hin, daß es nicht darum gehen könne, „Konsumgüter-Marketing unbesehen zu imitieren; vielmehr sind eigenständige Marketingkonzepte zu entwickeln, die dem jeweiligen besonderen Versorgungsauftrag öffentlicher Betriebe Rechnung tragen können" (RAFFÉE 1990: 25 f.).

Diese Einschränkung gilt gewiß auch für den nicht-kommerziellen Kulturbereich, weshalb es gerechtfertigt ist, über ein eigenständiges Kulturmarketing nachzudenken. Im Kulturbetrieb war die Vorstellung, Kunst (z. B. in Form eines Gemäldes) sei ein Produkt, das den Regeln des Marketings unterworfen ist, lange Zeit verpönt. Noch stärker war diese Zurückhaltung gegenüber jeder Form von Marketing spürbar, wenn es sich um kulturelle Dienstleistungen wie beispielsweise eine Opernaufführung handelte. Daß die Oper etwas mit Marketing zu tun haben könnte, war lange Zeit vielen Regisseuren und Intendanten ein Greuel.

Inzwischen hat sich die Situation ein wenig geändert; daß Bildende Kunst auf einem Kunstmarkt gehandelt wird, dessen Regeln weitgehend mit denen jedes anderen Marktes identisch sind, wird heute selbst von Künstlern kaum noch bestritten. Und auch Theaterleute haben inzwischen eingesehen, daß ein gutes und dem Theater angemessenes Marketing der Kunst auf der Bühne nicht unbedingt zum Schaden sein muß.

Die Notwendigkeit des Umdenkens und der Neuorientierung wird um so überzeugender, wenn man sich den Wandel von der Angebotsorientierung zur Nachfrageorientierung im öffentlichen und gemeinnützigen Kulturbetrieb vergegenwärtigt. Parallelen zur Entwicklung vom Verkäufer- zum Käufermarkt sind hier durchaus angebracht, doch sind die Ursachen etwas anders gelagert. Bis in die siebziger Jahre war vor allem die kommunale Kulturarbeit in erster Linie darauf ausgerichtet, ein Angebot zu erstellen, daß sich allein aus den kulturpolitischen Zielsetzungen einer kleinen Gruppe von Kulturpolitikern und Kulturdezernenten ergab. Im Vordergrund stand die Vorstellung von einer Kultur bzw. einem Kulturangebot, das nicht von den

Nutzern, sondern von den Anbietern definiert wurde; nur wenige „Kulturvermittler" bestimmten, welche Kultur die Bürger konsumieren sollten (KLEIN 1995a).

Diese angebotsorientierte Kulturarbeit ist heute nicht mehr durchsetzbar. Statt dessen steht auch im öffentlichen Kulturbereich die Orientierung an einer Nachfrage im Vordergrund, die sich aus den Bedürfnissen der Nutzer definiert und auf die die öffentlichen Anbieter in Form einer Bedürfnisbefriedigung reagieren müssen. Dieser Wechsel in der grundsätzlichen Ausrichtung von Angebot und Nachfrage hat vor allem drei Ursachen:

1. Kommerzielle Kulturanbieter, die ihr Angebot konsequent an den Bedürfnissen der Kunden ausrichten, gewinnen zunehmend an Bedeutung und zeigen sich gegenüber dem traditionellen öffentlichen Kulturbereich als immer schärfere Konkurrenz. Bestes Beispiel sind hier die Musical-Theater, die über mehrere Jahre hinweg Zuwachsraten in den Besucherzahlen verzeichnen konnten, während die Besucherzahlen der öffentlichen Theater stagnierten. (Daß es Ende der neunziger Jahre zu einem Einbruch im anhaltenden Boom kam, dürfte eher auf eine vorübergehende Übersättigung des Marktes als auf eine grundsätzliche Veränderung der Nachfrage zurückzuführen sein.)

2. Die Knappheit öffentlicher Finanzmittel zwingt die Anbieter im Kulturbereich, verstärkt auf eine Finanzierung durch eigene Einnahmen (Eintrittsgelder, Kursgebühren, Merchandisingerlöse usw.) zu setzen. Der Bürger wird nicht nur als Publikum umworben, sondern auch als Teilfinanzierer eines kulturellen Angebots. Dieser Wandel in der Funktion des Publikums tritt vor allem dann zutage, wenn über die Eintrittsgelder und Kursgebühren hinaus auch Spenden und Sponsoring erwartet werden. Wer aber die Bürger auch als Mitfinanzierer eines kulturellen Angebots in Anspruch nehmen will, wird dies nur durch eine größere Kunden- und Nachfrageorientierung erreichen, die dem Publikum zeigt, daß es in seinen Wünschen und Bedürfnisse ernst genommen wird.

3. Insgesamt ist der Bürger, der hier als Kunde auftritt, anspruchsvoller geworden. Aus der täglichen Erfahrung in Industrie und Handel weiß er, daß der Verkäufermarkt aus den ersten Jahrzehnten der Bundesrepublik heute einem Käufermarkt gewichen ist. Dieser Käufermarkt stärkt die Position des Kunden; hier ist er wirklich „König". Aus dieser Erfahrung heraus begegnet der Bürger heute auch einem Kulturangebot mit einem größeren Selbstbewußtsein und einem höheren Anspruch an Leistung und Service, zumal ihm nicht entgangen ist, daß auch im Kulturbereich ein Überangebot besteht, aus dem er selbstbewußt und nutzenorientiert auswählen kann.

Hier nun tritt Kulturmarketing als eine Steuerung von kulturellen Austauschprozessen auf den Plan. Der Austausch im Sinne des Marketings besteht für den öffentlichen und gemeinnützigen Kulturbereich darin, daß die Kulturanbieter ein Produkt bzw. eine Dienstleistung bereitstellen, durch die Bedürfnisse der Bürger bzw. Kunden befriedigt werden.

Wer solchermaßen von Marketing auch im öffentlichen und gemeinnützigen Kulturbereich überzeugt ist, wird sich nun fragen, wie ein solches Konzept von Kulturmarketing aussieht und wie es in der konkreten Situation eines Nonprofit-Kulturbetriebs zur Anwendung gelangen kann. Dazu ist ein Blick auf den Marketing-Managementprozeß (kurz: Marketingprozeß) von Nutzen. In diesem Prozeß unterscheidet man grob die Phase der Zielsetzung und Marketinganalyse sowie die Phase der Planung und des Einsatzes von Marketinginstrumenten.

5.3.2 Zielsetzung und Marketinganalyse

Auch ein Marketingprozeß beginnt wie jedes planvolle Handeln mit der Definition eines Ziels. Je konkreter das Ziel definiert ist, um so genauer kann das weitere Vorgehen geplant werden. Mit der Zielvorgabe im Marketing wird nicht definiert, welches Projekt zu realisieren ist (das wäre Sache des produktionsorientierten Managementprozesses), sondern es werden dadurch die nach außen gerichteten – kundenorientierten – Ziele festgehalten, z. B.

– das Angebot soll eine bestimmte Zielgruppe (etwa Jugendliche zwischen 14 und 18 Jahren) erreichen;
– die Auslastung des Kulturzentrums zu einer bestimmten Zeit (beispielsweise montags abends) soll verbessert werden;
– es wird eine größere Akzeptanz für eine bestimmte Sparte (z. B. das Schauspiel) angestrebt;
– ein neuer Veranstaltungsort (z. B. die neue Zweigstelle der Stadtbibliothek) soll eingeführt werden;
– mit einem Produkt soll eine bestimmte Marktposition oder ein bestimmtes Image gefestigt werden.

Das Ziel muß frühzeitig definiert werden, damit man gegebenenfalls Zielkonflikte erkennen kann. Es sollte möglichst präzise, meßbar, realistisch und zeitlich überschaubar sein. Nur solche klaren Ziele machen den Einsatz von Analysemethoden und die Anwendung von Marketinginstrumenten möglich.

Ist das Ziel definiert und weiß man erst einmal, was man will, sollte in einem nächsten Schritt die Situation analysiert werden, in der man dieses Ziel erreichen will. Diese Analysephase erfolgt in der Regel in drei Schritten, die nebeneinander oder nacheinander ablaufen können: die Potentialanalyse, die Nachfrageanalyse und die Umfeldanalyse (HEINRICHS/KLEIN 1996: 201 ff.). Von Fall zu Fall wird man einmal diesen Teil, dann wieder jenen Teil der Analysephase besonders hervorheben.

Potentialanalyse
Die Potentialanalyse setzt sich mit der eigenen Position und dem möglichen Leistungsangebot hinsichtlich Umfang und Qualität kritisch auseinander. Was bestimmt

die Attraktivität einer Einrichtung oder einer Veranstaltung? Inwieweit ist eine Unverwechselbarkeit gegeben? Was wird dem Besucher neben dem eigentlichen Angebot an Bequemlichkeit und Anreiz geboten? Wo liegen die Stärken und Schwächen? Wo die Chancen und Risiken etwa eines neuen Angebots? Kann man das Vorhaben überhaupt personell, räumlich, finanziell und organisatorisch bewältigen?

Als Managementtechnik zur Durchführung einer Potentialanalyse eignet sich vor allem eine standardisierte Stärken-Schwächen-Analyse, bei der beispielsweise einzelne Geschäftsbereiche (z. B. Angebotsbereiche) von internen und externen Experten auf einer Skala von –5 bis +5 beurteilt werden. Entscheidend ist, daß diese Beurteilung nach objektiven Kriterien erfolgt, sei es, daß man bestimmte Kennzahlen (z. B. Unterrichtseinheiten der Volkshochschule pro 1000 Einwohner) im Landes- oder Städtevergleich heranzieht, sei es, daß man Beurteilungen aus einer Publikumsbefragung in die Stärken-Schwächen-Analyse einfließen läßt.

Nachfrageanalyse

Die Nachfrageanalyse geht von der Position eines potentiellen Besuchers oder Kunden aus. Mit Blick auf unterschiedliche Besuchergruppen werden die Marktchancen einer Einrichtung oder einer Veranstaltung erforscht. Während man als Veranstalter, Produzent oder Vermittler von Kultur die Potentialanalyse relativ leicht betriebsintern durchführen kann, benötigt man für die Nachfrageanalyse häufig sehr viele betriebsexterne Daten. Dies ist selten ohne eine gezielte Befragung der potentiellen Besucher oder eine qualifizierte Marktbeobachtung möglich.

Typische Aspekte einer Nachfrageanalyse im Theater sind Fragen wie beispielsweise: Wer sind eigentlich die Besucher des Theaters? Nach welchen Merkmalen (z. B. Alter, Bildungsabschluß, Geschlecht usw.) gliedert sich das Publikum? Welche Bevölkerungsgruppen werden ganz offensichtlich nicht erreicht? (MÜLLER-WESEMANN 1991) Oder es kann gefragt werden: Gibt es tatsächlich ein ausreichendes Nachfragepotential für ein geplantes Ausstellungshaus? Gibt es genügend Interessenten für das Projekt eines Musiksommers mit spezifischem Veranstaltungsangebot? Wer könnten die möglichen Interessenten sein und in welchem Umkreis (lokal/regional/bundesweit/international) sind diese anzusprechen?

Diese Nachfrageanalyse – oft verkürzt auch als Marktforschung bezeichnet – hat sich in letzter Zeit zu einem Schwerpunkt des Marketings auch im öffentlichen Kulturbereich entwickelt. Die Methoden der Marktforschung sind sehr diffizil und sollten von unerfahrenen Institutionen nicht ohne Hinzuziehung von Fachinstituten angewendet werden.[1] Marktforschung kann „vergangenheitsbezogen, gegenwartsbezogen und zukunftsbezogen" (WEIS/STEINMETZ 1995: 19) sein. Vergangenheitsbezogen ist eine Marktforschung vor allem dann, wenn sie das Verhalten der Kunden in der Vergangenheit analysieren will, um aus dem zurückliegenden Verhalten Bestätigung oder Zurückweisung des eigenen Marktverhaltens ablesen zu können. Dies ist der klassische Bereich der Marktanalyse. Die gegenwartsbezogene Marktfor-

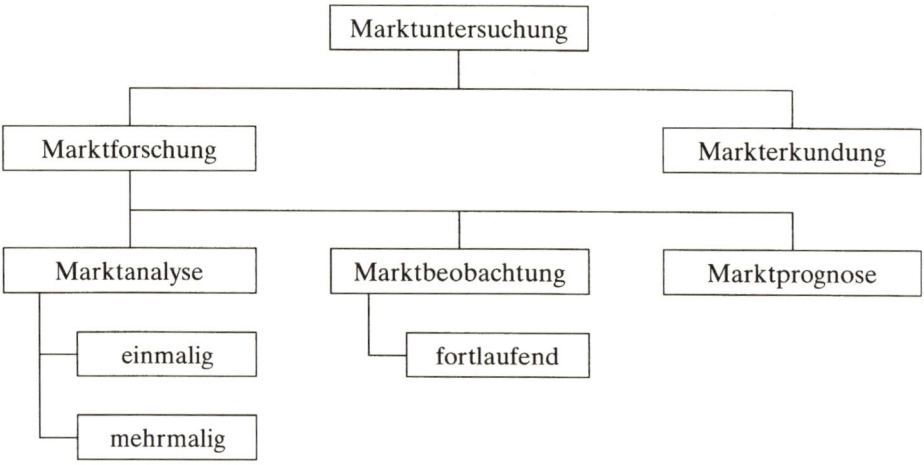

Abb. 16: Bereiche der Marktuntersuchung (WEIS/STEINMETZ 1995: 21).

schung zeigt sich vor allem in einer permanenten Marktbeobachtung, d. h., das Verhalten der Kunden wird so dokumentiert, daß sich Abweichungen unmittelbar als Signale für einen Handlungsbedarf ablesen lassen. Will man dagegen das zukünftige Kundenverhalten untersuchen, bedient man sich der Marktprognose. Sie ist vor allem unter strategischen Gesichtspunkten von hohem Wert. Zusammenfassend ergeben sich damit die in Abb. 16 aufgezeigten Arten der Marktuntersuchung.

Im Gegensatz zur Marktforschung beschränkt sich die Markterkundung auf eine eher zufällige und gelegentliche Untersuchung (bisweilen auch als „Marketing aus dem Bauch" bezeichnet; KLEIN 1995b: 13); sie kann eine systematische und objektive Analyse nicht ersetzen. Eine hohe Qualität und Wirksamkeit erreicht die Nachfrageanalyse allerdings erst, wenn sie über einen längeren Zeitraum in immer gleichen Abständen durchgeführt wird. Nur dann lassen sich Kundenverhalten und Produktpositionierung in ihrer kontinuierlichen Veränderung ablesen.

Umfeldanalyse

In einem engen Zusammenhang mit der Nachfrageanalyse steht auch die Umfeldanalyse. Sie dient der Untersuchung des künftigen Marktes und damit der Einschätzung von Absatzchancen für ein Produkt.

Für eine solche Einschätzung sind zunächst einmal soziodemographische Rahmendaten im Einzugsbereich einer Einrichtung von Interesse, wie beispielsweise Einwohnerzahlen, Zusammensetzung der Bevölkerung, Wirtschafts- und Beschäftigungsdaten, Einflüsse aus dem Fremdenverkehr usw. In einer Stadt beispielsweise, in der der Anteil der Single-Haushalte überdurchschnittlich steigt, findet der Kulturanbieter einen anderen Markt vor als in einer Stadt mit einer traditionellen Familienstruktur. Oder in einer Region mit hoher Arbeitslosigkeit wird man sich als Kulturanbieter anders zu verhalten haben als in einer Region mit Vollbeschäftigung und florierender Wirtschaft.

Zweitens zählt zur Umfeldanalyse auch die Beobachtung von Veränderungen im Freizeitverhalten, im Lebensstil oder im Wertesystem. So hat beispielsweise die Präferenz für Unterhaltungssendungen und Serien im Fernsehen von 1991 bis 1994 um 6 % zugenommen, während im gleichen Zeitraum das Interesse an politischen Magazinen um 10 % abgenommen hat[2] (OPASCHOWSKI 1995: 172). Das kann man durchaus auch am nicht-medialen Kulturbetrieb ablesen: während das Interesse an politischen Veranstaltungen nachläßt, steigt die Nachfrage nach Musical-Aufführungen und Volksmusikabenden. Daß solche Veränderungen im Freizeitverhalten oder im Wertesystem sich bisweilen auch sehr kurzfristig ergeben können, war Anfang der neunziger Jahren deutlich in den neuen Bundesländern ablesbar. Befragt nach ihren Freizeitaktivitäten während der letzten Woche, nannten 1990 immerhin noch 40 % „ein Buch lesen"; 1992 aber waren es nur noch 34 %. Umgekehrt nahmen die auch im Westen so beliebten „Wochenendfahrten" im gleichen Zeitraum von 20 auf 28 % zu (ebd.: 73). Eine solch auffällige Veränderung im Freizeitverhalten kann auch der Kulturbetrieb nicht ignorieren, denn sie dürfte – im konkreten Fall – negative Auswirkungen auf die Nachfrage in öffentlichen Bibliotheken sowie eine positive Belebung des Bedarfs nach kulturellen Angeboten im Rahmen von Wochenendausflügen haben (z. B. Besuche in interessanten Museen). Die vor allem für den öffentlichen und gemeinnützigen Kulturbetrieb schwierige Situation der ungewöhnlich kurzfristigen Änderung von Präferenzen wird noch dadurch verstärkt, daß eine generelle Tendenz zu bestehen scheint, modischen Trends zu folgen. Während 1985 nur 35 % der Gesamtbevölkerung in den alten Bundesländern angaben, es sei wichtig zu wissen, was „in" ist, bekannten sich 1991 schon 42 % zu diesem Leitmotiv (ebd.: 136). Das läßt erwarten, daß Veränderungen im Freizeitverhalten, im persönlichen Lebensstil sowie in Wertepräferenzen immer schneller vonstatten gehen werden und damit der Druck auf den Kulturbetrieb, sich modischen Gegebenheiten schneller anzupassen, zunehmen wird; nicht zufällig spricht man inzwischen schon von „Trendmanagement" (BUCK/HERRMANN/LUBKOWITZ 1998). Dies spricht dafür, daß bald schon keine Kultureinrichtung mehr ohne eine professionelle Marketinganalyse auskommen wird, weil sonst die Gefahr besteht, daß Produkte angeboten werden, für die keine Nachfrage mehr besteht.

Zu einer Umfeldanalyse gehört auch die Untersuchung der Konkurrenzsituation. Sind Konkurrenten im Einzugsbereich vorhanden? Wie stark sind sie? Welche Vorzüge bieten sie gegenüber dem eigenen Angebot usw.? Eine solche Konkurrentenanalyse ist gerade im Kulturbetrieb nicht ganz einfach, da kaum Daten über Mitbewerber zur Verfügung stehen. Es hilft aber schon sehr, wenn man beispielsweise im Team der Mitarbeiter und Kollegen einer kommunalen Musikschule versucht, folgende Aspekte über eine private Musikschule am Ort aufgrund der eigenen Marktbeobachtung möglichst objektiv zu erfassen (in Anlehnung an KOTLER/BLIEMEL 1992: 344):

- Bekanntheitsgrad (z. B. durch eine Auswertung von Zeitungsmeldungen, Anzeigen, Flugblättern; Umfrage bei den eigenen Schülern)
- Produktqualität (z. B. durch Befragung von Kunden, die das Angebot des Konkurrenten als auch das eigene Angebot kennen; Auswertung von öffentlichen Auftritten, Preisen und Stipendien usw.)
- Produktverfügbarkeit (z. B. durch Auswertung der Programmbroschüren bzw. durch Scheinnachfragen)
- Technische Ausstattung (z. B. durch Scheinanmeldungen Informationen über ein technisch unterstütztes Anmelde- und Buchungsverfahren einholen; die Veranstaltungstechnik lernt man bei öffentlichen Auftritten kennen usw.)
- Personal (z. B. Kompetenz des Personals; Auswertung von Biographien)

Eine nach solchen oder ähnlichen Kriterien erstellte Einschätzung kann für die Analyse der Konkurrenzsituation schon recht hilfreich sein, selbst wenn sie ohne die sogenannten harten Daten auskommen muß.

Sobald eine solche Einschätzung vorliegt, muß man sich die Frage stellen, wie man das eigene Angebot von dem der Konkurrenz absetzen kann, welche Produkte ausgebaut oder hinzugenommen werden sollen sowie welche Produkte man vom Markt nehmen sollte, weil die Überlegenheit des Mitbewerbers gegen einen Konkurrenzkampf spricht.

Liegen tatsächlich einmal wirklich verwertbare Fakten vor oder ist die Einschätzung sehr objektiv und differenziert, so kann eine Portfolio-Analyse die Konkurrentenanalyse wesentlich verbessern. Dazu werden in einem einfachen Gitter Marktwachstum und relativer Marktanteil zueinander in Relation gesetzt werden (SCHNECK 1995: 125–139). Daraus läßt sich dann erkennen, welche Angebote ausbaufähig sind und wo Konkurrenten am ehesten zu erwarten sind.

Eine sorgfältige und differenzierte Nachfrage- oder Umfeldanalyse kann nur in den seltensten Fällen auf eine differenzierte Befragung entweder der Besucher oder der Nicht-Besucher verzichten. Die Methodik solcher Befragungen wurde von der empirischen Sozialforschung für soziologische Fragestellungen entwickelt und kann problemlos auf alle Bereiche der Marktforschung übertragen werden.[3]

Als empirische Sozialforschung bezeichnet man die systematische wissenschaftliche Erfassung und Interpretation von Daten, Fakten, Verhalten und Entwicklungen in sozialen Kontexten. Wissenschaftstheoretisch zielt die empirische Sozialforschung einerseits auf die Sicherstellung individueller Tatbestände, andererseits aber auch auf die induktive Ableitung von allgemeinen Aussagen aus solchen empirisch festgestellten Einzelsachverhalten. Darin zeigt sich der Vorteil des Verfahrens: aus der Beobachtung von Einzeltatbeständen lassen sich allgemeine Aussagen ableiten, die auch für vergleichbare Situationen außerhalb der untersuchten Einzeltatbestände gelten. Das macht aber zugleich das Problem jeder Methode der empirischen Sozialforschung deutlich: die Auswahl der Einzeltatbestände muß in einer nachvollziehbaren Relation zur Ausgangssituation stehen, und zwar sowohl was die Größenordnung als auch was den Gegenstand betrifft. Im Falle einer Befragung bedeutet dies, daß die befragten Personengruppen in irgendeiner (positiven oder negativen) Beziehung zum Thema stehen und sich die Gruppengröße der Befragten (Stichprobengröße) in einer bestimmten Relation zur Gesamtheit der Betroffenen (Grundgesamtheit) befinden sollte. Wenn diese Beziehungen nicht nachvollziehbar sind oder sich außerhalb von Erfahrungswerten befinden, ist der Wert einer Befragung erheblich in Zweifel zu ziehen.

Denkbare Befragungstechniken sind beispielsweise:
– schriftliche Umfrage mit Hilfe eines standardisierten Fragebogens bei einer nach einem Zufallsprinzip ausgewählten Besuchergruppe oder
– kurze mündliche Befragung über standardisierte Fragebögen, etwa während einer Veranstaltungspause oder
– sogenannte offene Interviews anhand eines Interviewleitfadens.

Entscheidend ist stets, was mit der Befragung erreicht werden soll. Möchte man beispielsweise im Theater-Marketing wissen, warum jemand nicht ins Theater geht, muß man die Nicht-Besucher befragen; will man wissen, wie der Service im Theater beurteilt wird, eignet sich hierfür eine Kurzbefragung während der Pause. Dagegen benötigt man für eine Motivforschung oder für die Ergründung des längerfristigen Images eines Theater möglicherweise ein auch nach psychologischen Gesichtspunkten aufgebautes offenes Interview.

Systematische Marketinganalysen nach betriebswirtschaftlichen Gesichtspunkten sind im Kulturmanagement bisher noch relativ selten anzutreffen, auch wenn eine Öffnung für das Thema deutlich erkennbar ist (vgl. die Erhebung zum Stand des Marketings an deutschen Staats- und Stadttheatern, MAYER 1999). Allerdings gibt es im Museumsbereich eine inzwischen sehr gute Besucherforschung, die auch Aspekte des Marketings einbezieht (z. B. SCHÄFER 1998).

Korrektur der Zielvorgabe

Das Ergebnis der Analysephase ist mit der Zielvorgabe zu vergleichen. Scheint das Projekt mit Blick auf die Konkurrenzsituation im Einzugsbereich realisierbar zu sein? Werden mit dem Vorhaben überhaupt die Interessen der potentiellen Kunden erreicht? Gibt es für das Angebot einen Markt?

Nur in den seltensten Fällen wird das Ergebnis der Analysephase eine vollständige Bestätigung der Zielvorgabe sein. In aller Regel muß man damit rechnen, daß zumindest einzelne Ergebnisse der Analyse zu einer Korrektur der Zielvorgabe führen. Diese Korrektur sollte dann auch sehr selbstkritisch und ohne Verliebtheit in die eigenen Ziele und Planvorstellungen durchgeführt werden.

Nach Abschluß der Analysephase und nach Überarbeitung der Zielvorgabe sollte man in der Lage sein, die Zielgruppe, die man mit einem Angebot erreichen will, sehr klar abzugrenzen.

5.3.3 Abgrenzung von Zielgruppen

Man sollte bitte den Slogan „Kultur für alle" nicht falsch verstehen. Wer sich mit seinem Angebot nur an „alle" wendet, also alle Angebote und Veranstaltungen auf die stets gleiche Weise an sein Publikum heranträgt (Plakate, Monatskalender und Pressemitteilung), darf sich nicht wundern, wenn er bald kaum noch jemanden erreicht. Es zeigt sich leider immer wieder, daß Zielgruppen zu groß und damit zu ungenau definiert werden; mit solchen Zielgruppen kann man nicht arbeiten. Der wirtschaftlich vertretbare Einsatz von Marketinginstrumenten, der nun unmittelbar bevorsteht, ist nur dann möglich, wenn Ziele und Zielgruppen klar und realistisch umschrieben und in einer Analysephase überprüft sind.

Wenn von Zielgruppen die Rede ist, denkt man vor allem im öffentlichen Kulturbetrieb immer noch an Bevölkerungsgruppen wie Kinder, Jugendliche, Erwachsene und Senioren. Doch sind solchermaßen differenzierte Zielgruppen für ein Marketing im Kulturbetrieb völlig ungeeignet. Ein Blick beispielsweise auf das Theaterpublikum zeigt dies ganz deutlich: das Theater wird überwiegend von der Gruppe der Erwachsenen (25 bis 65 Jahre alt) besucht und dennoch sitzen in der Oper andere Leute als im Schauspiel. Das Marketing des Theaters ist aber für beide Besuchergruppen gleich; häufig finden sich beide Veranstaltungsarten sogar in der gleichen Programmbroschüre oder auf dem gleichen Plakat wieder. Und weil man fast überall auf Erwachsene trifft, wird auch an allen Orten gleichermaßen für alle Erwachsenen geworben, d. h., man treibt einen riesigen Aufwand an Presse- und Öffentlichkeitsarbeit, aber mit einem höchst mäßigen Erfolg.

Die Marketing-Forschung sucht deshalb bereits seit Jahren nach anderen als nur altersbedingten Klassifizierungsmerkmalen, um Zielgruppen genauer definieren und ansprechen zu können. Dabei konzentriert sich die Forschung einerseits auf soziokulturelle Merkmale (Kulturkreis, soziale Bezugsgruppen) und andererseits auf persönliche Faktoren (Lebenszyklen, Beruf, wirtschaftliche Verhältnisse) (vgl. hierzu ausführlich KOTLER/BLIEMEL 1992: 245–269).

Eine gewisse Fokussierung erfahren diese Merkmale und Faktoren in dem, was man seit den siebziger Jahren als Lebensstil bezeichnet (siehe dazu sehr anschaulich FLAIG/MEYER/UELTZHÖFFER 1994). Darunter versteht man „das sich in den Aktivitäten, Interessen und Einstellungen manifestierende Muster der Lebensführung einer Person. Der Lebensstil zeigt den ‚ganzen Menschen' in Interaktion mit seiner Umwelt. Der Lebensstil eines Menschen umfaßt mehr als seine soziale Schicht und seine Persönlichkeit. Wenn man die soziale Schicht kennt, zu der eine Person gehört, kann man daraus zwar eine Reihe von wahrscheinlichen Verhaltensweisen ableiten, läßt dabei jedoch ihre Individualität außer acht. Kennt man andererseits die Persönlichkeit eines Menschen, läßt sich daraus zwar auf charakteristische psychologische Merkmale schließen, doch sagt dies nicht sehr viel über die tatsächlichen Aktivitäten, Interessen und Meinungen dieser Einzelperson. Mit dem Lebensstil versucht man also menschliche Existenz- und Handlungsprofile darzustellen" (KOTLER/BLIEMEL 1992: 259).

Für den öffentlichen Kulturbereich hat erstmals das KGST-Gutachten „Die Museen. Besucherorientierung und Wirtschaftlichkeit" (1989) versucht, eine Zielgruppenbestimmung als Grundlage für den Einsatz von Marketinginstrumenten mit Hilfe von Lebensstil-Klassifizierungen zu erreichen. Es bezieht sich dabei auf eine Segmentierung von GLUCHOWSKI (1987), der neun Lebensstilmilieus unterscheidet (KGST 1989: 38):

1. Aufstiegsorientierte, jüngere Menschen
2. Postmateriell-linksalternativ eingestellte junge Menschen
3. Linksliberale, integrierte Postmaterialisten
4. Unauffällige, eher passive Arbeitnehmer
5. Pflichtorientierte, konventionsbestimmte Arbeitnehmer
6. Aufgeschlossene und anpassungsfähige Normalbürger
7. Gehobene Konservative
8. Integrierte, ältere Menschen
9. Isolierte, alte Menschen.

Im Gutachten werden diese Lebensstilmilieus zunächst ausführlich beschrieben und deren Zuordnung begründet. In einem zweiten Schritt wird untersucht, wie welche Teile des Museumsangebots auf die einzelnen Gruppen wirken. Daraus ergibt sich für jedes Museum ein individuelles „Attraktivitätsprofil" (ebd.: 46). So könnte sich etwa zeigen, daß ein bestimmtes Museum mehr für das Lebensstilmilieu 3, ein anderes aber eher für die Gruppe 4 interessant ist. Erweist sich das so erkannte Profil nach weiteren empirischen Untersuchungen als tatsächlich gegeben, ist es gerechtfertigt, das Image des Museums und damit die Presse- und Öffentlichkeitsarbeit auf die dem Profil entsprechenden Lebensstilgruppen auszurichten. Im angenommenen Fall müßte wohl das Werbematerial für das Lebensstilmilieu 3 gänzlich anders ausfallen und auch an anderer Stelle präsentiert werden als das für die Gruppe 4, obwohl es sich in beiden Fällen um „Erwachsene" handeln dürfte. Durch ein solches Verständnis von Zielgruppenarbeit im Marketing können also Presse- und Öffentlichkeitsarbeit wesentlich effizienter werden und damit zu Kostensenkungen bei gleichzeitiger Steigerung der Besucherzahlen führen.

5.3.4 Marketinginstrumente

Aus den Ergebnissen der Analysephase zieht man die Schlußfolgerungen für konkrete Maßnahmen zur Bearbeitung des Marktes. Verhielt sich der Kulturanbieter während der Analysephase gegenüber dem Markt nur passiv, so greift er nun aktiv in das Marktgeschehen ein. Dazu stehen ihm verschiedene Instrumente zur Verfügung.

Als Marketinginstrumente bezeichnet man jene Maßnahmenbündel, mit denen eine effiziente und zielorientierte Bearbeitung des Marktes möglich erscheint. Sinnvollerweise werden die verschiedenen Marketinginstrumente miteinander kombiniert, weshalb man dann auch von einem Marketing-Mix spricht. Die Kunst des Marketing besteht im wesentlichen in der geschickten Zusammensetzung eines Marketing-Mix. Im allgemeinen werden vier Instrumente des Marketings unterschieden, die man – weil es sich um Entscheidungs- und Handlungsinstrumente handelt – als politische Instrumente bezeichnet. Man spricht folglich von der Produktpolitik, der Distributionspolitik, der Kommunikationspolitik und der Preispolitik.

Produktpolitik

Von wesentlicher Bedeutung für ein erfolgreiches kulturelles Handeln ist zweifellos die Auswahl des Produkts, das man anbietet. Analog zur Betriebswirtschaftslehre gehören auch in der Kulturarbeit zur Produktpolitik folgende Möglichkeiten, die hier am Beispiel des Theaters aufgezeigt werden:
– die Suche, Auswahl und Entwicklung neuer Produkte
  (z. B. die Uraufführung eines neuen Stücks, die Einführung neuer Künstler, die erstmalige Bespielung einer neuen Spielstätte usw.)
– die Weiterentwicklung bestehender Produkte
  (z. B. eine Inszenierung in neuer Besetzung)
– die Förderung des Markenbewußtseins
  (die Marke „Theater" muß permanent gegenwärtig sein, vor allem dort, wo der Theaterfreund seine Theaterwünsche befriedigt oder seine Informationen zum Umfeld des Theaters abholt)
– die Zusammenstellung sinnvoller Sortimente
  (nicht jedes Theater muß zu jeder Zeit alles anbieten können).

„Im Rahmen der Produktpolitik stellt sich somit die zentrale Frage: Welches kulturelle Produkt/Leistung will der jeweilige Kulturbetrieb im Rahmen seines Grundauftrags bzw. seiner allgemeinen Zielsetzung erstellen und anbieten? Die Produkt- bzw. Programmpolitik umfaßt somit sämtliche bezüglich der einzelnen anzubietenden Leistungen bzw. Produkte zu treffenden Entscheidungen. Der privatwirtschaftlich organisierte Kulturbetrieb (Konzertagentur, Buchverlag, Kunsthandel usw.) wird in aller Regel solche Produkte erstellen und anbieten, die sich gewinnbringend vermarkten lassen bzw. zumindest dem Kriterium der Wirtschaftlichkeit genügen. Der öffentliche bzw. gemeinnützige Kulturbetrieb dagegen wird die Auswahl und Gestaltung seiner Produkte eher an einer bestimmten kulturpolitischen Zielsetzung orientieren (z. B. dem Grundsatz: ‚Fördern, was es schwer hat‘).

Wahrscheinlich wird es aber auch im öffentlichen Kulturbereich zu einem gewissen Produktmix kommen, d. h., aus Gründen der auch hier notwendigen Wirtschaftlichkeit wird nicht allein die kulturpolitische Zielsetzung dominieren, sondern werden auch Produkte angeboten, die ‚sich rechnen‘ bzw. vielleicht sogar einen gewissen Überschuß einbringen (z. B. Gruppenunterricht in der Musikschule, Computerkurse in der Volkshochschule, ‚Publikumsrenner‘ bei Festivals usw.)" (KLEIN 1995c: 5).

Distributionspolitik

Die Distribution umfaßt alle Entscheidungen, durch die das Produkt oder die Dienstleistung dem Kunden zugeführt werden sollen. Man bezeichnet die Distribution auch als Vertrieb. In der Betriebswirtschaft spielt die Frage, wie ein Produkt zum Kunden kommen soll, naturgemäß eine große Rolle. Großhandel, Einzelhandel, Reisende, Handelsvertreter, Kommissäre, Makler usw. sind Organisationseinheiten oder Berufe aus dem außerordentlich weiten und komplizierten Bereich der betriebswirtschaftlichen Distribution.

Im Kulturmanagement ist eine so verstandene Distribution scheinbar nur von untergeordneter Bedeutung, denn in aller Regel holt sich der Kunde/Konsument das Produkt/die Dienstleistung an einer bestimmten Stelle ab: er kommt ins Museum, ins Theater, in den Konzertsaal, in die Bibliothek usw.

Zur Distribution im weiteren Sinne gehört aber auch der Service sowie die Frage, wie der Kunde zu den notwendigen Eintrittskarten (z. B. zu einem Konzert) gelangt oder wie er sich beispielsweise für einen Volkshochschulkurs einschreiben kann. Hier kann man sich in vielen Kulturinstitutionen durchaus Verbesserungen vorstellen. Kundenfreundliche Öffnungszeiten der Verkaufsstellen von Eintrittskarten gehören ebenso dazu wie die Erreichbarkeit eines Verantwortlichen bei Reklamationen. Kulturverwaltungen sollten sich nicht als Abholstellen verstehen, wo der Bürger für sein Kulturerlebnis ansteht, sondern als ein Service-Center, wo der Bürger seinen Austauschprozeß zur Bedürfnisbefriedigung einleitet. Kulturverwaltungen sollten deshalb weniger die Atmosphäre von Bürostuben als vielmehr von Treffpunkten und Kommunikationsorten haben.

Aus der Sicht des Nutzers kultureller Angebote ist es dringend erforderlich, das Reservierungs- und Buchungssystem für Eintrittskarten zu erleichtern. Letztlich muß es möglich sein, Eintrittskarten (zumindest) in ganz Deutschland von jedem beliebigen Ort aus bestellen und bezahlen zu können, ohne daß man während der Buchung persönlich anwesend sein muß. Dafür zeichnen sich letztlich drei Möglichkeiten ab:

Das einfachste Verfahren ist eine telefonische Bestellung oder per Fax unter

Angabe der Kreditkarten-Nummer. Die Kultureinrichtungen bucht dann den Betrag für die Eintrittskarte vom genannten Konto ab und geht damit kein Risiko mehr ein, daß bestellte Karten nicht abgeholt werden könnten. Die zweite Variante betrifft eine Reservierung über Btx oder über Reise- und Fremdenverkehrsbüros. Hier erfolgt die Bestellung über international operierende Buchungssysteme wie beispielsweise START, über die auch eine Hotelübernachtung oder andere touristische Leistungen gebucht werden können. Die Bezahlung erfolgt dann beispielsweise im Reisebüro; von dort wird der Betrag an die Kultureinrichtung (nach Abzug einer Provision) überwiesen. Da sich der private Btx-Anschluß nicht durchgesetzt hat, empfiehlt sich für eine private Reservierung (ohne Zwischenschaltung eines Reisebüros) als dritte Variante das Internet. Sofern die Kultureinrichtung über eine Homepage mit entsprechenden Buchungsmöglichkeiten verfügt, ist auch hier das Verfahren denkbar einfach. Die Bezahlung erfolgt wieder über die Kreditkarten-Nummer, so daß auch hier die Kultureinrichtung kein Risiko eingeht.

Die jüngste Entwicklung, Buchungen und Reservierungen über das Internet zu tätigen, wird in vielen Kulturbetrieben noch viel zu pessimistisch eingeschätzt und dementsprechend zu wenig beachtet. Dabei zeigen neueste Statistiken eine völlig andere Tendenz: Nach einer Untersuchung der Nürnberger Gesellschaft für Konsumforschung (GfK) hat sich die Zahl der Menschen, die das Internet oder dessen Online-Dienste nutzen, 1998 um 40 % auf 8,5 Millionen erhöht. Davon nutzen rund 3,2 Millionen Menschen das Internet täglich. Bemerkenswert ist hier vor allem, daß der Dienstleistungsbereich „Buchungen und Reservierungen" zwar nur 0,3 Millionen Nutzer umfaßt, hier die Zahl der Nutzungen innerhalb eines Jahres (1998) aber um 67 % zugenommen hat, mehr als in jedem anderen Internet-Angebot (FAZ vom 25. 2. 99). Es sind deshalb auch weniger die tatsächlichen Nutzerzahlen, die aufmerksam machen, als vielmehr die rasante Steigerung sowohl in der Gesamtnutzung als auch in dem für den Kulturbereich so wichtigen Angebot „Buchungen und Reservierungen". Sie läßt erwarten, daß das Internet schon bald zu einem der führenden Kommunikationsmedien im Kulturbereich werden wird.

Voraussetzung für ein elektronisches Reservierungs- und Buchungsverfahren ist – neben dem Internet-Anschluß – allerdings, daß die Kultureinrichtung über ein entsprechendes elektronisches Ticketsystem verfügt. Dabei unterscheidet man zunächst einmal zwei verschiedene Systeme, nämlich die Inhouse- und die Netzlösung. „Mit der traditionellen Inhouselösung (Show Soft, VIBUS, Power Max u. a.) konzentriert sich jeder Kulturbetrieb auf den Absatz seiner Produktpalette. Es handelt sich um eine Insellösung des einzelnen Kulturbetriebes, die auf die internen Ansprüche individuell ausgerichtet werden kann. (…) Gegenpol zur Inhouselösung wäre der Vertrieb über einen Netzbetreiber (CTS, Easy-Ticket, Ticket-Soft). Der Kartenvertrieb wird als Serviceleistung eingekauft (Outsourcing). (…) Eine Zwischenlösung, die Synergieeffekte im finanziellen und personellen Bereich nutzt und gleichzeitig Abhängigkeiten von einem großen Netzbetreiber verhindert, ist der Aufbau von ‚kleinen Netzen', z. B. einem Stadtnetz (Kölnticket, Frankenticket Fürth u. a.)" (SCHNEIDEWIND/PELZ 1998: 3).

Für die oben angesprochenen drei Varianten reichen für eine Bestellung per Telefon oder Fax eine Inhouselösung oder ein Stadtnetz aus. Will man dagegen online bestellen (direkt per Internet oder über ein Reisebüro), wird man auf eine Netzlösung nicht verzichten können. Soweit überhaupt elektronische Ticketsysteme genutzt werden, herrscht zur Zeit noch die Inhouselösung mit ihren beschränkten Buchungsmöglichkeiten vor. Die Tendenz geht aber eindeutig in Richtung auf Netzlösungen, um die damit verbundenen Online-Möglichkeiten nutzen zu können.

Kommunikationspolitik

Zur Kommunikation gehören drei Gruppen von Maßnahmen:
- klassische Werbemaßnahmen
  (Außenwerbung/Plakatwerbung/Transparente, Anzeigen in Zeitungen, Zeitschriften, Werbespots in Rundfunk, Fernsehen und Film usw.);
  In diesem Zusammenhang muß auf die häufig überschätzte Wirkung von Plakaten hingewiesen werden. Verschiedene Untersuchungen haben gezeigt, daß nur 2 % bis maximal 15 % aller Besucher von Kulturveranstaltungen durch Plakate zum Besuch angeregt wurden. Die Wirkung einer Plakatierung besteht vor allem in der langfristigen Marktpositionierung, nicht aber in der kurzfristigen, konkreten Veranstaltungswerbung.
- verkaufsfördernde Maßnahmen
  (Aufkleber, Werbegeschenke, Preisausschreiben, Gutscheine, Sonderangebote, Aktionswochen, Theatertage usw.)
- Öffentlichkeitsarbeit
  (Pressearbeit, Broschüren, Kataloge, Handzettel usw.)

Nach Angaben der Deutschen Public Relations Gesellschaft (DRPG) zielt Öffentlichkeitsarbeit auf die „Herstellung und Aufrechterhaltung eines Vertrauensverhältnisses zwischen Organisation und Öffentlichkeit" (zitiert nach JÜRGENS 1992: 3). „Abgesehen davon, daß hinter solch hehren Zielen allzu schnell die handfesten Interessen verschwinden, ist in unserem Zusammenhang wichtig, daß Öffentlichkeitsarbeit nicht verwechselt wird mit Werbung für ein bestimmtes Produkt oder eine bestimmte Dienstleistung. Auch ist Öffentlichkeitsarbeit nicht zu reduzieren auf Presse- und Medienarbeit, so notwendig diese sein mag. Journalisten sind zwar die wichtigsten, aber nicht die einzigen Ansprechpartner für ‚vertrauenbildende Maßnahmen'. Denn darum geht es: langfristige Kontakt- und Imagepflege, damit kulturelle Institutionen und Initiativen auf Dauer ihr unverwechselbares Gesicht erhalten und sich behaupten können in einer Welt der massenhaft produzierten, verlockend inszenierten Bilder" (ebd.).

Marketingexperten verwenden zur Kennzeichnung der Entwicklungsphasen der

Kommunikation gern das Akronym AIDA (KOTLER/BLIEMEL 1992: 837 f.). Dahinter verbergen sich die Schlüsselworte:

Attention	(Aufmerksamkeit)
Interest	(Interesse)
Desire	(Wunsch)
Action	(Aktion)

Demnach gilt es zunächst einmal, die *Aufmerksamkeit* des potentiellen Kunden zu wecken, indem Name und Profil des Hauses in den Vordergrund gestellt werden. Anschließend ist das inhaltliche *Interesse* an der Leistung des Kulturinstituts wachzurufen, d. h., man berichtet nun konkret von dem, was das Institut zu leisten in der Lage ist. Ist es erfolgreich gelungen, Aufmerksamkeit und Interesse zu wecken, müßte beim Adressaten der *Wunsch* entstehen, das Angebotene selbst zu erleben. Der letzte Schritt impliziert die Aufforderung zur *Aktion*, die im Idealfall im Kauf einer Eintrittskarte zum Ausdruck kommen sollte (MÜLLER-WESEMANN 1991: 49 f.). „In der Praxis gibt es kaum eine Botschaft, die den Verbraucher nach dem AIDA-Schema vollständig durch alle Stufen von der Beachtung der Marke bis zum Kauf führt. Das AIDA-Schema weist jedoch auf wünschenswerte Eigenschaften der Botschaft hin" (KOTLER/BLIEMEL 1992: 841).

Preispolitik
Viertes Marketinginstrument ist der Preis. Aus betriebswirtschaftlicher Sicht ist der Preis ein wesentliches, aber auch empfindliches Instrument. Der Verkaufspreis sichert die Wirtschaftlichkeit eines Unternehmens und bestimmt letztlich Gewinn oder Verlust, kann aber auch den Kunden vom Kauf abhalten.

Der öffentliche oder gemeinnützige Kulturbetrieb darf keine Gewinne erzielen, weshalb man sich fragt, inwieweit der Preis ein Marketinginstrument im kommunalen Kulturmanagement sein kann. Schließlich ist der Preis doch eher abschreckend als gewinnend. Doch funktioniert der Preis als Marketinginstrument im öffentlichen Kulturbereich dann, wenn man ihn als differenzierten Preis einsetzt, also unter Verwendung von Rabatten (z. B. Barzahlungsrabatt/Skonto, Frühbezugsrabatt/Subskription, Treuerabatt usw.) oder von selektiven Zuschlägen (z. B. Premierenzuschlag). Denkbar wäre beispielsweise auch eine Differenzierung nach Wochentagen, wie dies die Deutsche Bahn oder jedes Flug- und Fährunternehmen zu tun pflegen. So könnte beispielsweise in einem Museum durch niedrigere Eintrittspreise ein Anreiz geschaffen werden, verstärkt bestimmte Wochentage, die in der Regel schlechter besucht werden, zu nutzen. Dadurch kann man vielleicht eine bessere Auslastung und damit gleichzeitig – trotz partiell ermäßigter Preise – eine Erhöhung der Einnahmen erzielen.

5.3.5 Publikumsorientierung und Publikumsbindung

Wie bereits erwähnt, ist es das Ziel jeder Marketingmaßnahme, den Kunden bzw. das Publikum für ein zweites „Geschäft" zu gewinnen. Der Kunde soll in seinen Bedürfnissen so befriedigt sein, daß er gerne wiederkommt und erneut die angebotenen Produkte und Dienstleistungen in Anspruch nimmt. Mit anderen Worten kommt es darauf an, über eine konsequente Publikumsorientierung eine Publikumsbindung zu erreichen.

An dieser Stelle folgt in der Regel der Einwand, daß mit einer Publikumsorientierung im Kulturbetrieb einem Quotendenken zugunsten eines vordergründigen Massengeschmacks Tür und Tor geöffnet würden. Wie die Einschaltquoten im Fernsehen würden nun die Publikumsquoten über Geld und Inhalt entscheiden, und diese Entscheidung werde immer zugunsten des leicht konsumierbaren Angebots verlaufen. Die gehaltvolle und schwierige Kunst bleibe dabei auf der Strecke. Doch dieser Einwand ist wirklich zu vordergründig und zu reflexhaft.

Zum einen zeigt sich immer wieder, daß nur mit dem vermeintlich leicht konsumierbaren Angebot – also Boulevard im Theater, Impressionismus im Museum und Simmel in der Bibliothek – auf Dauer keine Kultureinrichtung bestehen kann. Für nur leichte Kost gibt es längst zahlreiche Fernsehkanäle, Freizeitparks und Touristen-Animateure; wer leichte Kost sucht, muß sich nicht der Mühe unterziehen, ins Theater oder Museum zu gehen. Wer sich für drei Stunden ins Staats- oder Stadttheater setzt, weiß sehr wohl, was er dort zu erwarten hat, und diese Erwartungshaltung wird sich auch durch eine größere Publikumsorientierung nicht ändern.

Zum zweiten muß sich die geforderte Publikumsorientierung nicht zwangsläufig allein auf die Inhalte beziehen. Eines der Hauptprobleme öffentlicher Kultureinrichtungen besteht darin, daß sie zu wenig auf ihre Rolle als Dienstleister ausgerichtet sind. Service, Kommunikation, Information, Kundenbetreuung usw. werden in öffentlichen Kulturbetrieben in aller Regel kaum beachtet, obwohl sie dort eigentlich einen vorderen Platz einnehmen sollten.

Zum dritten bedeutet Publikumsorientierung nicht, daß man sich den Publikumswünschen nur passiv auszusetzen habe. Vielmehr heißt dies im Sinne eines modernen Marketings immer auch: Bedürfnisse des Kunden zu wecken, zu erkennen und zu befriedigen. Man muß sich nur einmal fragen, warum jemand ein neues Auto kauft, obwohl sein altes durchaus noch seine Dienste täte. Er kauft dieses Auto deshalb, weil ein Marketing, das die Dinge vom Kunden her denkt, in ihm das Bedürfnis nach einem neuen Auto geweckt hat. Und obwohl dieses Auto in einem sehr kundenorientierten Prozeß seinen Weg zum neuen Besitzer gefunden hat, muß es noch kein schlechtes Auto sein. Ergo: nicht jede Form von Kunden- bzw. Publikumsorientierung führt zwangsläufig zu einem minderwertigen Produkt!

Um es nochmals zu betonen: Für den öffentlichen oder gemeinnützigen Kulturbereich bedeutet die Forderung nach Publikumsorientierung keineswegs, daß er nun seinem Publikum zustimmungsheischend hinterherlaufen muß. Es geht keineswegs darum, klaglos und passiv Wünsche zu befriedigen, sondern die „Kunst" des Marketings besteht darin, Bedürfnisse zu erkennen und gegebenenfalls auch zu wecken. Man muß also seine kulturpolitischen Ziele nicht über Bord werfen, aber man muß sie vielleicht stärker in einen Diskurs mit dem Bürger einbringen, um auf diese Weise eigene Ziele zu Bedürfnissen des Bürgers werden zu lassen (nicht anders funktioniert Marketing in der Wirtschaft).

Ziel der Kunden- oder Publikumsorientierung und damit Ziel des gesamten Marketing-Managementprozesses ist immer die Kundenbindung. Wer schon beim ersten Besuch eines Kunden im Laden oder im Hotel oder im Gasthaus an den möglichen zweiten Besuch denkt und deshalb sein Verhalten gegenüber seinem Kunden darauf ausrichtet, wird gegenüber seinem Kunden ganz anders auftreten als jemand, der bei jedem Kunden einfach nur den maximalen Profit herausholen will.

Das gilt selbstverständlich auch für den nicht-kommerziellen Kulturbereich. Es muß das Ziel sein, jeden neu gewonnenen Besucher eines Theaters, einer Bibliothek, eines Museums oder eines Volkshochschulkurses zu einem Dauerbesucher zu machen. Doch nur, wer auf Dauer mit Leistung und Service eines Hauses zufrieden ist, wird sich als Dauerkunde gewinnen lassen. Dies aber wiederum verlangt eine ständige Überprüfung und Anpassung von Leistung und Service mit Hilfe von Marketing-Analysetechniken und Marketinginstrumenten.

Kunden, die auf diese Weise gebunden sind und sich damit dem Hause verbunden fühlen, lassen sich auch leichter gewinnen für eigene Ziele. Und hier schließt sich wieder der Kreis: das kundenorientierte Marketing, das scheinbar so weit von der angebotsorientierten Kultur entfernt ist, kann durchaus auch kulturpolitische Ziele und hohe Qualitätsansprüche umsetzen, wenn das Publikum erst einmal für eine Kulturinstitution gewonnen ist. Wer Vertrauen zu einer Institution hat, wird sich auch bereitwillig mit den Künstlern und den Managern auf neue und noch nicht ausgetretene Pfade begeben.

Kundenbindung ist aber auch das beste Mittel gegen aufkommende Konkurrenten der kommerziellen Freizeitindustrie. Wer sich einem Theater, einem Museum oder einer Musikschule seit langem verbunden fühlt, wird sich nicht so schnell durch Konkurrenzangebote abwerben lassen. Und nur wer sich einer solchen Institution verbunden fühlt, wird auch bereit sein, diese Institution durch einen finanziellen Beitrag – sei es ein höherer Eintritt oder sei es eine Spende – zu unterstützen.

In der Summe bietet damit gerade das Kulturmarketing interessante Möglichkeiten, um einen Kulturbetrieb auch in schwierigeren Zeiten (finanzielle Engpässe, Konkurrenz neuer Anbieter) zu einem leistungsfähigen und gut positionierten Unternehmen zu machen. Gerade wer sich durch die angesprochenen Probleme herausgefordert fühlt, wird im Kulturmarketing einen guten Weg sehen, sich den Herausforderungen mit Erfolg zu stellen.

5.4 Kulturfinanzierung

Innerhalb der funktionalen Aufgaben im Kulturmanagement hat die Kulturfinanzierung in den letzten Jahren den höchsten Stellenwert eingenommen. Kaum ein Kompetenzbereich des Kulturmanagements wird auch in der breiteren Öffentlichkeit so intensiv diskutiert wie etwa die Themen Kultursponsoring, Fundraising, Merchandising oder Public-Private-Partnership. Für viele zeigt sich darin der Wandel des für Deutschland typischen, weitgehend von der öffentlichen Hand bestimmten Kulturangebots am deutlichsten. Folglich ist von der Gefahr einer Abhängigkeit gegenüber der Wirtschaft oder von der Instrumentalisierung für ökonomische Zwecke ebenso die Rede wie von einem Staat, der scheinbar seinen Verpflichtungen nicht mehr nachkommt. Doch bei näherer Betrachtung und bei entsprechender Sachkunde relativieren sich viele der angesprochenen Ängste, weshalb es angebracht ist, schon im Rahmen einer Einführung auf dieses Thema kurz einzugehen.

Für die derzeitige Krise der Kulturfinanzierung sind folgende Aspekte von vorrangiger Bedeutung:

– aufgrund der anhaltenden Massenarbeitslosigkeit mit ihren hohen Sozialkosten sowie der nach wie vor hohen Transferkosten als Folge der Deutschen Einheit sind die finanziellen Möglichkeiten der öffentlichen Hand für Freiwilligkeitsleistungen jedweder Art stark eingeschränkt;

– wegen der bisher sehr einseitigen Konzentration des öffentlichen Kulturbereichs auf die Zuschüsse des Staates wurde bisher erschreckend wenig Kreativität eingebracht zur Erzielung von Umsatzerlösen und sonstiger Erträge;

– angesichts einer weitgehend fehlenden Publikumsorientierung und Publikumsbindung (vgl. Abschnitt 5.3.5) ist es den öffentlichen und gemeinnützigen Kultureinrichtungen nahezu unmöglich, in größerem Umfang auf Finanzmittel von privater Seite (Spenden, Sponsoring) zurückzugreifen;

– soweit private Mittel (vor allem Spenden und Sponsoring) zur Kulturfinanzierung eingesetzt werden, befinden sich die öffentlichen, gemeinnützigen und kommerziellen Kulturbetriebe erstmals miteinander in einer Finanzierungskonkurrenz.

Eine solchermaßen veränderte Situation macht es erforderlich, über Kulturfinanzierung nicht nur rein funktional nachzudenken, sondern vielmehr Zusammenhänge zwischen kulturellen Inhalten, kulturpolitischen Zielen und funktionalen Finanzierungsinstrumenten zu sehen. Nur eine veränderte Kulturpolitik, in der die angesprochene Publikumsorientierung auch ausreichend Berücksichtigung findet, sowie deutlich verbesserte Rahmenbedingungen, die beispielsweise auch steuerliche Anreize für eine private Kulturfinanzierung bieten, können zu einer Überwindung der Krise der Kulturfinanzierung führen (vgl. dazu ausführlich HEINRICHS 1997).

Allein diese Ausgangssituation, die hier nur in aller Kürze angedeutet ist, sollte Motivation genug sein, sich mit dem Thema der Kulturfinanzierung näher zu befassen. Angesichts einer Fülle von Finanzierungsinstrumenten, die sehr spezifisch und situationsgerecht eingesetzt werden können, kann ein Kulturmanager mit einer maß-geschneiderten Finanzierung Kompetenz und Phantasie beweisen. Dazu ist es aber erforderlich, die verschiedenen Finanzierungsinstrumente in ihren Möglichkeiten und Risiken sehr gut zu kennen, eine Voraussetzung mithin, die im Rahmen einer Einführung nicht geleistet werden kann; dazu wird auf die inzwischen recht umfang-reiche Fachliteratur verwiesen. Hier kann es nur das Ziel sein, die verschiedenen Finanzierungsinstrumente kurz vorzustellen.

Eine kleine Anmerkung ist vorab noch zu den verwendeten Begriffen erforder-lich. Im öffentlichen (kameralistischen) Bereich spricht man nur von Einnahmen und meint damit alle Mittel, die in irgendeiner Weise zur Finanzierung von Ausgaben dienen können (also auch Eintrittsgelder, Zuwendungen, Spenden usw.). In der Be-triebswirtschaftslehre dagegen spricht man von Erträgen, die den Gesamtbetrag der Aufwendungen (was weitgehend den Ausgaben entspricht) finanzieren. Innerhalb der Erträge stehen die Erlöse im Vordergrund. Darunter versteht man den Gegen-wert für den Verkauf, die Vermietung und die Verpachtung von Produkten, Waren und Dienstleistungen (Umsatzerlöse), also beispielsweise auch die Eintrittsgelder eines Theaters oder eines Museums. Dagegen würde man Einnahmen aus dem Spon-soring als sonstige Erträge (und damit außerhalb der Umsatzerlöse) erfassen. Von Einnahmen und Ausgaben spricht der Kaufmann dagegen nur dann, wenn es sich um liquide Mittel handelt (also gleichsam das, was er tagsüber in der Ladenkasse hat bzw. von seinem Konto kurzfristig abheben kann). Da die betriebswirtschaftliche Nomenklatur wesentlich genauer ist, findet sie auch hier Anwendung, zumal es recht leicht ist, von der kaufmännischen in eine kameralistische Zuordnung zu wechseln (was umgekehrt allerdings einige Schwierigkeiten macht).

Grundsätzlich sollte man in der Kulturfinanzierung aller Kulturbetriebe drei Fi-nanzierungsarten unterscheiden:

1. Umsatzerlöse, d. h. selbst erwirtschaftete Mittel
2. Mittel, die der Träger des einzelnen Kulturbetriebs zur Verfügung stellt (z. B. der Zuschußbedarf in öffentlichen Haushalten oder ein – möglichst vorübergehendes – Risikokapital/Startkapital in kommerziellen Betrieben)
3. Drittmittel (z. B. Zuwendungen einer öffentlichen Körperschaft, die nicht Träger ist oder – im öffentlichen wie im kommerziellen Bereich – Spenden und Sponso-ring von privater Seite)

Die sogenannten Drittmittel stammen immer von „einem Anderen", also weder vom Träger der Einrichtung noch sind sie selbst erwirtschaftete. Zur Verdeutlichung könnte man in Anlehnung an die Bezeichnung Drittmittel die Umsatzerlöse als Erstmittel und die Leistungen des Trägers als Zweitmittel bezeichnen. Allerdings sind diese Bezeichnungen nicht üblich.

5.4.1 Umsatzerlöse

Wie bereits erwähnt, bezeichnet man als Umsatzerlöse alle Erlöse aus dem Verkauf von Waren und Dienstleistungen. Diesen Umsatzerlösen, die im kommerziellen Kulturbetrieb selbstverständlich im Mittelpunkt stehen, wird man im öffentlichen und gemeinnützigen Kulturbetrieb künftig weit größere Aufmerksamkeit widmen müssen als bisher. Das wird zur Folge haben, daß die Finanzierung sehr stark von dem abhängen wird, was der öffentliche Kulturbetrieb anbietet und wie dieses Angebot vom Publikum angenommen wird. Man wird also künftig – um es bildlich zu sagen – die Finanzierung stärker vom Produkt her denken und damit genau das tun, was auch jeder Kaufmann tut, denn er finanziert seine Aufwendungen zum weitaus größten Teil aus seinen Umsatzerlösen.

Sinnvollerweise unterschiedet man einerseits die unmittelbaren Umsatzerlöse, die aus dem primären Produkten hervorgehen, und anderseits solche Umsatzerlöse, die nur indirekt mit dem Produkt zu tun haben (also z. B. Einnahmen aus Merchandising und Licensing).

Gebühren, Entgelte und Eintrittsgelder der Besucher und Nutzer
Entgelte und Gebühren werden für Veranstaltungen der verschiedensten Art erhoben, wie beispielsweise für Kurse und Vorträge der Volkshochschule, für den Unterricht der Musikschule und der Kunstschule oder für die Nutzung der Bibliothek. (Gebühren sind übrigens immer öffentlich-rechtliche Forderungen, Entgelte dagegen privatrechtliche; eine Unterscheidung, die selten mit letzter Konsequenz beibehalten wird.) Von Eintrittsgeldern spricht man dagegen eher bei Konzerten und Theateraufführungen, aber auch in Museen und Galerien.

Soweit Konzerte und Theateraufführungen als Gastspiele angeboten werden, kann man oft einen hohen Deckungsgrad der Ausgaben erreichen, vor allem wenn man eine Mischkalkulation für mehrere Veranstaltungen zugrunde legt. Konkret bedeutet dies, daß die Eintrittspreise nicht für jedes Konzert oder jeden Vortrag einzeln (in Anlehnung an die Höhe der jeweiligen Kosten) festgelegt werden, sondern in gleicher Höhe für eine Gruppe von Veranstaltungen. Dann „verdient" man an den kostengünstigen Veranstaltungen und kann damit andere finanzieren, die weit höhere Kosten haben, als man sie am Markt über Eintrittspreise finanzieren könnte.

Für Gruppenveranstaltungen in Einrichtungen wie Volkshochschulen, Musikschulen und Kunstschulen hat sich die Regel bewährt, daß die Beiträge der Nutzer die unmittelbaren Personalkosten für den Unterricht decken müssen. (Dies läßt sich häufig im Einzelunterricht der Musikschulen nicht mehr realisieren.) Dann müßten lediglich die Personalkosten für den allgemeinen Verwaltungsaufwand (Schulleitung, Sekretariat, Hausmeister), die Personalkosten für den Einzelunterricht sowie die Sach- und Betriebskosten auf andere Weise gedeckt werden.

Insgesamt sollte man die Frage der Eigenleistungen der Teilnehmer, Besucher und

Nutzer nicht zu zögerlich und zu rücksichtsvoll angehen. Wer beispielsweise von einer Kommune eine besondere Leistung erwartet und in Anspruch nimmt, sollte auch bereit sein, dafür einen besonderen finanziellen Beitrag zu leisten. Andernfalls müßten solche Leistungen durch Steuergelder finanziert werden, also auch von denen, die diese Leistungen nicht in Anspruch nehmen wollen. Es ist aber nicht einzusehen, warum beispielsweise in einer Volkshochschule das Erlernen einer Fremdsprache, das häufig für den Kursteilnehmer auch mit beruflichen Vorteilen verbunden ist, durch Dritte über Steuergelder finanziert werden soll. Man sollte die Solidargemeinschaft auch im Kulturbereich durchaus nicht überstrapazieren.

Was dagegen in jedem Kulturbetrieb eher zur Zurückhaltung bei der Gebühren- und Entgelterhebung veranlassen sollte, sind betriebswirtschaftliche und soziale Gründe. Wenn die Erhebung von Gebühren und Eintrittsgeldern mit einem solch hohen Verwaltungsaufwand verbunden ist, daß die Einnahmen nicht einmal diesen Aufwand (z. B. an Personalkosten) decken, sollte man auf solche Erlöse verzichten. Dies kann beispielsweise in der Buchausleihe der Bibliotheken der Fall sein, wenn man statt eines Jahresausweises eine Leihgebühr pro ausgeliehenem Buch berechnet. Aus sozialen Erwägungen sollten andererseits Ermäßigungen für Personengruppen wie Schüler und Studenten, Wehr- und Ersatzdienstpflichtige, Sozialhilfeempfänger, Arbeitslose, Schwerbehinderte und Rentner vorgesehen werden. Allerdings ist darauf zu achten, daß die Sozialermäßigung nicht zu früh und zu pauschal eingesetzt wird, weil sie dann von zahlreichen Personen in Anspruch genommen werden kann, die durchaus auch normale Preise zahlen könnten.

Merchandising und Verkaufsprovisionen

Neben den Erlösen, die unmittelbar aus der Nutzung des kulturellen Angebots entstehen, sind noch andere Umsatzerlöse aufzuführen, die gleichsam als „Nebenprodukt" anfallen, die man aber keinesfalls als Nebensache behandeln sollte. Hierzu zählen vor allem Verkaufserlöse etwa aus dem Verkauf von Plakaten, Kunstkarten, Katalogen und Broschüren, wie sie in einem Museums- oder Theatershop erzielt werden können (FATH 1999).

Hierzu zählen auch Merchandising und Licensing, d. h. die Vermarktung eines Produktimages über Verkaufsobjekte, die dem Produkt nahestehen (z. B. Lesezeichen mit der Abbildung eines Exponats in einem Museumsshop), oder über Rechte am Image des Kulturprodukts, die ein Dritter zu seinen Gunsten für ein anderes Produkt nutzen darf (z. B. der Verkauf von Swatch-Uhren in einem Uhrengeschäft mit dem Abbild eines Kunstwerks aus dem Museum auf dem Zifferblatt) (dazu ausführlich HEINRICHS/SCHÄFER 1999). Wie das Beispiel des Sports zeigt, sind hier noch beträchtliche Potentiale zu erwarten, auch wenn man sich eine aggressive Vermarktung eines Kulturbetriebs nach dem Vorbild einer Bundesligamannschaft kaum vorstellen kann. Doch daß z. B. die Semper-Oper in Dresden inzwischen eine eigene GmbH allein für Merchandising betreibt (ENGERT 1999) und es auch schon einen Versandhandel für Merchandising-Produkte aus dem Kulturbereich gibt (RIPPL 1999), deutet doch an, daß sich hier auch in Deutschland eine interessante Entwicklung auftut.

Zu dieser Gruppe von Erlösen zählen auch Verkaufsprovisionen, wenn beispielsweise eine Gemeinde in ihrer Städtischen Galerie (oder im Rathausfoyer) Kunstausstellungen durchführt und es hierbei zu Verkäufen kommt. Je nach Aufwand wird von den Künstlern eine Provision zwischen 15 und 30 % des Verkaufserlöses akzeptiert. Zu erwähnen sind in diesem Zusammenhang auch Mieteinnahmen, wenn eine Kommune beispielsweise einen Veranstaltungssaal an Dritte vermietet.

Allerdings ist insofern Vorsicht geboten, als solche selbst erwirtschafteten Erlöse außerhalb des Zweckbetriebs im engeren Sinne (und dazu zählen nur die Gebühren, Entgelte und Eintrittsgelder) ab einem Jahresumsatz von 60 000 DM zur Körperschaftsteuer und Gewerbesteuer herangezogen werden. Privatrechtlich-gemeinnützige Einrichtungen gefährden durch solche Erlöse möglicherweise sogar ihre Gemeinnützigkeit, weshalb rechtzeitig über eine betriebliche Auslagerung des wirtschaftlichen Geschäftsbereichs nachgedacht werden muß (vgl. Abschnitt 3.2.2).

5.4.2 Drittmittel

Von der Systematik der Erträge her dürften die Drittmittel erst an dritter Stelle folgen. Wenn sie hier dennoch vorgezogen werden, so soll damit verdeutlicht werden, daß ihnen in der Rangfolge des Interesses ein größerer Stellenwert zukommen sollte als der Finanzierung über Mittel des Trägers. Jede Kultureinrichtung muß zunächst versuchen, eigene Wege der Finanzierung zu finden; auf die Mittel des Trägers darf und sollte nur zurückgegriffen werden, wenn alle anderen Finanzierungsmittel wirklich ausgeschöpft sind.

Drittmittel können sowohl von öffentlicher als auch von privater Seite bereitgestellt werden. Handelt es sich um Drittmittel der öffentlichen Hand, spricht man von Zuwendungen. Dazu rechnet man alle Mittel von öffentlich-rechtlichen Körperschaften, die nicht selbst Träger der Einrichtung sind. Für eine städtische Einrichtung sind dies beispielsweise Zuwendungen des Kreises, des Landes, des Bundes oder der EU und für einen gemeinnützigen Kunstverein wäre dies beispielsweise der Zuschuß der Stadt des Sitzortes.

Zuwendungen
Weit mehr als dies vielfach gesehen wird, gibt es für bestimmte Projekte und Programme Zuwendungen der öffentlichen Hand. Dazu sind zunächst einmal die laufenden Zuwendungen zu rechnen, wie sie etwa im Bereich der Erwachsenenbildung oder der außerschulischen Jugendbildung durch Gesetz oder Rechtsverordnung festgelegt sind. In anderen Fällen gibt es Zuwendungen auf Antrag nach Ein-

zelentscheidungen. Solche individuellen Zuwendungen sind in der Regel an Projekte gebunden, also an einmalige und relativ innovative Vorhaben.

Leider gibt es keine Übersicht, die alle diese Zuwendungsmöglichkeiten aufführt. Es bleibt einem Kulturmanager deshalb nicht erspart, jedem Einzelfall sorgfältig nachzugehen, zumal die Regelungen von Land zu Land höchst unterschiedlich sind. Auskünfte über mögliche Zuwendungen erhält man bei den Kulturreferaten der Regierungspräsidien, bei den zuständigen Referaten in den Ministerien, aber vor allem auch bei den kommunalen Spitzenverbänden. Auch das Handbuch KulturManagement des Raabe-Verlags (siehe Literaturverzeichnis) enthält eine entsprechende Übersicht.

Je nach Finanzierungsanteil unterscheidet man folgende Arten von Zuwendungen:

(1)   Vollfinanzierung
       (deckt alle Ausgaben eines Vorhabens ab; andere Einnahmequellen sind nicht
       gegeben)
(2)   Teilfinanzierung
       (deckt nur einen Teil der Ausgaben eines Vorhabens ab; zur Finanzierung werden auch noch andere Quellen herangezogen) ˇ

Innerhalb der Teilfinanzierung unterscheidet man weiter folgende Arten:

(2.1) Fehlbedarfsfinanzierung
       (finanziert wird die Deckungslücke zwischen den zuwendungsfähigen Ausgaben und den eigenen und/oder fremden Mitteln; in der Regel wird die Zuwendung begrenzt auf einen Höchstbetrag innerhalb der Deckungslücke)
(2.2) Festbetragsfinanzierung
       (finanziert wird ein Betrag in bestimmter Höhe; eventuelle Unterdeckungen gehen zu Lasten des Veranstalters, Überschüsse verbleiben zu seinen Gunsten)
(2.3) Anteilsfinanzierung
       (finanziert wird ein bestimmter prozentualer Anteil der zuwendungsfähigen Ausgaben; für den Veranstalter verbleibt in jedem Falle eine Finanzierungslücke)

Angesichts der derzeitigen finanziellen Situation ist die auf einen Höchstbetrag begrenzte Fehlbedarfsfinanzierung heute der Regelfall. Das Antrags- und Abrechnungsverfahren ist – zumal bei EU-Mitteln – häufig sehr aufwendig und verlangt große Sorgfalt, doch kann sich der Aufwand angesichts der zur Verfügung gestellten Summen durchaus lohnen (zu Verwaltungsfragen im Zuwendungsrecht vgl. KRÄMER/SCHMIDT 1991).

Neben den Drittmitteln von öffentlicher Seite gewinnen in jüngster Zeit vor allem die Drittmittel von privater Seite an Bedeutung. Dazu rechnet man Spenden, Sponsoring, Fundraising, Public-Private-Partnerships sowie Ausschüttungen aus Stiftungen.

Spenden

Spenden sind Finanzmittel, die von einem Mäzen aus altruistischen Erwägungen (vorwiegend im Sozialbereich) oder als ideelle Unterstützung (vorwiegend im Kulturbereich) gegeben werden. Die Spende erfolgt grundsätzlich ohne Gegenleistung seitens des Spendenempfängers. Wegen ihres mäzenatischen Charakters wird sie steuerlich bevorzugt behandelt, d. h., der Spendenempfänger braucht sie steuerlich nicht geltend zu machen, und der Spender kann sie — soweit es sich um eine Spende an eine öffentliche Kultureinrichtung oder an einen gemeinnützigen Kulturverein handelt – seinerseits von seiner Steuerschuld als Sonderausgabe abziehen.

Spenden fließen als Einzelspenden eher nur sporadisch; sie sind als Einnahmequelle kaum kalkulierbar. Dennoch spielen sie eine gewisse Rolle bei Finanzierungsengpässen in Projekten, die potentiellen Spendern besonders am Herzen liegen könnten (z. B. die Konzertreise des Jugendorchesters in eine osteuropäische Partnerstadt).

Um der Zufälligkeit von Spendeneinnahmen zu entgehen, empfiehlt sich die Gründung eines Freundeskreises oder Fördervereins bzw. der Aufbau eines systematischen Fundraisings.

Sponsoring

Als Sponsoring bezeichnet man die Unterstützung von Einrichtungen oder Personen vorwiegend im sozialen, sportlichen, kulturellen oder ökologischen Bereich durch Finanz- oder Sachmittel eines Wirtschaftsunternehmens. Mit dem Sponsoring ist seitens des Sponsors immer ein Marketing- oder Kommunikationsziel verbunden, d. h., der Sponsor erwartet – anders als der Mäzen – vom Begünstigten eine Gegenleistung zur Stützung seiner eigenen unternehmerischen Ziele. Oder um es anders zu formulieren: Sponsoring ist für das Wirtschaftsunternehmen ein Marketinginstrument, mit dessen Hilfe Unternehmensumsatz und -gewinn gesteigert werden sollen. Folglich ist ein Sponsoring steuerlich nicht wie die Spende als Sonderausgabe absetzbar, sondern als Betriebs- bzw. Werbungskosten.

In einer Erhebung des Ifo-Instituts von 1995 wurden von Unternehmen als Gründe für Kunst- und Kulturförderung genannt (HUMMEL 1995: 19):

Imagepflege	92,4 %
Kundenpflege	54,4 %
persönliches Interesse der Unternehmensleitung	40,8 %
Mitarbeitermotivation, Arbeitsplatzgestaltung	26,9 %
(Mehrfachnennungen waren möglich)	

Die Ergebnisse zeigen, daß der Imageaspekt deutlich im Vordergrund des Interesses der Sponsoren steht, d. h., der Sponsor ist daran interessiert, daß sich das positive Image einer Kultureinrichtung oder eines kulturellen Angebots auf das eigene

Unternehmen bzw. das eigene Produkt überträgt, also mithin ein Imagetransfer stattfindet. Damit ist es auch leicht zu erklären, warum das Festspielhaus Baden-Baden, das 1998 in ganz Deutschland über Monate hinweg für Negativ-Schlagzeilen sorgte, trotz größter Bemühungen keine Sponsoren für seine weitere Programmarbeit fand. Es fehlte eben an einem positiven Image, das man auf ein Unternehmen oder auf ein Unternehmensprodukt hätte transferieren können.

Nach der gleichen Erhebung (ebd.: 29) verteilen sich die Schwerpunkte der Förderung, soweit sie außerhalb der Unternehmen erfolgt, auf folgende Bereiche des Kunst- und Kultursektors:

Musik	63,2 %
Heimat- und Brauchtumspflege	60,2 %
Bildende Kunst	50,1 %
Denkmalpflege	38,8 %
Darstellende Kunst	28,3 %
Literatur	21,8 %
Film/Photographie	10,3 %
(Mehrfachnennungen waren möglich)	

Kultursponsoring ist ein partnerschaftliches Finanzierungsinstrument, d. h., der Sponsor ist kein Altruist, und der Kulturveranstalter ist kein Almosenempfänger. Vielmehr „verkauft" der Kulturveranstalter dem Sponsor einen Imagetransfer an einem möglichst hochwertigen Produkt, wofür der Sponsor als Gegenleistung einen Preis zahlt. Ist kein Imagetransfer möglich, weil das Image des Produkts für den Sponsor nicht interessant ist (z. B. dürfte ein Hersteller von Exklusiv-Moden nicht am Image eines alternativen Kulturzentrums interessiert sein), wird es auch nicht zu einem Sponsoring kommen können. Wer folglich einen Sponsor sucht, muß zunächst für sich die Frage beantworten, ob seine Institution und/oder sein Produkt ein Image bieten, zu dem es mit dem Unternehmen und/oder Produkt des vorgesehenen Sponsors Schnittstellen gibt.

Aus dieser Ausgangslage läßt sich bereits erkennen, daß Sponsoring immer mit sorgfältigen Analysen und einer professionellen Handlungsstrategie verbunden sein muß. Wer nur mit dem Gedanken an einen potentiellen Sponsor herantritt, dort etwas zu „holen", ist in seinem Bemühen bereits gescheitert. Wer Sponsoring anstrebt, tritt als Geschäfts-Partner auf, der Austauschbeziehungen aufbaut, nicht als Bettler.[4]

Fundraising
Der Charakter der Austauschbeziehungen steht auch beim Fundraising im Vordergrund. Als solches bezeichnet man das systematische und an Marketingzielen ausgerichtete Sammeln von Spenden. Diese Spenden werden aber nicht aus altruistischen Motiven geleistet, sondern weil die Spenden sammelnde Institution den

potentiellen Spender davon überzeugen konnte, daß sie eine Aufgabe wahrnimmt, die auch dem Spender ein Anliegen ist.

Auch hier kommt es also zunächst darauf an, im Umfeld potentieller Spender die Notwendigkeit der eigenen Institution und Arbeit überzeugend zu verdeutlichen. (Dazu sind sicherlich größere argumentative Anstrengungen erforderlich als nur ein Werbeslogan nach dem Muster „Theater muß sein"!) Es geht also um eine Positionierung am Markt, aber nicht mit dem Ziel, einen Mitbewerber vom Markt zu verdrängen, sondern in dem Sinne, daß man sich im Bewußtsein potentieller Spender positiv verankern möchte („Dieses Museum macht gute und wertvolle Arbeit!"). Ein solches Ziel unterscheidet sich aber nicht mehr sehr von Marketingzielen, denn auch dabei geht es unter anderem immer um Image, Ansehen und Akzeptanz.

Dennoch bestehen zum Sponsoring zwei wesentliche Unterschiede: Sponsoring wendet sich immer an Unternehmen, Fundraising aber an Einzelpersonen. Zwar kann auch ein Unternehmen im Rahmen eines Fundraisings spenden, doch werden dann persönliche Motive einzelner Personen der Geschäftsleitung weit stärker im Vordergrund stehen als die Interessen des Unternehmens. Demnach wird das Unternehmen den Betrag auch als Sonderausgabe und nicht als Betriebsausgabe steuerlich absetzen.

Zweitens ist der Aspekt der Gegenleistung anders zu bewerten. Während dem Unternehmen daran gelegen sein muß, daß die Gegenleistung des durch das Sponsoring Begünstigten auch erkennbar ist (allein schon aus steuerrechtlichen Gründen) und sich beispielsweise unter werblichen Gesichtspunkten deutlich niederschlägt (vgl. die Trikot-Werbung im Sport), findet die Gegenleistung im Fundraising eher auf einer persönlichen und damit nicht-öffentlichen Ebene statt (z. B. bevorzugter Zugang des Spenders zu exklusiven Veranstaltungen). Damit hat das Fundraising einen mäzenatischen Charakter, wovon man im Sponsoring keinesfalls reden kann.

In den USA hat Fundraising inzwischen einen höheren Stellenwert als Sponsoring, weil es langfristiger angelegt werden kann und damit weniger von wirtschaftlichen Unwägbarkeiten eines Unternehmens abhängt. Die Vorrangstellung des Fundraisings hat dort inzwischen sogar dazu geführt, daß Fundraising als Oberbegriff der Mittelbeschaffung verstanden wird. Fundraising umfaßt demnach sowohl das systematische Spenden sammeln und das Sponsoring als auch die Akquisition öffentlicher Zuwendungen. Mit Blick auf die Unterscheidung zwischen Einzelperson und Unternehmen als Geber bzw. zwischen der ideellen Motivation und der Ausrichtung an Marketingziele eines Unternehmens wird hier allerdings Fundraising nur als systematisches Spendensammeln verstanden.

Fundraising läßt sich nicht von heute auf morgen aufbauen, sondern bedarf einer sehr langfristigen professionellen Planung und Vorbereitung. Damit scheidet Fundraising für eine kurzfristige Mittelbeschaffung aus, für das Sponsoring im Einzelfall durchaus geeignet sein kann, bietet aber unter strategischen Gesichtspunkten die interessanteren Perspektiven.[5]

Public-Private-Partnership

Als Public-Private-Partnership bezeichnet man jede Form von Zusammenarbeit zwischen öffentlichen und privaten Trägern. In der Kulturfinanzierung versteht man darunter sogenannte Finanzierungspools, in die sowohl Mittel der öffentlichen Hand als auch der Privatwirtschaft einfließen und aus denen dann gemeinsame Projekte eigenständig gefördert werden können (SIEVERS 1998). Beispielsweise gibt es in Nordrhein-Westfalen den „Initiativkreis Ruhr", der von führenden Wirtschaftsunternehmen wie auch von den Städten des Ruhrgebiets gemeinsam als Verein betrieben und finanziert wird und aus dem Großprojekte wie etwa regionale Ausstellungen im Ruhrland-Museum Essen oder herausragende Konzertreihen finanziert werden (BÖRSTINGHAUS 1992).

Der Vorteil der PPP, wie man eine Public-Private-Partnership gerne abkürzt, besteht darin, daß es sich nicht nur um eine Finanzierungspartnerschaft handelt, wie beispielsweise beim Sponsoring, sondern auch um eine Verantwortungspartnerschaft, die beide Seiten gleichermaßen verpflichtet. Andererseits sind dadurch die Gestaltungsspielräume beispielsweise der beteiligten Kommunen eingegrenzt, was nicht nur eine Frage der Macht sein kann, sondern auch in die Gestaltungskompetenz des Gemeinderats eingreift.

Ausschüttungen aus Stiftungen

Als Stiftung bezeichnet man die auf Dauer ausgerichtete Bindung von Vermögenswerten für gemeinnützige Zwecke (vgl. Abschnitt 3.2.5). Während der Sponsor relativ frei ist bei der Verwendung seiner Mittel, ist die Stiftung immer an den Zweck gebunden, der durch den Stifterwillen vorgegeben ist. Wer als Kulturmanager daran denkt, sich zur Finanzierung kultureller Angebote um Mittel einer Stiftung zu bemühen, sollte deshalb zunächst einmal prüfen, ob der Stiftungszweck eine Förderung von Kulturangeboten überhaupt zuläßt.

Bei dieser Prüfung ist deutlich zwischen der Projektstiftung und der Förderstiftung zu unterscheiden (von der Anstalts- oder Trägerstiftung, die nur Betriebsform einer bestimmten Einrichtung ist, wird hier abgesehen). Die Projektstiftung (oder operative Stiftung) finanziert ausschließlich bestimmte Projekte, die thematisch vom Stifter vorgegeben sind und die in der Regel von der Stiftung selbst durchgeführt werden (zum Stiftungswesen vgl. ausführlich STRACHWITZ 1994). Bekannteste deutsche Projektstiftung ist wohl die Bertelsmann-Stiftung, die zwar ein relativ weites Feld an Themen bearbeitet, die aber keine Fördermittel für Dritte bereitstellt. Anders dagegen die Förderstiftung; sie führt keine eigenen Projekte durch, sondern unterstützt nur Vorhaben Dritter (z. B. die Volkswagen-Stiftung).

Wer mithin als Kulturmanager Stiftungsmittel einzusetzen sucht, muß sich entweder unmittelbar an eine Förderstiftung wenden oder aber ein Vorhaben vorweisen, daß für eine Projektstiftung als gemeinsam durchzuführendes Projekt von Interesse sein könnte. Allerdings sollten die Sorgfalt und der Aufwand, die zur Beantragung von Stiftungsmitteln aufgebracht werden müssen, nicht unterschätzt werden. Wegen der oftmals engen Vorgaben des Stifterwillens und der staatlichen Aufsicht über die Einhaltung des Stifterwillens werden alle Anträge in der Regel sehr sorgfältig geprüft. Endet die Prüfung aber positiv und kommt es zu einer Förderung, so verläuft die Zusammenarbeit in der Praxis gewöhnlich großzügig und unbürokratisch.

5.4.3 Eigenanteil des Trägers

Am Ende, wenn unter dem Schlußstrich immer noch rote Zahlen stehen, muß der Träger des Kulturbetriebs aus eigenen Mitteln Gelder bereitstellen. Diese Regelung gilt zwar grundsätzlich auch für den kommerziellen Bereich, doch wird man dort eigene Mittel nur zur Verfügung stellen, um mit einem Startkapital ein neues Projekt auf den Weg zu bringen oder einen vorübergehenden finanziellen Engpaß zu überwinden. Auf Dauer aber wird kein kommerzieller Kulturbetrieb es sich leisten können, einen defizitären Bereich mit Mitteln zu stützen, die an anderer Stelle erwirtschaftet werden müssen.

Gänzlich anders ist dagegen die Situation im öffentlichen Bereich; hier werden zum Teil in erheblichem Umfang Mittel bereitgestellt, die aus Steuern, Abgaben oder gar Krediten finanziert werden. Doch während bei den übrigen Einnahmepositionen die Kulturverwaltung beispielsweise einer Kommune weitgehend freie Hand hat und sich ihre Partner bzw. ihre Finanzierungswege nach eigenem Gutdünken und persönlicher Neigung aussuchen kann, ist die Bereitstellung des Eigenanteils der Gemeinde allein Sache des Kämmerers oder des Finanzausschusses. Sie werden einem Eigenanteil nur dann zustimmen, wenn sie von der Notwendigkeit der Ausgaben überzeugt sind, wenn also Zielsetzung und Konzeption stimmen und wenn nachweislich die Ausgaben sparsam und realistisch errechnet sowie alle Einnahmemöglichkeiten ausgeschöpft worden sind.

Die Eigenanteile des Trägers werden fälschlicherweise häufig als Subventionen bezeichnet. Subventionen im volkswirtschaftlichen Sinne sind Leistungen des Staates an einen nichtstaatlichen Wirtschaftsbereich, um einen vorübergehend in Bedrängnis geratenen Betrieb vor dem wirtschaftlichen Aus zu bewahren. In der Regel ist damit das Ziel verbunden, industrielle Infrastrukturen zu erhalten oder Arbeitsplätze zu sichern (vgl. die Steinkohlesubventionen oder die Subventionen für die norddeutsche Werftindustrie). In diesem Sinne aber sind Zahlungen an den öffentlichen Kulturbetrieb eben keine Subventionen, denn es handelt sich um Leistungen an einen staatlichen/städtischen Betrieb, der weder wirtschaftlich marode ist noch allein zu dem Zweck besteht, Arbeitsplätze zu schaffen. Vielmehr sind die staatlichen und städtischen Kulturbetriebe Einrichtungen, die ein kulturpolitisches Ziel verfolgen und für die der Staat bzw. die Stadt als Träger die Pflicht hat, die zur Erreichung der Ziele erforderlichen Mittel zur Verfügung zu stellen. Dies als Subventionen zu bezeichnen, würde die kulturpolitische Verpflichtung der öffentlichen Hand zu billig erscheinen lassen.

Damit sind die wichtigsten Finanzierungsinstrumente genannt. Allerdings gibt es noch zahlreiche Modifizierungen (z. B. statt Fundraising zu betreiben einen Förderverein oder ein Kuratorium einzurichten) oder auch Finanzierungskonzepte, die auf bestimmte Mittelkombinationen ausgerichtet sind (z. B. die Matching Funds). Doch kann darauf in diesem Überblick nicht eingegangen werden; hier muß auf die einschlägige Fachliteratur verwiesen werden (z. B. STRACHWITZ/TOEPLER 1993, HEINRICHS 1997).

5.5 Projektmanagement

Als Projektmanagement bezeichnet man die Planung, Steuerung und Kontrolle von Projekten. Ein Projekt zeichnet sich durch folgende Merkmale aus:
(1) einmaliges (azyklisches) Vorhaben,
(2) definierter Anfangs- und Endzeitpunkt und damit eine zeitliche Befristung,
(3) eindeutige Zielsetzung, Aufgabenstellung und Verantwortung,
(4) begrenzte finanzielle und personelle Ressourcen,
(5) komplex in seinen Inhalten und Aufgaben,
(6) interdisziplinär hinsichtlich der erforderlichen personellen Kompetenz sowie
(7) vergleichsweise innovativ.

Typisches Beispiel für ein Projekt im Kulturbereich ist eine Ausstellung. Es handelt sich um ein einmaliges Vorhaben (1), im Gegensatz etwa zum Englisch-Kurs der Volkshochschule, der kontinuierlich und in gewissen Zyklen angeboten wird. Das Projekt hat klar definierte Anfangs- und Endzeitpunkte (2). Zielsetzung und Aufgabenstellung (z. B. Exponate zu einem bestimmten Thema der Öffentlichkeit zu präsentieren) sind ebenso eindeutig wie beispielsweise die Verantwortung eines bestimmten Kustos (3). Zudem stehen in der Regel nur begrenzte Ressourcen für eine Ausstellung zur Verfügung (4). Dennoch ist die Aufgabe relativ komplex, denn sie umfaßt Arbeiten wie die fachliche Auswahl von Exponaten ebenso wie Versicherungs- und gegebenenfalls Zollfragen (5) und verlangt damit auch interdisziplinäre Kompetenzen (6). Nicht zuletzt sollte jede Ausstellung vergleichsweise innovativ (7) sein, denn sie sollte möglichst auf die jeweiligen Themen und Exponate eingehen und sich damit wohl auch von anderen Ausstellungen unterscheiden.

Dem angesprochenen Englisch-Kurs dagegen mangelt es nicht nur am einmaligen Verlauf, sondern auch an der Komplexität und Interdisziplinarität. Auch ist das Vorhaben insgesamt nicht sonderlich innovativ, auch wenn die einzelne Stunde durchaus recht ideenvoll gestaltet werden kann. Auch fehlen Aspekte wie Komplexität oder Interdisziplinarität.

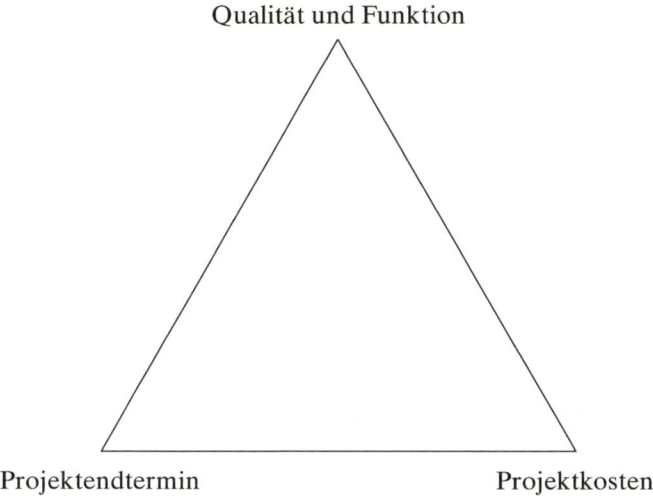

Abb. 17: Das magische Dreieck des Projektmanagements (SCHELLE 1996: 15).

Faßt man die Projektmerkmale zusammen, so zeigt sich, daß das Projektmanagement letztlich auf drei Komponenten ausgerichtet ist, nämlich auf die zeitliche Komponente (im wesentlichen bestimmt durch den Projektendtermin), die finanzielle Komponente (in erster Linie bestimmt durch die begrenzten Projektkosten) sowie die Qualitäts- und Funktionskomponente, d. h., Aspekte sowohl der Innovation als auch der Effizient sind von großer Bedeutung. Man spricht deshalb auch vom „magischen Dreieck des Projektmanagements" (SCHELLE 1996: 15) (Abb. 17). Damit ist leicht einsehbar, weshalb das Projektmanagement gerade auch im Kulturmanagement von so herausragender Bedeutung ist.

5.5.1 Bildung und Strukturierung von Projekten

Projektmanagement ist ein Konzept der Unternehmensführung. Das bedeutet, daß Projektmanagement nicht als Reaktion gedacht ist, sondern als aktives Steuerungsinstrument. Dabei sollte es das Ziel sein, durch Projektmanagement
– Prioritäten deutlich zu machen,
– Synergien und interdisziplinäre Kompetenzen auszunutzen,
– die Motivation der Mitarbeiter zu fördern sowie
– zur gemeinsamen Verantwortung für Erfolg und Qualität der Vorhaben herauszufordern.
Mit Blick auf ein Projektmanagement kommt es darauf an, dieses Führungskonzept nicht nur bei solchen Vorhaben einzusetzen, die sich von vornherein für Pro-

Tab. 12: Aufgaben und Instrumente im Projektmanagement

Fragenkatalog	Maßnahmen im Projektmanagement
Was soll mit dem Projekt erreicht werden?	Zielbestimmung
Welche Hauptaufgaben und Teilaufgaben sind zu unterscheiden?	Arbeitspakete
Wie sind die Aufgaben/Arbeitspakete strukturell einander zuzuordnen?	Projektstrukturplan
Wie werden die Beteiligten in das Projekt eingebunden?	Teambildung; Aufbauorganisation
Welche Aufgaben sind in welcher Reihenfolge und innerhalb welcher Frist zu erledigen?	Ablauforganisation
Welche Kosten entstehen und wie verteilen sie sich auf das Projekt?	Kostenplan
Welche Finanzierungswege stehen zur Verfügung?	Finanzierungsplan
Wie kann der Erfolg des Projekts hinsichtlich Qualität und Effizienz gesichert werden?	Projekt-Controlling

jekte anbieten (z. B. große Kunstausstellungen, Stadtfeste, Buch- und Katalogpublikationen, Bau- und Renovierungsmaßnahmen usw.), sondern auch möglichst intelligent Projekte aus dem laufenden Geschäftsbetrieb „herauszuschneiden", um so die Vorteile des Projektmanagements auch im laufenden Geschäftsbetrieb zu nutzen.

Im Projektmanagement bedient man sich einer Reihe von Techniken und Arbeitshilfen, deren Einsatzmöglichkeiten sich leicht über einen Fragenkatalog feststellen lassen (siehe Tab. 12).

Zielbestimmung

Jedes Projektmanagement beginnt mit der Bestimmung des Projektziels, d. h., es ist sehr klar und unmißverständlich zu beschreiben, welches Ergebnis mit dem Projekt erreicht werden soll. Wie jeder Managementprozeß ist auch das Projektmanagement zielorientiert, doch gilt dies hier in besonderem Maße, weil die begrenzten Ressourcen nur mit Blick auf ein bestimmtes Ziel bzw. Ergebnis bereitgestellt werden. Während also beispielsweise die Vorhaltung von Medien in einer Bibliothek nur sehr allgemein den Zweck verfolgt, Informations- und Bildungspotentiale für die Bevölkerung bereitzuhalten, ist beispielsweise ein Projekt „Deutsch-polnisches Autorentreffen in der Stadtbibliothek" auf das Ziel ausgerichtet, daß es konkret zu einem Treffen deutscher und polnischer Autoren unter der Beteiligung von Öffentlichkeit in der Stadtbibliothek kommt.

Arbeitspakete

Der Zielbestimmung folgt als nächster Schritt die Abgrenzung von Arbeitspaketen. Als solche bezeichnet man klar definierbare Teilaufgaben eines Projekts, für die eine weitere Untergliederung nicht mehr sinnvoll wäre. Aber im Gegensatz etwa zu rein funktionalen Terminen (z. B. Liefertermin für Manuskripte) stellen Arbeitspakete „eine echte Aufgabe im Sinne von Arbeit dar" (MADAUSS 1994: 199). Arbeitspakete können sowohl die Arbeit einer einzelnen Person als auch einer Personengruppe umfassen, doch ist die geforderte Fachkompetenz aller Beteiligten eines Arbeitspakets weitgehend gleichartig. Von wenigen Ausnahmen abgesehen (z. B. das Arbeitspaket Kostenkontrolle) lassen sich alle Arbeitspakete immer einer bestimmten Projektphase zuordnen. Aufgaben, die an Dritte vergeben werden (sogenanntes Outsourcing), sind immer als *ein* Arbeitspaket aufzuführen.

Will man beispielsweise in einem Museum eine Kunstausstellung organisieren (KREMPEL/GRÜSSER 1995), lassen sich etwa folgende Arbeitspakete abgrenzen (aus Gründen der Darstellung wurde die Anzahl der Arbeitspakete auf relativ wenige reduziert; in der Praxis des Projektmanagements muß man in der Regel von weit mehr Arbeitspaketen ausgehen):

– Ausstellungskonzeption und Akquisition der Exponate (Auswahl, Sichtung, Leihverträge)
– Ausstellungsarchitektur/Ausstellungsdesign
– Hin-Transport der Exponate
– Ausstellungsaufbau
– PR-Arbeiten (einschl. Plakat, Einladungen zur Eröffnung)
– administrative Aufgaben (Versicherungen, Kassengeschäfte, Aufsichtspersonal)
– Katalog
– Ausstellungseröffnung
– Besucherbetreuung (Führungen, Museumspädagogik usw.)
– Ausstellungsabbau
– Rück-Transport der Exponate
– Kosten- und Finanzierungsplanung/-kontrolle

Je nach Größe der Kunstausstellung wird man evtl. bestimmte Arbeitspakte zusammenfassen (z. B. Konzeption und Ausstellungseröffnung) oder auch weiter differenzieren (z. B. zwischen den mehr gestalterischen Aufgaben der PR-Arbeit und der reinen Pressearbeit unterscheiden). In der Auflistung wird zudem davon ausgegangen, daß die Herstellung des Katalogs (vom Text bis zum Druck und zum Vertrieb) im Rahmen des Outsourcings an eine Agentur oder an einen freien Mitarbeiter vergeben wird. Im Rahmen des Projektmanagements erscheint der Katalog deshalb nur als ein Arbeitspaket. Würde er im eigenen Hause erstellt werden, müßte man unterscheiden zwischen dem Schreiben der Texte, der Auswahl der Abbildungen, dem Layout, Satz, Druck usw.

Entscheidend für die Abgrenzung der Arbeitspakete ist zunächst einmal die fachliche Homogenität, weniger der zeitliche Aspekt. Dennoch empfiehlt es sich mit Blick auf eine Ablaufplanung, die sich möglichst aus den Arbeitspaketen ableiten sollte, Vorgänge dann zu differenzieren, wenn sie in deutlich getrennten zeitlichen Phasen verlaufen (z. B. die Hin- und Rücktransporte der Exponate).

Zusammenfassend kann man festhalten, daß Arbeitspakete erstellt werden, um
- einen Überblick über alle zu erledigenden Aufgaben zu erhalten; dabei geht es allerdings – anders als bei einer Checkliste – nicht um einzelne Arbeitsschritte, sondern um Pakete von Arbeitsschritten, die in einem engen sachlichen und fachlichen Zusammenhang stehen;
- eine Grundlage für den Personalbedarf – und zwar in qualitativer und quantitativer Hinsicht – zu erhalten;
- die Kostenplanung des Projekts durch die Differenzierung von Kostenstellen (wo entstehen welche Kosten?) zu erleichtern;
- durch die differenzierte Schätzung des Zeitbedarfs einzelner Arbeitspakte zu einer zuverlässigen Ablaufplanung zu gelangen.

Projektstrukturplan
Nach der Differenzierung eines Arbeitsprozesses in Arbeitspakete folgt zwangsläufig im nächsten Schritt die Koordinierung der gefundenen Arbeitspakte. Diese Koordination wird im Projektmanagement vom Projektstrukturplan geleistet.

Der Projektstrukturplan faßt die Arbeitspakete zu Gruppen von Teilaufgaben und Hauptaufgaben zusammen und legt damit fest, „was in einem Projekt zu tun ist" (SCHELLE 1996: 64). Dabei stehen weder hierarchische Strukturen noch zeitliche Abfolgen im Mittelpunkt, sondern allein die sich aus den einzelnen Aufgaben und Arbeitsprozessen ergebenden sinnvollen Zusammenhänge. Der Projektstrukturplan zeichnet demnach Zusammenhänge auf und macht damit auch sachliche (nicht zeitliche) Abhängigkeiten deutlich. Am Beispiel des eben in Arbeitspakete gegliederten Projekts Kunstausstellung wird dies vielleicht am ehesten deutlich. Ein solcher Projektstrukturplan könte etwa so aussehen, wie in Abb. 18 wiedergegeben (HEINRICHS 1998a: 12).

Unterhalb der Trennlinie findet man die bereits bekannten Arbeitspakete wieder, oberhalb der Trennlinie läßt sich die strukturelle Zuordnung von Arbeitspaketen zu Teilaufgaben ablesen. (Nochmals sei betont, daß aus Gründen der Darstellung die Anzahl der Arbeitspakete beschränkt wurde; in der Praxis des Projektmanagements muß man eher von mehr Arbeitspaketen ausgehen.)

Der Vorteil eines solchen Projektstrukturplans zeigt sich fort, wenn man die hier gewählte Lösung diskutiert und mit Alternativen vergleicht. So könte man beispielsweise sowohl die Ausstellungseröffnung als auch die Besucherbetreuung als

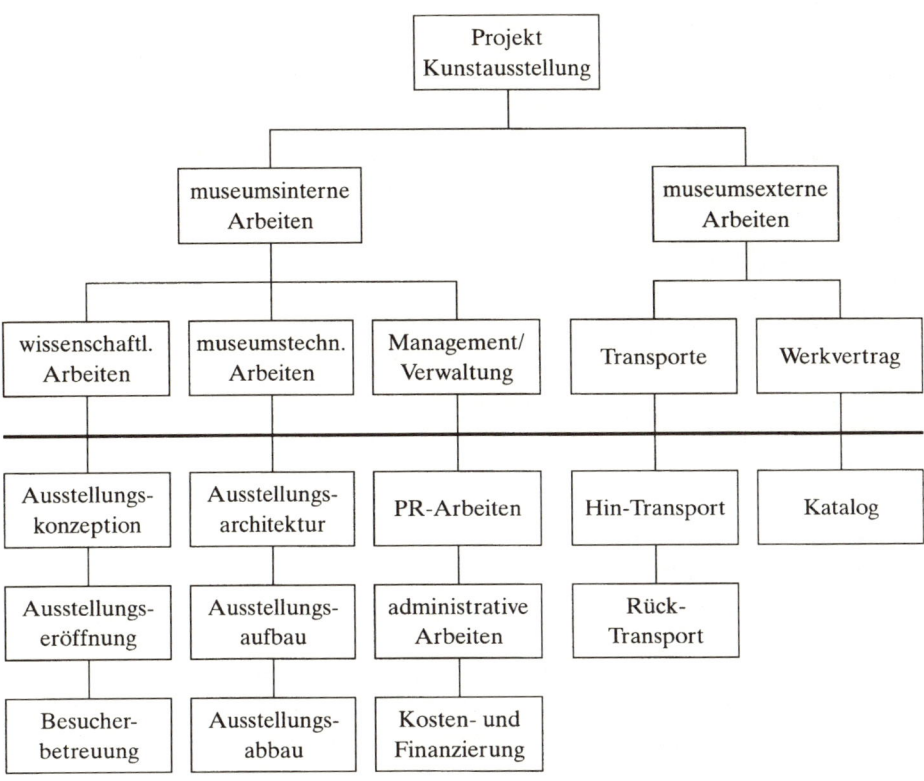

Abb. 18: Projektstrukturplan einer Kunstausstellung.

Aufgaben des Managements betrachten, weil sie dem Museumsmarketing sehr nahe kommen. Andererseits wäre die Erstellung des Katalogs sicherlich eine wissenschaftliche Leistung, sofern sie nicht – wie hier vorgeschlagen – per Werkvertrag an eine externe Person oder Agentur übertragen wird. Auch bestünde durchaus die Möglichkeit, die Ausstellungsarchitektur nicht hauseigenen Kräften zu übertragen, sondern ebenfalls per Werkvertrag an ein externes Büro zu vergeben. Dabei ist – das sei nochmals betont – weniger die Frage der vorhandenen Ressourcen als vielmehr die Frage des Konzeptes entscheidend. Wird die Besucherbetreuung eher als museumspädagogische Aufgabe gesehen, ist sie nahe bei den „Inhalten", d. h. bei den wissenschaftlichen Mitarbeitern anzusiedeln; versteht man sie eher als Marketingaufgabe, ist es eine Leistung des Managements.

In einer solchen Diskussion erweist sich der Projektstrukturplan sehr schnell als ein geradezu ideales Abbild inhaltlicher und managerialer Ziele und Zusammenhänge. Wenn ein solches Bild von den Zielen und Abläufen des Projekts in aller Klarheit vorliegt, ist die größte Hürde für ein Gelingen des Projekts genommen. Denn wie im Management überhaupt, scheitern auch hier die meisten Projekte an unklaren und sich widersprechenden Vorstellungen während der Planungs- und Strukturierungsphase. Doch leider lassen sich Fehler, die hier gemacht wurden, später nur schwer und meist nur begrenzt wieder korrigieren.

Der Projektstrukturplan in seiner vollständigen Form dient aber nicht nur der Strukturierung, sondern bildet auch die Grundlage für die Zusammenstellung des Projektteams, für die Kosten- und Finanzierungsplanung sowie für die Ablaufplanung.

5.5.2 Projektsteuerung

Nach der Abgrenzung der Arbeitspakete und deren Zusammenführung im Projektstrukturplan ist ein den erforderlichen Kompetenzen entsprechendes Projektteam zusammenzustellen sowie einen Projektleiter zu bestellen.

Projektteam und Projektleiter
„Ein Projektteam muß für die Aufgabe qualifiziert sein. Es sollte sich aus Mitgliedern zusammensetzen, die über umfangreiches, aktuelles und anwendbares Fachwissen verfügen. Alle müssen Teamfähigkeit und eine hohe Einsatzbereitschaft mitbringen" (NEUMANN/BREDEMEIER 1996: 22). Was man sich unter Teamfähigkeit vorzustellen hat, beschreibt Rupert LAY (1989/1991: 14):
„Eine Person ist genau dann teamfähig, wenn sie nicht gegen Menschen, sondern zusammen mit ihnen gegen ein Problem kämpft.
Eine Gruppe ist genau dann teamfähig, wenn sie gemeinsam eine optimale Problemlösung anstrebt und kein Mitglied gegen ein anderes kämpft.
Es kommt darauf an zu gewinnen, nicht zu siegen!"

In der Praxis werden die Projektmitarbeiter entweder aus dem laufenden Betrieb ausgegliedert und vorübergehend dem Projekt zugeordnet oder aber über einen Werkvertrag zusätzlich eingestellt. Sofern es sich um bereits fest angestellte Mitarbeiter handelt, wird man zunächst auf solche zurückgreifen, die sich freiwillig dem Projektteam anschließen möchten. Deren Motivation und Interesse dürften entsprechend groß sein. Weit schwieriger ist die Ausgangssituation, wenn der ausgewählte Mitarbeiter nicht will oder wenn sein Vorgesetzter ihn nicht für das Projekt freistellt. In beiden Fällen ist sorgfältige Überzeugungsarbeit zu leisten.

Recht häufig werden für ein Projekt auch zusätzliche Mitarbeiter eingestellt, die vielleicht über eine spezifische Kompetenz verfügen, die im Betrieb nicht ausreichend vertreten ist oder die bei einem ähnlichen Projekt bereits Erfahrungen sammeln konnten. Hier ist natürlich die Frage der Teamfähigkeit mit besonderer Sorgfalt zu prüfen. Sie stellt sich dann weniger, wenn es sich um erfahrene Projektmitarbeiter handelt, die in der Art von festen freien Mitarbeitern per Werkvertrag in wechselnden Projekten tätig werden. Probleme gibt es eher bei solchen freien Mitarbeitern, die eine Projekttätigkeit anstreben, weil sie bisher noch keine feste Anstellung gefunden haben. Sie sind meist wesentlich unerfahrener und empfinden das Projektende fast wie eine Kündigung, mit allen damit verbundenen sozialen Konflikten. Dennoch sollte man gerade in der heutigen Arbeitsmarktsituation auch solchen, meist jungen Mitarbeitern über eine Projektmitarbeit die Chance bieten, im Kulturbetrieb praktische Erfahrungen zu sammeln.

Hat man ein kompetentes und motiviertes Projektteam gefunden, stellt sich noch die Frage der Projektleitung. Dem Projektleiter fallen folgende Aufgaben zu (nach SCHELLE 1996: 41 f.):

– Klärung der Projektzielsetzung und Mitwirkung bei der Erarbeitung der Projektdefinition
– Erstellen des Projektstrukturplans und Beauftragung der zu beteiligenden Stellen mit den sie betreffenden Teilaufgaben
– Ausgestaltung der erforderlichen projektbezogenen Aufbau- und Ablauforganisation
– Planung und Verfolgung der Projekttermine
– Einberufung und Leitung der Sitzungen des Projektteams
– Verfolgung des Projektfortschritts
– Frühzeitiges Erkennen von auftretenden Planabweichungen im Projekt und Einleitung geeigneter Gegenmaßnahmen
– Prüfung, Abstimmung und gegebenenfalls Einarbeitung von Änderungen in Projektpläne
– Sicherstellung des projektbezogenen Informationsflusses
– Freigabe der Mittel im Rahmen des gesamten Projektbudgets
– Planung und Verfolgung der Projektkostenentwicklung
– Vertretung des Projekts nach innen und außen

Schon an dieser Liste zeigt sich, daß der Qualität des Projektleiters hohe Priorität zukommt. Der Projektleiter muß sowohl eine überzeugende fachliche Kompetenz vorweisen können als auch eine erfahrene Führungspersönlichkeit sein. Man sollte deshalb tunlichst nicht auf solche Projektleiter zurückgreifen, die nicht zumindest als Projektmitarbeiter Erfahrungen im Projektmanagement gesammelt haben.

Ablaufplanung

Projekte sind wesentlich durch eine zeitliche Komponente bestimmt, d. h., sie sind immer ausgerichtet auf einen Projektendtermin. Nicht selten steht am Ende des Projekts ein Ereignis wie eine Ausstellungseröffnung, eine Premiere oder die Inbetriebnahme eines Gebäudes, das keine terminliche Verschiebung verträgt. Folglich kommt der Zeitplanung, die man im Management allgemein als Ablaufplanung bezeichnet, eine besondere Bedeutung zu.

Für ein Projektmanagement im Kulturbereich kommen im wesentlichen drei Ablauftechniken in Betracht: das Balkendiagramm, die Meilensteinplanung oder die

Netzplantechnik. Das Balkendiagramm ist die einfachste Technik; sie beschränkt sich allein auf die Darstellung von Arbeitspaketen in zeitlichen Blöcken im Rahmen des Projektverlaufs. Die Meilensteinplanung baut auf dem Balkendiagramm auf, hält aber auch die für den Verlauf des Projekts entscheidenden Termine gesondert fest (sogenannte Meilensteine). Die Netzplantechnik ist die bei weitem aufwendigste Technik, die deshalb erst bei mindestens 30 Arbeitspaketen zum Einsatz kommen sollte. Sie bietet alle Informationen, die auch Balkendiagramm und Meilensteinplanung leisten, zeigt darüber hinaus aber auch die zeitlichen Abhängigkeiten zwischen den einzelnen Arbeitspaketen (was muß vorher erledigt sein, um ein bestimmtes Arbeitspaket beginnen zu können) und macht den kritischen Weg erkennbar. Als kritischen Weg bezeichnet man die Abfolge solcher Vorgänge, deren Zeitvorgabe nicht überschritten werden darf, ohne daß dies zwangsläufig zu einer Verschiebung des Endtermins führt (vgl. auch Abschnitt 5.1.3).

5.5.3 Kosten- und Finanzierungsplanung

Auch die Kostenplanung im Projektmanagement geht vom Projektstrukturplan mit seinen Arbeitspaketen aus. Um eine möglichst realistische Kostenplanung erstellen zu können, werden die zu erwartenden Kosten für jedes Arbeitspaket gesondert ermittelt. Soweit sich beispielsweise Personalkosten aus bestehenden Verträgen oder Sachkosten aus Leistungsangeboten ergeben, werden sie als kalkulierte Größen in den Plan übernommen. Soweit solche Daten nicht zur Verfügung stehen, behilft man sich mit einer gewissenhaften Schätzung, bei der man auf Erfahrungswerte zurückgreift.

Orientiert man sich bei der Kostenplanung streng an den Arbeitspaketen, ist am ehesten die Gewähr gegeben, daß die Auflistung vollständig ist; dann kann die eigentliche Kostenplanung kaum noch mißlingen. Da die tatsächlichen Kostenpositionen natürlich sehr stark vom jeweiligen Projekt abhängen, ist es kaum möglich, eine für alle Einzelfälle geltende Vorgabe zu erstellen. Dennoch sollten für jedes Arbeitspaket zumindest folgende Kostenarten abgefragt werden:

Personalkosten
– für feste Projektmitarbeiter (einschl. Personalnebenkosten)
– für andere Mitarbeiter (z. B. aus Werkverträgen)
– für künstlerische Leistungen (Honorare, Künstlersozialabgabe usw.)
Sonstige Kosten
– Raumkosten (Mieten, Wasser- und Energiekosten usw.)
– Materialkosten (Verbrauchsmaterial, Gerätemiete, Kfz-Kosten usw.)
– Bürokosten (Büromaterial, Telefon, Porto, Kopier- und Druckkosten usw.)
– externe Leistungen, Verrechnungen

– Reisekosten (für Mitarbeiter und Gäste)
– PR- und Werbungskosten (Grafik, Satz, Druck, PR-Arbeit usw.)
– Beiträge und urheberrechtlich bedingte Abgaben (Tantiemen, Lizenzen, GEMA usw.)
– Abschreibungen für projektbedingte Investitionen
– sonstige Sachausgaben (Versicherungen, Bewirtung, Rechts- und Beratungskosten usw.)

In dieser oder ähnlicher Form sind die Kosten für jedes Arbeitspaket einzeln zu erfassen bzw. sorgfältig zu schätzen. Anschließend werden die Kostenblätter der verschiedenen Arbeitspakete addiert und evtl. noch anfallende Gemeinkostenanteile (z. B. Personal- und Sachkosten der Projektleitung), die sich nicht auf einzelne Arbeitspakete beziehen, hinzugerechnet. Damit müßte dann eine sehr realistische Kostenplanung für das gesamte Projekt vorliegen.

Nach der Kostenplanung folgt die Finanzierungsplanung. In aller Regel lassen sich allerdings die Erträge nicht so genau einzelnen Arbeitspaketen zuordnen, weil beispielsweise Zuwendungen der öffentlichen Hand oder ein privatwirtschaftliches Sponsoring natürlich nicht bezogen sind auf ein bestimmtes Arbeitspaket, sondern auf das gesamte Projekt. Es lohnt sich deshalb meist nicht, für jedes Arbeitspaket eine einzelne Ertragsplanung vorzunehmen. Doch für das Gesamtprojekt sollte eine Planung und Kalkulation der Erträge analog zur Kostenplanung erstellt werden.

Auch wenn grundsätzlich alle Erträge für die Finanzierung von Projekten in Frage kommen, sind doch einzelne Finanzierungsmittel eher projektorientiert, andere wiederum eher institutionsorientiert, dienen also der Finanzierung einer Einrichtung, und zwar unabhängig von konkreten Angeboten. So ist beispielsweise ein Fundraising immer langfristig angelegt und ausgerichtet auf die Kundenbindung einer Kultureinrichtung, weniger auf das temporäre Projekt. Andererseits ist Sponsoring immer mit den Kommunikationszielen des Sponsors verknüpft, und hierfür eignen sich zeitlich begrenzte Aktionen im Rahmen von Projekten weit besser als die Dauerförderung von Institutionen. Demnach kann man – von Ausnahmen abgesehen – die wichtigsten Finanzierungsmittel wie in Tab. 13 zuordnen (HEINRICHS 1997: 215).

Wie die Gegenüberstellung zeigt, sind vor allem solche Finanzierungsmittel für eine Projektfinanzierung besonders geeignet, die einen vorübergehenden Charakter haben und aus denen sich kein Einstieg in eine institutionelle Förderung ergeben kann. Bei vielen Drittmitteln der öffentlichen Hand (z. B. von der EU, vom Bund oder von den Ländern) ist eine Mitfinanzierung des Kulturbetriebs sogar ausdrücklich ausgeschlossen; die Finanzierung darf sich nur auf ein abgegrenztes Projekt beziehen. Folglich empfiehlt es sich durchaus, eine Projektfinanzierung nicht konzeptionslos anzugehen, sondern gezielt nach solchen Finanzierungsmitteln Ausschau zu halten, die für die Projektfinanzierung in besonderem Maße geeignet sind.

Tab. 13: Institutionelle Finanzierung und Projektfinanzierung

Institutionelle Finanzierung	Projektfinanzierung
Umsatzerlöse aus ständigen Angeboten aus Anzeigen/Werbeeinnahmen aus Merchandising usw.	**Umsatzerlöse** aus Projektangeboten aus Anzeigen/Werbeeinnahmen aus Merchandising usw.
Einnahmen aus betriebsnahen Strukturen aus Vermietung und Verpachtung aus Kapitalerträgen Mitgliederbeiträge aus Trägervereinen Mitgliederbeiträge und Spenden aus Fördervereinen Erträge aus betriebsnahen Stiftungen	
Drittmittel von privater Seite Fundraising	**Drittmittel von privater Seite** Zuschüsse aus betriebsfernen Stiftungen (Förderstiftungen) Sponsoring
Drittmittel der öffentlichen Hand institutionelle Zuwendungen	**Drittmittel der öffentlichen Hand** Projektförderung
Partnerschaftliche Finanzierung Matching Funds	**Partnerschaftliche Finanzierung** Public-Private-Partnership
Fehlbedarfsfinanzierung aus allgemeinen Deckungsmitteln	**Fehlbedarfsfinanzierung aus allgemeinen Deckungsmitteln**

5.5.4 Phasen im Projektmanagement

Während bisher das Projektmanagement eher systematisch und gleichsam vom „inneren" logischen Zusammenhang her dargestellt wurde, ist die Wahrnehmung in der Praxis doch eher ablauforientiert. Demnach wird man zwischen Konzept-, Definitions-, Realisierungs- und Nachbereitungsphase unterscheiden. Diese vier Phasen fassen noch einmal die im Kontext von Projektmanagement anfallenden Aufgaben aus der Sicht eines Projektleiters zusammen:

Phase A: Konzeptphase
– Ideenentwurf/Zielsetzung
– Alternativensuche/Prognose/Bewertung
– grobe Kosten- und Finanzierungsschätzung
– Vorprüfung der Personal- und Sachressourcen, Organisations- und Zeitplanung

- Markteinschätzung
- Machbarkeitsstudie
- Abschlußbericht zur Konzeptphase (im öffentlichen Bereich evtl. politische Zustimmung einholen bzw. Anmeldung von Haushaltsmitteln)

Phase B: Definitionsphase
- Realisierungsplanung
- Definition von Arbeitspaketen/Projektstrukturplan
- (detaillierte) Terminplanung/Ablaufplanung
- Aufbauorganisation
- Auswahl und Einweisung des Projektteams
- Erkundung des Beschaffungsmarktes
- Definition des Absatzmarktes (Marktanalyse/Zielgruppen)
- Planung der Marketinginstrumente
- Kostenberechnung/Kostenplan
- Finanzierungsmittel/Finanzierungsplan

Phase C: Realisierungsphase
- Ausschreibung und Vergabe von Aufträgen
- Ausführung der geplanten Arbeitspakete
- Terminüberwachung
- Kostenüberwachung
- Sicherung der Liquidität
- Personalführung
- Information/Kommunikation
- Problem- und Konfliktlösung
- Fertigstellung/Ablieferung
- Einsatz von Marketinginstrumenten, einschl. PR-Maßnahmen

Phase D: Nachbereitungsphase
- Abbau/Auflösung/Rückführung
- Dokumentation (z. B. Pressemappe)
- Auswertung
- Abrechnung/Rechnungslegung/Verwendungsnachweis
- Ergebniskontrolle (wurde das Ziel erreicht?)
- Prämissenkontrolle (wurde von den richtigen Voraussetzungen ausgegangen?)
- Verfahrens-/Verhaltenskontrolle (stimmten Management, Projektleiter und Projektteam?)
- Abschlußbericht

Aus der Phaseneinteilung lassen sich noch einmal die hohen Anforderungen an die Qualität der Projektleitung ablesen. Unabhängig von der geforderten Sachkompetenz und Teamfähigkeit erfordert die Konzeptphase zusätzlich eine Kreativitäts- und Innovationskompetenz. Weit nüchterner geht es dagegen in der Phase B zu, wo vor allem eine hohe Planungskompetenz gefordert ist. Die Realisierungsphase ist in der Regel die Phase der Konflikte, d. h., hier muß sich die Führungs- und Konfliktlösungskompetenz der Projektleitung zeigen. Und nicht zuletzt bedarf es in der Nachbereitungsphase einer sicheren administrativen und allgemein-managerialen Kompetenz.

Zusammenfassend hier noch einmal die wichtigsten Vorteile, die sich aus einem professionellen Projektmanagement für das Kulturmanagement ergeben:
– die Kompetenzen von Mitarbeitern werden zielgerichtet eingesetzt, um dadurch auch eine höhere Motivation der Mitarbeiter zu erreichen;
– hierarchische Führungsstrukturen werden immer wieder aufgebrochen, um auf diese Weise Teamgeist und Verantwortungsbereitschaft der Mitarbeiter zu fördern;
– Fachkräfte von außen werden gezielt für ein Vorhaben in den Mitarbeiterstab eingebunden;
– die zeitliche Komponente wird durch Projektmanagement besser beherrscht;
– die Kosten eines überschaubaren Vorhabens sind leichter kalkulierbar und steuerbar als in einer Aneinanderreihung fortlaufender Prozesse;
– für ein Projekt lassen sich „maßgeschneiderte" Finanzierungsinstrumente finden, die für eine institutionelle Finanzierung kaum zur Verfügung stünden;
– Projektmanagement führt zu einer besseren Qualität von Leistungen.

Die Phasenauflistung und die aufgeführten Vorteile zeigen noch einmal, daß das Projektmanagement im Kulturbereich zwar ein hochkomplexes System ist, das aber gerade in einer Zeit, in der eindringlich nach Effizienz- und Qualitätssicherung gefragt wird, interessante Möglichkeiten der managerialen Steuerung und Führung bietet. Allerdings kommt es nicht ohne sorgfältig erworbene Managementkenntnisse und möglichst auch eine gewisse Erfahrung aus.

Anmerkungen zu Kapitel 5

[1] Einen relativ leicht verständlichen Überblick über die Methoden und Techniken der Marktforschung – von der Bestimmung des Marktanteils über die Konkurrentenanalyse bis zu Befragungen in der Primärforschung – bietet KASTIN 1995.

[2] Bei einer Repräsentativbefragung unter 2000 Personen ab 14 Jahren in den alten Bundesländern nach ihrem gestrigen Fernsehprogramm nannten 1991 36 % eine Unterhaltungssendung oder Serie; 1994 waren es 42 %. Für das politische Magazin waren es im ersten Erhebungszeitraum 19 % und drei Jahre später nur noch 9 % (OPASCHOWSKI 1995: 172)

[3] Die empirische Sozialforschung stützt sich auf eine Reihe meist älterer Standardwerke wie vor allem KÖNIG (1967/1973) und FRIEDRICH (1973/1990), die zwar in zahlreichen Neuauflagen erschienen sind, aber nicht aktualisiert wurden. Ebenfalls als Standardwerke, aber mit ständiger Aktualisierung gelten ATTESLANDER (1975/1995), KROMREY (1980/1998) sowie SCHNELL/HILL/ESSER (1988/1995). Von den zahlreichen neueren Werken ist DIEKMANN (1995) zu empfehlen; das sehr ausführliche Werk eignet sich auch zur Vorbereitung

und Durchführung sehr komplexer Befragungen. Für den Bereich des Kulturmanagements gibt es keine methodische Monographie, aber eine empfehlenswerte Arbeitshilfe des DEUT-SCHEN STÄDTETAGES (1994), die auch eine Reihe von Musterfragebögen enthält.

[4] Zum Kultursponsoring gibt es inzwischen eine beachtliche Anzahl von Publikationen. Die für die Praxis vielleicht interessantesten sind GRÜSSER (1992), BECKER (1994) (Kunstför-derung), BRUHN/MEHLINGER (1994/1995) (vor allem für vertragsrechtliche Aspekte), KOHLENBERG (1994) (Musikförderung), WOLF-CSANÁDY (1994) (Kunstförderung), BRAUN/GALLUS/SCHEYTT (1996) (aus kommunaler Sicht), FEHRING (1998) sowie – als Loseblattsammlung – BROCKES (1995 ff.).

[5] Auch zum Fundraising sind in jüngster Zeit zahlreiche Publikationen erschienen; daraus auch hier eine kleine Auswahl: SCHNEIDER (1996), CROLE (1997), LISSEK-SCHÜTZ (1997), LUTHE (1997), BURENS (1998), HAIBACH (1998), SCHEIBE-JÄGER (1998).

6. Management *für* die Kultur

Von der Frankfurter Allgemeinen Zeitung zum Beruf des Kulturmanagers befragt, antwortete der Leiter der Salzburger Festspiele, Gérard Mortier:

„Gegen die Berufsbezeichnung Kulturmanager habe ich nichts einzuwenden, wenn man den Begriff so versteht, daß der Kulturmanager nicht *die* Kultur managt, sondern *für* die Kultur managt" (FAZ-Magazin vom 2. 8. 91).

In der Tat kommt hier der entscheidende Unterschied zwischen einer künstlerischen Tätigkeit und dem Kulturmanagement zum Ausdruck. Der Manager – ob in einem Industriebetrieb oder im Kulturbetrieb – nimmt nicht selbst an der Produktion teil, sondern übernimmt nur weitgehend neutrale Steuerungshandlungen, die die Produktion ermöglichen. Er ist nicht Künstler, sondern Planer, Organisator, Vermittler, Verkäufer, Controller, Finanzmanager, Koordinator und vieles mehr. In einer dienenden Funktion ermöglicht er Kultur, ohne sie selbst zu schaffen. Daß er dabei auch in Berührung kommt mit interpretierenden Funktionen und häufig auch Anteil nimmt an der Entscheidung über das Was (und nicht nur über das Wie), steht dabei außer Frage. Dennoch bleibt die entscheidende Feststellung, daß eine Managementfunktion – auch wenn ein Künstler sie wahrnimmt – deutlich von einer künstlerischen Funktion zu unterscheiden ist.

Die Trennung zwischen der Steuerungsfunktion des Managements auf der einen Seite und den kulturellen Inhalten auf der anderen Seite darf aber nicht darüber hinwegtäuschen, daß es für das Kulturmanagement besonderer, kulturspezifischer Kenntnisse bedarf. Die manageriale Seite versteht sich wie das Werkzeug eines Handwerkers. Allein das Werkzeug des Schuhmachers macht noch keine Schuhe; man muß auch damit umgehen können, und dies vor allem auch mit Blick auf das spezifische Material des jeweiligen Handwerks. Und sowenig der Schuhmacher mit dem Werkzeug des Metzgers zurechtkommen dürfte, sowenig läßt sich das industrielle Management einer beliebigen Branche auf ein kulturspezifisches Management übertragen.

Um noch einen Augenblick beim Bild des Handwerkers zu bleiben: neben den technisch-handwerklichen Fähigkeiten braucht der Handwerker auch die Befähigung, aus vorgegebenem Rohmaterial das zu schaffen, was er sich vorstellt. Das heißt, er muß einen Bezug haben zu dem, was das Produkt seines handwerklichen Könnens sein soll. In ähnlicher Weise gilt dies auch für den Kulturmanager. Auch der Kulturmanager muß eine Vorstellung von dem haben, was als Ergebnis seines Steuerungsprozesses in Form einer Ausstellung, einer Theateraufführung, eines Konzerts oder eines Buchs herauskommt. Und er muß eine Vorstellung davon haben *wollen*!

Ein Kulturmanagement, das sich am Ende nur auf die Einhaltung von Terminen, eine fehlerfreie Kostenrechnung oder eine gelungene Finanzierung beschränkte, würde dem Anspruch an ein Management, das Kultur ermöglichen will, nicht gerecht werden. Wer Kulturmanagement betreibt, sollte der Kunst und der Kultur dienen wollen, und dies geschieht am glaubwürdigsten, indem man sich auch mit den Inhalten von Kunst und Kultur auseinandersetzt. Wohlgemerkt nicht als Künstler, aber doch auf einer rezipierenden und reflektierenden Ebene.

Im Konkreten heißt dies, daß es zum Kulturmanagement immer einer Reihe von Bezugsdisziplinen bedarf, also von Kenntnissen, mit deren Hilfe auf die Inhalte Bezug genommen werden kann. Dies sind zunächst einmal die vor allem historisch ausgerichteten Wissenschaften von den Künsten, also die Kunst-, Musik-, Literatur- und Theaterwissenschaft (um einmal nur die wichtigsten zu nennen). Darüber hinaus sollten aber auch Bezugsdisziplinen in den Blick genommen werden, die gleichsam vor den einzelnen Sparten agieren. Es sind dies die Kulturanthropologie, die Kultursoziologie und die Kulturwissenschaft.

Die Kulturanthropologie erforscht die dem Menschen innewohnenden kulturellen Möglichkeiten (MARSCHALL 1990). Dazu gehören beispielsweise die sogenannten Kulturtechniken wie die Sprache und nonverbale Ausdrucksformen (Bild, Plastik, Tanz usw.), des weiteren Riten und kultische Handlungen, wie sie auch die Ethnologie erforscht (die im übrigen in den angelsächsischen Ländern ‚Cultural anthropology‘ heißt), sowie die Wechselwirkungen zwischen Kultur und Umwelt. Die Kultursoziologie dagegen sieht weniger die dem Menschen als Spezies innewohnenden Möglichkeiten als vielmehr die Konkretisierung kultureller Erscheinungsformen in einem gesellschaftlichen Kontext. Kultur „strukturiert ein Terrain symbolischer Kämpfe um Anerkennung und Durchsetzung von Lebensformen und Ausdrucksinteressen, um Selbstthematisierungen und Stilisierungen" (BERKING/FABER 1989: 7). In diesem Verständnis ist Kultur immer nur in der unmittelbaren Wirklichkeit einer Gesellschaft denkbar; ohne sich den ständigen Bezug zwischen Kultur und Gesellschaft immer wieder zu vergegenwärtigen, sind viele Erscheinungsformen von Kultur nicht oder nur schwer verständlich (TENBRUCK 1989). Zuletzt die Kulturwissenschaft: Damit meint man entweder einen Oberbegriff für alle Disziplinen (einschließlich Kulturanthropologie und Kultursoziologie), die sich wissenschaftlich mit Kultur beschäftigen (und dann spricht man richtigerweise von den Kulturwissenschaften) oder eine Querschnittsdisziplin, die Gemeinsamkeiten und Zusammenhänge zwischen den Künsten, anderen kulturellen Erscheinungsformen sowie gesellschaftlichen, politischen und ökonomischen Aspekten aufzuzeigen sucht. In der Praxis zeigt sich eine solchermaßen verstandene Kulturwissenschaft häufig als Kulturtheorie (Teil I in LIPP 1994, HANSEN 1995) bzw. Kulturphilosophie (GEYER 1994) und als Kulturgeschichte (GOMBRICH 1991).

Ohne nun auf Fragen der Abgrenzung weiter einzugehen (sie erweisen sich ohnehin recht bald als wenig fruchtbar), sei doch nochmals betont, wie komplex jenes

Fragenspektrum ist, das der Kultur, wie sie sich in der Praxis eines Kulturmanagements zeigt, zugrunde liegt. Dabei muß freilich auch betont werden, daß es keinesfalls erforderlich ist, ausgewiesene Fachkompetenz in auch nur einem der hier angesprochenen Gebiete vorweisen zu müssen, um erfolgreich Kulturmanagement betreiben zu können. Aber man sollte als Kulturmanager vielleicht doch eine leichte Ahnung – oder wenn man so will: einen Respekt – vor dem diffizilen Gerüst haben, das unsere Kultur und unseren Kulturbetrieb letztlich stützt. Ohne einen solchen Respekt (und Respekt ist immer eine Folge von Wissen) würde Kulturmanagement zu einem funktionalen und sehr vordergründigen Agieren werden, das dem Anspruch und den Zwecken von Kunst und Kultur nicht gerecht werden könnte.

Literatur

Abele, H. und H. Bauer: Die Bundestheater in der österreichischen Wirtschaft, Wien 1984.

Adams, J. S.: Toward an understanding of inequity. In: JASP 1963, S. 422–436.

Agthe, K.: Controller. In: Grochla, E. (Hrsg.): Handwörterbuch der Organisation, Stuttgart 1969, Spalten 351–362.

Alderfer, C. P.: Existence, Relatedness, and Growth, New York 1972.

Altrogge, G.: Netzplantechnik, München 1996.

Argyris, Ch.: Personality and organization, New York 1957.

Atteslander, P.: Methoden der empirischen Sozialforschung, Berlin und New York 1975, 8. Aufl. 1995.

Austen, St. und H. Cornel: Vorwort Kultur-Markt Europa. In: Internationale Culturelle Stichting/Kulturpoltische Gesellschaft 1989: 10–14.

Baer, U. und M. Fuchs: Arbeitsformen der Soziokultur. In: Sievers/Wagner 1992: 147–169.

Baeumler, A.: Ästhetik, In: Handbuch der Philosophie, Abteilung I, Beitrag C, München und Berlin 1934. Nachdruck: Darmstadt 1972.

Bamberg, G. und A. G. Coenenberg: Betriebswirtschaftliche Entscheidungslehre. WiSo Kurzlehrbücher. Betriebswirtschaftslehre, München 9. Aufl. 1996.

Barthes, R.: Sur Racine, Paris 1963.

Bea, F. X. und J. Haas: Strategisches Management, Stuttgart 2. Aufl. 1997.

Becker, B. M.: Unternehmen zwischen Sponsoring und Mäzenatentum. Motive, Chancen und Grenzen unternehmerischen Kunstengagements, Frankfurt am Main und New York 1994.

Berking, H. und R. Faber (Hrsg.): Kultursoziologie – Symptom des Zeitgeistes?, Würzburg 1989.

Berthel, J.: Betriebswirtschaftliche Informationssysteme, Stuttgart 1975.

Bestmann, U.: Kompendium der Betriebswirtschaftslehre, München, Wien 6. Aufl. 1992.

Biedenkopf, K. H.: Europa: Kultur und Politik. In: Internationale Culturelle Stichting/Kulturpolitische Gesellschaft 1989: 15–24.

Bischof, P. D.: Die wirtschaftliche Bedeutung der Züricher Kulturinstitute, Zürich (Bankhaus Bär) 1984.

Bischoff, F.: Kunstrecht von A–Z, Beck-Rechtsberater im dtv, München 1990.

Bleicher, K.: Das Konzept integriertes Management, Frankfurt am Main und New York 2. Aufl. 1992.

Bonner Archiv für Kulturpolitik, Kulturstatistik 3, hrsg. vom Zentrum für Kulturforschung, Bonn 1991.

Börstinghaus, W.: Es gibt kein Patentrezept: Ein Überblick über Ansätze und Kooperationsformen privater Kulturförderung auf der kommunalen Ebene. In: Ebert, R., F. Gnad und K. R. Kunzmann (Hrsg.): Partnerschaften für die Kultur: Chancen und Gefahren für die Stadt. Neue Formen der Zusammenarbeit zwischen Staat und Wirtschaft bei kulturellen Projekten, Dortmund 1992: 50–69.

Braun, G. E. und A. Töpfer (Hrsg.): Marketing im kommunalen Bereich. Der Bürger als „Kunde" seiner Gemeinde, Stuttgart 1989.

Braun, G. E.; Gallus, Th. und O. Scheytt: Kultur-Sponsoring für die kommunale Kulturarbeit. Grundlagen, Praxisbeispiele, Handlungsempfehlungen für Kulturmanagement und -verwaltung, Köln 1996.

Brockes, H.-W. (Hrsg.): Leitfaden Sponsoring & Event-Marketing für Unternehmen, Sponsoring-Nehmer und Agenturen, Stuttgart (Loseblattsammlung) 1995 ff.

Brugger, P.: Öffentliche Ausgaben für Bildung, Wissenschaft und Kultur 1992 bis 1995. In: Wirtschaft und Statistik, Heft 3, 1998, S. 250.

Bruhn, M.: Sponsoring. Unternehmen als Mäzene und Sponsoren, Frankfurt am Main 1987, 2. Aufl. 1991.

Bruhn, M. und R. Mehlinger: Rechtliche Gestaltung des Sponsorings, 2 Bände, München 1994 und 1995.

Buck, A.; Ch. Herrmann und D. Lubkowitz: Handbuch Trendmanagement. Innovation und Ästhetik als Grundlage unternehmerischer Erfolge, Frankfurt am Main 1998.

Burens, P.-C.: Der Spendenknigge. Erfolgreiches Fundraising für Kultur, Sport, Wissenschaft, Umwelt und Soziales, München 1998.

Crole, B.: Erfolgreiches Fundraising mit Direct-Mail. Strategien, die Geld bringen! Bonn 1997.

Deutscher Städtetag (Hrsg.): Fünf Jahrzehnte kommunaler Kulturpolitik. DST-Beiträge zur Bildungs- und Kulturpolitik. Heft 20, Köln 1992.

Deutscher Städtetag (Hrsg.): Methodik von Befragungen im Kulturbereich. Eine Arbeitshilfe. DST-Beiträge zur Statistik und Stadtforschung, Reihe H, Heft 40, Köln 1994.

Deyhle, A.: Controllerpraxis. Führung durch Ziele, Planung, Controlling. 2 Bände, Gauting bei München 11. Aufl. 1996.

Diekmann, A.: Empirische Sozialforschung. Grundlagen, Methoden, Anwendungen, Reinbek 1995.

Eco, U.: Opera aperta, Mailand 1962 (dt: Das offene Kunstwerk, Frankfurt am Main 1973, 5. Aufl. 1990).

Engert, W. St.: Die Kulturmarke. Entwicklung und Positionierung am Beispiel der Marke „Die Semperoper". In: Heinrichs/Schäfer 1999: 83–93.

Ermert, K. (Hrsg.): Soziale Kulturarbeit und Kulturelle Sozialarbeit. Konzepte, Selbstverständnis und Praxis (Loccumer Protokolle 5/1984), Rehberg-Loccum 2. Aufl. 1986.

Fabel, M.: Kulturpolitisches Controlling. Ziele, Instrumente und Prozesse der Theaterförderung in Berlin, Berlin 1998.

Fath, M.: Zur Problematik der Museumsshops, dargestellt am Beispiel der Kunsthalle Mannheim. In: Heinrichs/Schäfer 1999: 63–74.

Fehring, K. M.: Kultursponsoring. Bindeglied zwischen Kunst und Wirtschaft. Cultura, Band 3, Freiburg im Breisgau 1998.

Flaig, B. B.; Th. Meyer und J. Ueltzhöffer: Alltagsästhetik und politische Kultur. Zur ästhetischen Dimension politischer Bildung und politischer Kommunikation, Bonn 2. Aufl. 1994.

Flesch, C.: Perspektiven einer künftigen Kulturpolitik in Europa. In: Kulturpolitische Mitteilungen. Zeitschrift der Kulturpolitischen Gesellschaft, Nr. 56 I/1992:13–15.

Fohrbeck, K.: Renaissance der Mäzene? Interessenvielfalt in der privaten Kulturförderung, (hrsg. vom Bundesminister des Innern), Köln 1988.

Fohrbeck, K. und A. J. Wiesand: Der Autorenreport. Mit einem Vorwort von Rudolf Augstein, Reinbek 1972.

Fohrbeck, K. und A. J. Wiesand: Von der Industriegesellschaft zur Kulturgesellschaft? Kulturpolitische Entwicklungen in der Bundesrepublik Deutschland. Perspektiven und Orientierungen. Schriftenreihe des Bundeskanzleramtes, Band 9, München 1989.

Frahm, E.; H. Magel und K. Schüttler (Hrsg.): Kultur – ein Entwicklungsfaktor für den ländlichen Raum. Anregungen, Tips und Beispiele aus der Praxis, München 1994.

Frank, R.: Kultur auf dem Prüfstand. Ein Streifzug durch 40 Jahre kommunaler Kulturpolitik. Beiträge zur Kommunalwissenschaft 34, München 1990.

Franke, R. und M. P. Zerres: Planungstechniken. Instrumente für zukunftsorientierte Unternehmensführung, Frankfurt am Main 3. Aufl. 1992.

Friedrich, W. J.: Vereine und Gesellschaften. Beck-Rechtsberater im dtv, München 7. Aufl. 1994.

Friedrichs, J.: Methoden empirischer Sozialforschung, Opladen 1973, 14. Aufl. 1990.

Fuchs, A. und H.-W. Schnieders (Hrsg.): Soziale Kulturarbeit. Berichte und Analysen, Weinheim und Basel 1982.

Fuchs, M. (Hrsg.): Zur Theorie des Kulturmanagements. Ein Blick über Grenzen, Remscheid 1993.

Funke, U.: Vom Stadtmarketing zur Stadtkonzeption. Neue Schriften des deutschen Städtetages, Heft 68, Köln 1994.

Gabler Wirtschaftslexikon, Wiesbaden 13. Aufl. 1993.

Gau, D.: Kultur als Politik. Eine Analyse der Entscheidungsprämissen und des Entscheidungsverhaltens in der kommunalen Kulturpolitik. Beiträge zur Kommunalwissenschaft, Band 32, München 1990.

Gaubinger, Bernd: Die wirtschaftliche Bedeutung der Salzburger Festspiele. Eine Studie über Besucherstruktur und Umwegrentabilität, Salzburg 1998.

Gausemeier, J.; A. Fink und O. Schlake: Szenario-Management. Planen und Führen mit Szenarien, München 2. Aufl. 1996.

Geißler, Birgit: Staatliche Kulturförderung nach Grundgesetz und Recht der EG, Berlin 1996.

Gern, A.: Deutsches Kommunalrecht, Baden-Baden 1994.

Geyer, C.-F.: Einführung in die Philosophie der Kultur, Darmstadt 1994.

Glaser, H.: Das Unbehagen an der Kulturpolitik. In: Schwencke, O.; K. H. Revermann und A. Spielhoff (Hrsg.): Plädoyers für eine neue Kulturpolitik, München 1974: 47–56.

Glaser, H.: Kleine Kulturgeschichte der Bundesrepublik Deutschland 1945–1989 (Lizenzausgabe für die Bundeszentrale für politische Bildung), Bonn 2. Aufl. 1991.

Gluchowski, P.: Lebenstile und Wandel der Wählerschaft in der Bundesrepublik Deutschland. In: Beilage zum „Parlament": Aus Politik und Zeitgeschichte, Heft 12, 1987: 18 ff.

Göschel, A.: Die Ungleichzeitigkeit in der Kultur. Wandel des Kulturbegriffs in vier Generationen. Schriften des Deutschen Instituts für Urbanistik, Band 84, Stuttgart 1991.

Gombrich, E. H.: Die Krise der Kulturgeschichte. Gedanken zum Wertproblem in den Geisteswissenschaften, München 1991.

Grabow, B.; D. Henckel und B. Hollbach-Grömig: Weiche Standortfaktoren, Köln 1995.

Graumann, C. F.: Einführung in die Psychologie. Bd. 1: Motivation, Frankfurt am Main 3. Aufl. 1974.

Grochla, E. (Hrsg.): Management. Aufgaben und Instrumente, Düsseldorf und Wien 1974.

Grüßer, B.: Kultursponsoring – Ideen und Beispiele aus der Praxis, Hannover 1992.

Gulick, L. H.: Notes on the Theory of Organizations. In: Gulick, L. H. und L. F Urwick (Hrsg.): Papers on the Science of Administration, New York 1937: 3–31; in der Übersetzung von Alexa Pietzner (Bemerkungen zur Organisationstheorie) abgedruckt in: Siedentopf, H. (Hrsg.): Verwaltungswissenschaft. Wege der Forschung, Band XLI, Darmstadt 1976: 153–194.

Haeberle, P.: Kulturpolitik in der Stadt – ein Verfassungsauftrag, Heidelberg 1979.

Häußermann, H. und W. Siebel: Neue Urbanität, Frankfurt am Main 1987.

Haibach, M.: Handbuch Fundraising. Spenden, Sponsoring, Stiftungen in der Praxis, Frankfurt am Main und New York 1998.

Hamm-Brücher, H.: Kulturbeziehungen weltweit. Ein Werkstattbericht zur Auswärtigen Kulturpolitik, München und Wien 1980.

Handbuch KulturManagement, hrsg. von Dr. Josef Raabe Verlags-GmbH (Loseblattsammlung), Stuttgart 1992 ff.

Hansen, K. P.: Kultur und Kulturwissenschaft. Eine Einführung, Tübingen und Basel 1995.

Hauser, A.: Sozialgeschichte der Kunst und Literatur, München 1953.

Heinrichs, W.: Kommunale Kulturarbeit im ländlichen Raum. Ein Handbuch für die Praxis, Stuttgart 1988.

Heinrichs, W.: Privatisierung öffentlicher Kulturbetriebe aus kulturpolitischer Sicht. In: Heinze 1995: 296–308.

Heinrichs, W.: Strategisches Kulturmanagement. Frühzeitig Potentiale für den Erfolg von morgen schaffen. In: Handbuch KulturManagement 1996: C 1.2.

Heinrichs, W.: Kulturpolitik und Kulturfinanzierung. Strategien und Modelle für eine politische Neuorientierung der Kulturfinanzierung, München 1997.

Heinrichs, W.: Planung, Steuerung und Kontrolle von Projekten. Projektmanagement im Kulturbetrieb. In: Handbuch KulturManagement 1998a: B 4.6.

Heinrichs, W.: Ablaufplanung im Projektmanagement. Balkendiagramm, Meilensteinplanung und Netzplantechnik. In: Handbuch KulturManagement 1998b: B 4.7.

Heinrichs, W.: Kommunales Kulturmanagement. Rahmenbedingungen, Praxisfelder, Managementmethoden, Baden-Baden 1999.

Heinrichs, W. und A. Klein: Kulturpolitik, Studienbrief der FernUniversität Hagen im Studienangebot „Kulturwissenschaftliche Weiterbildung", Hagen 1994.

Heinrichs, W. und A. Klein: Kulturmanagement von A–Z. Wegweiser für Kultur- und Medienberufe. Beck-Wirtschaftsberater im dtv, München 1996.

Heinrichs, W. und A. Klein (Hrsg.): Deutsches Jahrbuch für Kulturmanagement 1997, Band 1, Baden-Baden 1998.

Heinrichs, W. und A. Klein (Hrsg.): Deutsches Jahrbuch für Kulturmanagement 1998, Band 2, Baden-Baden 1999.

Heinrichs, W. und H. Schäfer (Hrsg.): Merchandising und Licensing in Kulturbetrieben. Ein Handbuch für Fach- und Führungskräfte. Raabe Reihe Kultur, Band 3, Stuttgart 1999.

Heinrichs, W.; A. Klein und P. Hellmig: Kultur und Stadtmarketing in Mittelstädten. In: Heinrichs/Klein 1999: 113–140.

Heinrichsmeyer, W.; W. Britz und Th. Rau: Kultur als Wirtschaftsfaktor. Dargestellt am Beispiel der Bonner Oper, Bonn 1989.

Heinze, Th. (Hrsg.): Kultur und Wirtschaft. Perspektiven gemeinsamer Innovation, Opladen 1995.

Hensmann, J.: Investitionen der öffentlichen Hand in die Kunsthalle in Emden unter dem Aspekt der regionalen und lokalen Nutzenstiftung, Hamburg 1988.

Herzberg, F. u. a.: The Motivation to Work, New York 1959.

Hoffmann, H.: Kultur für alle. Perspektiven und Modelle, Frankfurt am Main 1979.

Hoffmann, H.: Kultur als Lebensform. Aufsätze zur Kulturpolitik, Frankfurt am Main 1990.

Horkheimer, M. und Th. W. Adorno: Kulturindustrie. Aufklärung als Massenbetrug. In: Dies.: Dialektik der Aufklärung, Frankfurt am Main 1971: 108–150.

Horváth, P.: Controlling, München 6. Aufl. 1996.

Hugger, P.: Alltagskultur und Kulturpolitik. In: Lipp 1989: 153–173.

Hummel, M.: Kunst und Kultur ökonomisch betrachtet. Zur volkswirtschaftlichen Bedeutung von Kunst und Kultur. In: Der Bürger im Staat, Heft 4 (Kulturpolitik), 1988: 245–253.

Hummel, M.: Neuere Entwicklungen bei der Finanzierung von Kunst und Kultur durch Unternehmen. In: ifo-Schnelldienst 4–5/1992: 8–24.

Hummel, M.: Kulturfinanzierung durch Unternehmen in Zeiten verschärfter ökonomischer Sachzwänge. ifo-Studien zu Kultur und Wirtschaft 16, München 1995.

Hummel, M. und M. Berger: Die volkswirtschaftliche Bedeutung von Kunst und Kultur. Gutachten im Auftrag des Bundesministers des Innern. Schriftenreihe des Ifo-Instituts für Wirtschaftsforschung, Nr. 122, Berlin und München 1988.

Hummel, M. und K.-H. Brodbeck: Längerfristige Wechselwirkungen zwischen kultureller und wirtschaftlicher Entwicklung. Schriftenreihe des Ifo-Instituts für Wirtschaftsforschung, Nr. 128, Berlin und München 1991.

Hummel, M. und C. Waldkircher: Wirtschaftliche Entwicklungstrends von Kunst und Kultur. Gutachten im Auftrag des Bundesministers des Innern. Schriftenreihe des Ifo-Instituts für Wirtschaftsforschung, Nr. 132, Berlin und München 1992.

Huntington, S. P.: Kampf der Kulturen. Die Neugestaltung der Weltpolitik im 21. Jahrhundert, München und Wien 1996.

Institut für Demoskopie Allensbach (Hrsg.): Kulturelles Interesse und Kulturpolitik. Eine Repräsentativumfrage über die kulturelle Partizipation, den Kulturbegriff der deutschen Bevölkerung und die Bewertung der Kulturpolitik, Allensbach 1991.

Internationale Culturelle Stichting/Kulturpolitische Gesellschaft (Hrsg.): Kultur-Markt Europa. Jahrbuch für europäische Kulturpolitik, Köln 1989.

Jürgens, E.: Projekt Öffentlichkeitsarbeit. Mit Öffentlichkeitsarbeit Bürger und Politiker für Kultur gewinnen. In: Handbuch KulturManagement 1992: D 4.3.

Kahle, E.: Betriebliche Entscheidungen. Lehrbuch zur Einführung in die betriebswirtschaftliche Entscheidungstheorie, München 5. Aufl. 1998.

Kastin, K. S.: Marktforschung mit einfachen Mitteln. Daten und Informationen beschaffen, auswerten und interpretieren. Beck-Wirtschaftsberater im dtv, München 1995.

KGSt (Kommunale Gemeinschaftsstelle für Verwaltungsvereinfachung) (Hrsg.): Die Museen. Besucherorientierung und Wirtschaftlichkeit, Köln 1989.

Klein, A.: „Kultur für alle – für wen und wozu?" Neuere kultursoziologische Befunde. In: Heinze 1995a: 183–200.

Klein, A.: „Teufelszeug" oder „Wunderdroge". Grundfragen des Marketings und ihre Übertragbarkeit auf den Kulturmarkt. In: Handbuch KulturManagement 1995b: D 1.3.

Klein, A.: Marketinginstrumente. Planung und Einsatz. In: Handbuch KulturManagement 1995c: D 5.2.

Knieß, M.: Kreatives Arbeiten. Methoden und Übungen zur Kreativitätssteigerung. Beck-Wirtschaftsberater im dtv, München 1995.

Koch, G. (Hrsg.): Kultursozialarbeit. Eine Blume ohne Vase? Wissen & Praxis, Bd. 25, Frankfurt am Main 1989.

König, R. (Hrsg.): Handbuch der empirischen Sozialforschung, Stuttgart 1967, 3. Aufl. 1973.

Köstlin, Th.: Die Kulturhoheit des Bundes. Eine Untersuchung zum Kompetenz- und Organisationsrecht des Grundgesetzes unter Berücksichtigung der Staatspraxis in der Bundesrepublik Deutschland, Berlin und München 1989.

Kohlenberg, M.: Musiksponsoring. Grundlagen – Strategien – Beispiele, Wiesbaden 1994.

Koontz, H. und C. O'Donnell: Principles of Management: An Analysis of managerial Funktions, New York 1955.

Korndörfer, W.: Unternehmensführungslehre. Lehrbuch der Unternehmensführung, Wiesbaden 2. Aufl. 1979.

Kotler, Ph.: Marketing für Nonprofit-Organisationen, Stuttgart 1978.

Kotler, Ph. und F. Bliemel: Marketing-Management. Analyse, Planung, Umsetzung und Steuerung, Stuttgart 7. Aufl. 1992.

Krämer, E. und J. Schmidt: Zuwendungsrecht – Zuwendungspraxis. Kommentar, Heidelberg (Loseblattsammlung) 1991 ff.

Kramer, D.: Handlungsfeld Kultur. Zwanzig Jahre Nachdenken über Kulturpolitik. Edition Umbruch, Band 8, Essen 1996.

Krempel, U. und B. Grüßer: Vorbereitung und Durchführung von Wechselausstellungen im Museum. In: Steinle, C., H. Bruch und D. Lawa (Hrsg.): Projektmanagement. Instrument moderner Dienstleistung, Frankfurt am Main 1995: 317–325.

Kromrey, H.: Empirische Sozialforschung, Opladen 1980, 8. Aufl. 1998.

Küster, B.: Die verfassungsrechtliche Problematik der gesamtstaatlichen Kunst- und Kulturpflege in der Bundesrepublik Deutschland, Frankfurt am Main 1990.

Kuhn, D. u. a.: Cotta und das 19. Jahrhundert. Aus der literarischen Arbeit eines Verlages. Marbacher Kataloge (Hrsg. von Bernhard Zeller) Nr. 35, Stuttgart 1980.

Kyrer, A.: Der wirtschaftliche Nutzen von Festspielen, Fachmessen und Flughäfen am Beispiel der Region Salzburg, Regensburg 1987.

Landeszentrale für politische Bildung Baden-Württemberg (Hrsg.): Kulturpolitik, Stuttgart 1989.

Lay, R.: Philosophie für Manager, Düsseldorf, Wien und New York 1988, Taschenbuchausgabe Düsseldorf 1991.

Lay, R.: Kommunikation für Manager, Düsseldorf, Wien und New York 1989, Taschenbuchausgabe Düsseldorf und Wien 1991.

Lipp, W. (Hrsg.): Kulturpolitik. Standorte, Innensichten, Entwürfe. Schriften zur Kultursoziologie, Bd. 11, Berlin 1989.

Lipp, W.: Drama Kultur. Teil 1: Abhandlungen zur Kulturtheorie, Band 2: Urkulturen – Institutionen heute – Kulturpolitik, Berlin 1994.

Lissek-Schütz, E.: Die Kunst des Werbens um Gunst und Geld. Fundraising als Marketingstrategie auch für Kulturinstitutionen. In: Handbuch KulturManagement 1997: E 4.2.

Locke, E. A.: Toward a theory of task motivation and incentives. In: OBHP 3/1968, S. 157–189.

Lüder, K. und W. Küpper: Unternehmerische Standortplanung und regionale Wirtschaftsförderung, Göttingen 1983.

Luthe, D.: Fundraising. Fundraising als beziehungsorientiertes Marketing. Entwicklungsaufgaben für Nonprofit-Organisationen, Augsburg 1997.

Mäckler, A.: Was ist Kunst …? 1080 Zitate geben 1080 Antworten, Köln 1987.

Madauss, B. J.: Handbuch Projektmanagement. Mit Handlungsanleitungen für Industriebetriebe, Unternehmensberater und Behörden, Stuttgart 5. Aufl. 1994.

Malik, F.: Strategie des Managements komplexer Systeme, Bern und Stuttgart 1984.

Marschall, W.: Klassiker der Kulturanthropologie. Von Montaigne bis Margaret Mead, München 1990.

Maslow, A. H.: Motivation and Personality, New York 1954.

Mayer, K. E.: Zum Stand des Marketings in deutschen Staats- und Stadttheatern. In: Heinrichs/Klein 1999: 141–160.

Mentzel, W. und H. Wittelsberger: Kleines Wirtschafts-Wörterbuch, Freiburg/Brsg. 1977.

Mosbach, G. und A. Göschel (Hrsg.): Kommunale Kulturpolitik in Dokumenten. Berichte, Projekte, Konzepte, Berlin 1991.

Müller-Hagedorn, L.: Einführung in das Marketing, Darmstadt 1990.

Müller-Wesemann, B.: Marketing im Theater, Hamburg 1991.

Neumann, R. und K. Bredemeier: Projektmanagement von A–Z. Ein Handbuch für Praktiker, Frankfurt am Main und New York 1996.

Nicolai, Friedrich: Briefe über den itzigen Zustand der schönen Wissenschaften in Deutschland (1755), zitiert nach: Ellinger, Georg (Hrsg.): Berliner Neudrucke. Dritte Serie, Zweiter Band. 18. Brief: Von den Mitteln, die schönen Wissenschaften in Deutschland zu befördern, Berlin 1894: 142–149.

Nordhausen, W.: Das Künstlersozialversicherungsgesetz. Abgabepflicht für Städte, Landkreise und Gemeinden. In: Handbuch KulturManagement 1995, H 7.2.

Opaschowski, H. W.: Freizeitökonomie: Marketing von Erlebniswelten. Freizeit- und Tourismusstudien, Band 5, Opladen 2. Aufl. 1995.

Palm, W.: Öffentliche Kunstförderung zwischen Kunstfreiheitsgarantie und Kulturstaat, Berlin und München 1998.

Pankoke, E.: Kultur als Arbeit. Aktuelle Herausforderungen aktiver Kulturpolitik. In: ders. (Hrsg.): Kultur als Arbeit. Kulturinitiativen in der Beschäftigungskrise, Essen 2. Aufl. 1989: 9–37.

Pappermann, E.: Rahmenbedingungen kommunaler Kulturarbeit. In: Pappermann, E.; P. M. Mombaur und J.-Th. Blank (Hrsg.): Kulturarbeit in der kommunalen Praxis, Köln 1. Auflage 1984: 3–11.

Pappermann, E. und P. M. Mombaur (Hrsg.): Kulturarbeit in der kommunalen Praxis, Köln 2. Auflage 1991.

Pareyson, L.: Estetica – Teoria della formativit, Turin 1954 (2. Aufl. Bologna 1960).

Perrow, Ch.: Organizational analysis: A sociological view, London 1970.

Picht, R.: Kulturpolitik als Modernisierungsstrategie. Vor Überlegungen zur Überprüfung eines Konzeptes. In: Kulturpolitische Mitteilungen. Zeitschrift der Kulturpolitischen Gesellschaft, Nr. 58 III/1992: 29–32.

Pommerehne, W. W. und B. S. Frey: Musen und Märkte. Ansätze einer Ökonomik der Kunst, München 1993.

Porter, L. W. und E. E. Lawler III: Managerial Attitudes and Performance, Homewood/Illinois 1968.

The Port Authority of New York and New Jersey: The Arts as an Industry. Their Economic Impakt to the New York/New Jersey Metropolitan Region, New York 1983.

van Puffelen, F. u. a.: More than one Billion Guilders. The Economic Signifiance of the Professional Arts in Amsterdam, Amsterdam 1986.

Raffée, H.: Marketing als Führungskonzeption für öffentlich-rechtliche Rundfunkanstalten. In: Eichhorn, P. und H. Raffée (Hrsg.): Management und Marketing von Rundfunkanstalten. Schriften zur öffentlichen Verwaltung und öffentlichen Wirtschaft, Band 119, Baden-Baden 1990: 24–34.

Rauhe, H. und Ch. Demmer (Hrsg.): Kulturmanagement, Berlin 1993.

Reichard, Ch.: Betriebswirtschaftslehre der öffentlichen Verwaltung, Berlin 2. Aufl. 1987.

Ress, G.: Europäischer Binnenmarkt und Kulturpolitik. In: Musikforum Heft 73, Dezember 1990: 4–13.

Ress, G.: Kultur und europäischer Binnenmarkt. Welche Auswirkungen hat der EWG-Vertrag jetzt und nach Verwirklichung des Europäischen Binnenmarktes auf die Kulturpolitik der Bundesrepublik Deutschland insbesondere im Bereich der Kulturförderung? Schriftenreihe des Bundesministeriums des Innern, Bd. 22, Stuttgart 1991.

Rettich, H. (Red.): Kunstkonzeption des Landes Baden-Württemberg, Stuttgart 1990.

Richards, M. D. und P. S. Greenlaw: Management decision making, Homewood/Illinois 1966.

Rippl, G.: Wünsche des Kunden von morgen erfüllen. Zum Mailorder und Kataloggeschäft. In: Heinrichs/Schäfer 1999: 175–184.

Röbke, Th. (Hrsg.): Zwanzig Jahre Neue Kulturpolitik. Erklärungen und Dokumente 1972–1992. Edition Umbruch. Texte zur Kulturpolitik, Band 1, Essen 1993.

Rudolph, A.: Prognoseverfahren in der Praxis. Wirtschaftswissenschaftliche Beiträge, Band 165, Heidelberg 1998.

de Saussure, F.: Cours de linguistique générale. Hrsg. von Ch. Bally und A. Sechehaye, Lausanne, Paris 1916 (dt. Grundfragen der allgemeinen Sprachwissenschaft, Berlin, Leipzig 1931, Berlin 1967).

Schäfer, H.: Museen und ihre Besucher. In: Heinrichs/Klein 1998: 29–53.

Schäfer, K. und P. Vermeulen: Das Theater als Betrieb. Controllingmodell am Beispiel des Nationaltheaters Mannheim, Unna 1996.

Scheibe-Jaeger, A.: Finanzierungshandbuch für Nonprofit-Organisationen, Bonn 2. Aufl. 1998.

Schelle, H.: Projekte zum Erfolg führen. Beck-Wirtschaftsberater im dtv, München 1996.

Scheytt, O.: Kulturpolitik in der Stadt – 10 Jahre Diskussion eines Verfassungsauftrages. In: Verwaltungsrundschau, Heft 12/1989: 394–398.

Scheytt, O.: Kultur und Wirtschaft in der Stadt – Modelle für eine Kooperation. In: Eildienst Städtetag NW, Heft 5/1990: 118–122.

Schierenbeck, H.: Grundzüge der Betriebswirtschaftslehre, München, Wien 9. Aufl. 1987.

Schneck, O.: Management-Techniken. Techniken zur Planung, Strategiebildung und Organisation, Frankfurt am Main und New York 1995.

Schneider, W.: Die Akquisition von Spenden als Herausforderung für das Marketing. Schriften zum Marketing, Band 41, Berlin 1996.

Schneidewind, P.: Kosten sind nicht gleich Kosten. Controlling am Beispiel einer Musikschule. In: Handbuch KulturManagement 1996: F 5.2.

Schneidewind, P. und J. Pelz: Das Ticket auf dem Weg zum Kunden! Entscheidungshilfen zur Auswahl eines Ticketsystems. In: Handbuch KulturManagement 1998: K 8.8.

Schnell, R., P. B. Hill und E. Esser: Methoden der empirischen Sozialforschung, München und Wien 1988, 5. Aufl. 1995.

Schugk, M.: Betriebswirtschaftliches Management öffentlicher Theater und Kulturorchester, Wiesbaden 1996.

Schulze, Gerhard: Die Erlebnisgesellschaft. Kultursoziologie der Gegenwart, Frankfurt am Main und New York 1992.

Schulze, Gernot: Meine Rechte als Urheber. Urheber- und Verlagsrecht. Beck-Rechtsberater im dtv, München 2. Aufl. 1994.

Schwarze, J.: Netzplantechnik. Eine Einführung in das Projektmanagement. NWB-Studienbücher Wirtschaftswissenschaften, Herne/Berlin 6. Aufl. 1990.

Schwencke, O.: Kontinuität und Innovation. Zum Dilemma deutscher Kulturpolitik seit 1945 und zu ihrer gegenwärtigen Krise. In: Schwencke, O.; K. H. Revermann und A. Spielhoff (Hrsg.): Plädoyers für eine neue Kulturpolitik, München 1974: 11–43.

Schwencke, O.: Der Stadt Bestes suchen. Kulturpolitik im Spektrum der Gesellschaftspolitik. Arbeiten zur deutschen und europäischen Kulturpolitik aus 25 Jahren (1971–1996) nebst einem aktuellen Essay. Reihe Dokumentationen, Band 50, Essen 1997.

Seifart, W. und A. von Camphausen (Hrsg.): Handbuch des Stiftungsrechts, München 2. Aufl. 1998.

Sievers, N. (Hrsg.): Neue Wege in der Kulturpartnerschaft. Materialien, Heft 3, Bonn 1998.

Sievers, N. und B. Wagner (Hrsg.): Bestandsaufnahme Soziokultur. Beiträge – Analysen – Konzepte. Dokumentation des gleichnamigen Forschungsprojekts der Kulturpolitischen Gesellschaft e. V. Schriftenreihe des Bundesministeriums des Innern, Bd. 23, Stuttgart 1992.

Silkenbeumer, Rainer (Hrsg.): Kulturarbeit – Die Innenpolitik von morgen, Hannover 1980.

Staatsministerium Baden-Württemberg (Hrsg.): Regierungserklärung von Ministerpräsident Lothar Späth zur Kunstkonzeption vor dem Landtag Baden-Württemberg am 13. Dezember 1989, Stuttgart 1990.

Städtische Kulturpolitik. Neue Schriften des Deutschen Städtetags, Heft 26, Köln 1971.

Staehle, W. H.: Management. Eine verhaltenswissenschaftliche Perspektive, München 7. Aufl. 1994.

Statistisches Bundesamt (Hrsg.): Im Blickpunkt: Kultur in Deutschland. Zahlen und Fakten, Stuttgart 1994.

Statistisches Bundesamt (Hrsg.): Datenreport 1994. Zahlen und Fakten über die Bundesrepublik Deutschland. Schriftenreihe der Bundeszentrale für politische Bildung, Band 325, Bonn 1994.

Statistisches Bundesamt (Hrsg.): Finanzen und Steuern. Fachserie 14, Reihe 3.4: Rechnungsergebnisse der öffentlichen Haushalte für Bildung, Wissenschaft und Kultur, Stuttgart 1996.

Steinbacher, F.: Kultur – Begriff, Theorie, Funktion, Stuttgart 1976.

Steiner, U.: Kulturauftrag im staatlichen Gemeinwesen. VVDStRL. Veröffentlichungen der Vereinigung der Deutschen Staatsrechtslehrer, Heft 42, Berlin 1984: 8–41.

Steiner, U.: Der gemeindliche Kulturauftrag. In: Der Städtetag. Heft 8/1986: 512–516.

Steinmann, H. und G. Schreyögg: Management. Grundlagen der Unternehmensführung. Konzepte, Funktionen und Praxisfälle, Wiesbaden 2. Aufl. 1991.

Strachwitz, R. Graf: Stiftungen – nutzen, führen und errichten: ein Handbuch, Frankfurt am Main und New York 1994.

Strachwitz, R. Graf und St. Toepler (Hrsg.): Kulturförderung. Mehr als Sponsoring, Wiesbaden 1993.

Taylor, F. W.: Shop Management, New York 1903; dt.: Die Betriebsleitung, insbesondere der Werkstätten, Berlin 1909.

Taubmann, W. und F. Behrens: Wirtschaftliche Auswirkungen von Kulturangeboten in Bremen, Bremen 1986.

Tenbruck, F. H.: Die kulturellen Grundlagen der Gesellschaft. Der Fall der Moderne, Opladen 1989.

Ulrich, H. und W. Krieg: St. Galler Management-Modell, Bern und Stuttgart 3. Aufl. 1974.

Ulrich, H. und G. Probst: Anleitung zum ganzheitlichen Denken und Handeln. Ein Brevier für Führungskräfte, Bern und Stuttgart 1988.

Ulrich, P. und E. Fluri: Management. Eine konzentrierte Einführung, Bern und Stuttgart 6. Aufl. 1992.

UNESCO: Recommendation Concerning the International Standardization of Statistics on the Public Financing of Cultural Activities, Belgrad 1980.

Vroom, V. H.: Work and Motivation, New York 1964.

Wagner, B.: Vom Aschenputtel zum Hätschelkind? Tendenzen kommunaler Kulturpolitik. In: Agentur für Recherche und Text – A. R. T. 1988: 68–94.

Weber, J.: Entmündigung der Künstler. Geschichte und Funktionsweise der bürgerlichen Kunsteinrichtungen, München 2. Aufl. 1981.

Wechsler, W.: Delphi-Methode, München 1978.

Weilepp, M.: Kunst und Kultur als Standortfaktor? Standortfaktoren und ihre Bedeutung für Industrie- und Dienstleistungsunternehmen. In: Der Bürger im Staat, Heft 4 (Kulturpolitik), 1988: 254–258 sowie in: Landeszentrale für politische Bildung Baden-Württemberg 1988: 48–61.

Weiner, B.: Theorien der Motivation, Stuttgart 1976.

Weis, H. Ch. und P. Steinmetz: Marktforschung, Ludwigshafen 2. Aufl. 1995.

von Weizsäcker, Richard: Die politische Kraft der Kultur, Reinbek 1987.

Wild, J.: Grundlagen der Unternehmensplanung, Reinbek bei Hamburg 4. Aufl. 1982.

Wirtschaftsministerium NRW (Hrsg.): Erster Kulturwirtschaftsbericht NRW. Dynamik der Kulturwirtschaft, Bonn 1993.

Wirtschaftsministerium NRW (Hrsg.): Zweiter Kulturwirtschaftsbericht NRW. Kultur- und Medienwirtschaft in den Regionen Nordrhein-Westfalens, Bonn 1995.

Wirtschaftsministerium NRW (Hrsg.): Dritter Kulturwirtschaftsbericht NRW. Kultureller Arbeitsmarkt und Verflechtungen, Düsseldorf 1998.

Wöhe, G.: Einführung in die Allgemeine Betriebswirtschaftslehre, München 18. Aufl. 1993.

Wolf-Csanády, E.: Kunstsponsoring und Kulturförderung durch Unternehmen in Deutschland und Österreich und ihr kulturpolitischer Kontext, Frankfurt am Main 1994.

Wolf-Csanády, E.: Wertewandel und Kulturpolitik in der Bundesrepublik Deutschland und Österreich, Frankfurt am Main 1996.

Wüstenrot Stiftung (Hrsg.): Kultur- und Stadtentwicklung. Kulturelle Potentiale als Image- und Standortfaktoren in Mittelstädten. Forschungsprojekt im Auftrag der Wüstenrot Stiftung, erarbeitet von W. Heinrichs u. a., Ludwigsburg 1999.

Zimbardo, Ph. G.: Psychologie, bearbeitet und herausgegeben von S. Hoppe-Graff und B. Keller, Berlin, Heidelberg, New York 5. Aufl. 1992.

Sachregister